新手主管

King
Of Human

Performance

轻松带人

王凤奎◎著

中国友谊出版公司

图书在版编目（CIP）数据

新手主管轻松带人 / 王凤奎著 . — 北京：中国友谊出版公司，2019.3

ISBN 978-7-5057-4505-6

Ⅰ . ①新… Ⅱ . ①王… Ⅲ . ①企业管理 Ⅳ . ① F272

中国版本图书馆 CIP 数据核字 (2018) 第 221143 号

著作权合同登记号　图字：01-2018-6634

绩效为王：新手主管的王牌带人学

作者：王凤奎

本书由捷径文化出版事业有限公司（资料夹文化）授权，经由凯琳版权代理。

版权所有，翻版必究。

书名	**新手主管轻松带人**
作者	王凤奎
出版	中国友谊出版公司
发行	中国友谊出版公司
经销	新华书店
印刷	河北鹏润印刷有限公司
规格	710×1000 毫米　16 开
	20 印张　257 千字
版次	2019 年 3 月第 1 版
印次	2019 年 3 月第 1 次印刷
书号	ISBN 978-7-5057-4505-6
定价	59.00 元
地址	北京市朝阳区西坝河南里 17 号楼
邮编	100028
电话	(010) 64678009

序

解决绩效问题，你就是管理之王

　　企业存在的目的是为股东创造价值，而想创造价值，就必须要产出"绩效"。绩效是什么？简而言之，就是员工工作成果和目标间的比较。员工工作成果高于目标，表示绩效优良；工作成果低于目标，则代表绩效不好，此时便需要通过领导针对绩效问题找出解决之道。

　　企业领导有两项最重要的任务，一是领导员工，达成组织所赋予的绩效目标；二是培养员工，提升他们的绩效潜力。然而，有许多领导——尤其是新手领导，他们尚未熟悉公司赋予他们的新角色，脑袋一时半会转不过来，还在用过去自己身为"明星员工"的角度去思考判断问题，认为"能力即绩效"，把自己基层员工时期的能力与需求投射在下属身上，给予不合适的例行性、制式化培训，若收不到成效，则将其归咎于员工的能力不足，要求替换员工。但是我们应该明白，在没有因材施教、对症下药的情形下，再多的培训、换再多的员工都是徒劳，久而久之，公司也会越来越吝于投资员工培训，形成恶性循环。

　　事实上，若要员工展现工作绩效，"能力"只是其中一环，而另一个不可或缺的要素则是"动力"。当企业提供了支持员工绩效表现的合适环境时，员工的工作成果就能越逼近甚至超越绩效目标。只是什么是"合适环境"？怎样才能创造如此的环境？其中因素往往错综复杂，剪不断、理还乱，如果只看到问题的表象，便无法系统性地找出症结所在，进而提出改善方案。

我曾经在美国两所公立大学担任教授，也任职过 IBM、AT&T、安德森咨询公司（Anderson Consulting）、德科电子（Delco Electronics）及礼来公司（Eli lilly and company）的绩效顾问。我在美国发展的数年中发现，欧美国家在"绩效管理（performance management）"上，已逐渐将其独立成一门企业管理的重要学科，称为"人力绩效技术（human performance technology, HPT）"，它是一套能系统性解决员工绩效问题的方法、流程或策略，目的是改善员工的绩效表现，达成组织的绩效目标，而这基本上也是欧美企业中高层领导的必修学分之一。然而，我们普遍对人力绩效技术感到陌生，一直以来都难以落实有效的绩效管理，太多企业把问题单方面归纳为"人才不足"所致，殊不知人才如食材——再新鲜的食材，如果遇到三流手艺的师傅，依旧做不出能端上桌面的好菜。这也是我着手撰写这本书的原因。

　　本书将我 20 多年来在学术理论上的研究与业界实践上的经验融合，并且参考台湾企业特色，整理出一套适合台湾企业领导的实用系统方法，协助身为领导的你（或将来希望成为领导的你）进行人力绩效诊断与改善。为了让大家能更快速且简易地学习人力绩效技术的知识与技能，我在每个单元的论述前，会以经验老到的绩效顾问"老王"为故事主角，提供轻松幽默的故事及对话，期使大家能够快速掌握各个观念与方法重点，在实务运用中快速上手，成为企业中成功的领导者。

目 录 CONTENTS

第一章

有的放矢：

找准员工培训方向

在和大家侃侃而谈"培训与绩效间的关系"之前，我先分享个小故事。

话说小王是一位有志气、有抱负的单身年轻医生，从小矢志要贡献社会，一路认真读书，以优异的成绩考进最顶尖的医学院。在接受完整的外科医生培训后，就决定来到一个偏远的黑脚村服务，这个村子里许多村民因为长期喝受污染的地下水，患了脚部组织坏死的乌脚病，患者必须进行脚部的切除手术。虽然地方政府在此村设立了一个设施最先进的切除手术中心，但是会做切除手术的医生在黑脚村都待不久，原因是乡村的生活条件和教育环境太差，即使自己有心，家人和小孩也无法长待，所以村里的乡亲对小王自愿到黑脚村服务佩服不已。

一天，村里的老张发现自己的大脚趾突然变黑，医生看了一下，就认为是大脚趾神经坏死，于是把大脚趾切除。数天后，老张又发现二脚趾也变黑，去找医生，又把二脚趾切除。三天后，整个脚掌竟然全变黑了，由于小王没有做过脚掌切除手术，决定将老张转诊到城市的大医院。大医院的一群资深医生进行会诊，看了又看，正在为如何切除比较好而争论不休时，突然听到来倒垃圾的清洁阿姨喊说："这双黑袜子是谁的？"最后医生诊断的结果为：老张穿的黑袜子褪色了。

培训后绩效不符预期的原因

每一个寓言故事都蕴含一些浅显但意义深远的道理，上述的故事也不例外，我们从这个故事至少可以学到三个职场学习与工作绩效的道理：

1. 没有针对问题对症下药，培训就没有意义

任何工作绩效表现都起始于问题诊断，找不到或找不对问题，便无法对症下药，也就是说，铁钉若不是对的尺寸或不在对的位置，铁锤再怎么有力，再怎么施力，也不会发生效用。故事里的村子，只设置了切除中心，却没有对乌脚病的预防措施，所以只能算是事后补救，没办法真正解决问题；而医生们无论资历或专长，只是看到乌脚问题的表象，如果没有进行根本原因的诊断，就要切除发黑的脚趾或脚掌，当然无法药到病除，甚至可能还会发生"药到命除"的下场。相信许多读者都有类似的经验，到诊所看病时，医生一听到"咳嗽、流鼻涕"，便迫不及待地说："感冒哦！"结果拿了一大堆的药回家吃，"感冒"却越吃越重，这就是"头痛医头、脚痛医脚"的结果，根本问题没有解决，反而时间久了，问题累积过多，变得越发严重，最后可能变成"无药可医"了！

2. 没有适才适所，再多的培训都是枉然

能力不是决定工作绩效能否展现的唯一因素，能力纵使再强，若没有发挥的场合或机会，也不会产生工作绩效。故事里的医生不愿待在乡村行医，并不是他们没有切除手术的能力。即使他们的医术精湛，但是乡村的生活条件差，没有办法说服他们带着家人到那里工作，而且再怎么培训那些不是因为能力不足而产生绩效问题的医生，都不会解决他们不愿到乡村的绩效问题。但是读者会发现，许多组织，包括地方政府，常常会不分青红皂白地要求员工参加"必修"的培训课程，结果是浪费众多资源，绩效问题依然存在。另外，如果把能力对的员工放在不对的位置，做他不擅长的工作，能力无法发挥，绩效也是无法展现的；同样，这种错放位置的员工，再怎么培训，只会徒劳无功。

3. 专业培训必须注意"铁锤症候群"（hammer syndrome）的发生

当一位员工学会某项专长，他会尽量去表现他的专长，常常把这项专长

当成他解决工作问题的唯一方法，这就是所谓的"铁锤症候群"，即当一个人手上握有一把铁锤时，他看到的每一个问题都像钉子一样，毫不思索地就想用铁锤把钉子打下去。这也是专业上容易养成的惯性思考与行为，面对问题没有突破思考或习惯的框架，而且不自知，就如同故事里的年轻医生小王一样，由于受过切除手术的专业培训，又遇过许多症状相似的病例，因此只要看到病人的脚趾发黑，也没进一步诊断就进行切除手术。"铁锤症候群"不仅在寓言故事里发生，现实的工作职场也处处可见，例如，很会规

图一：

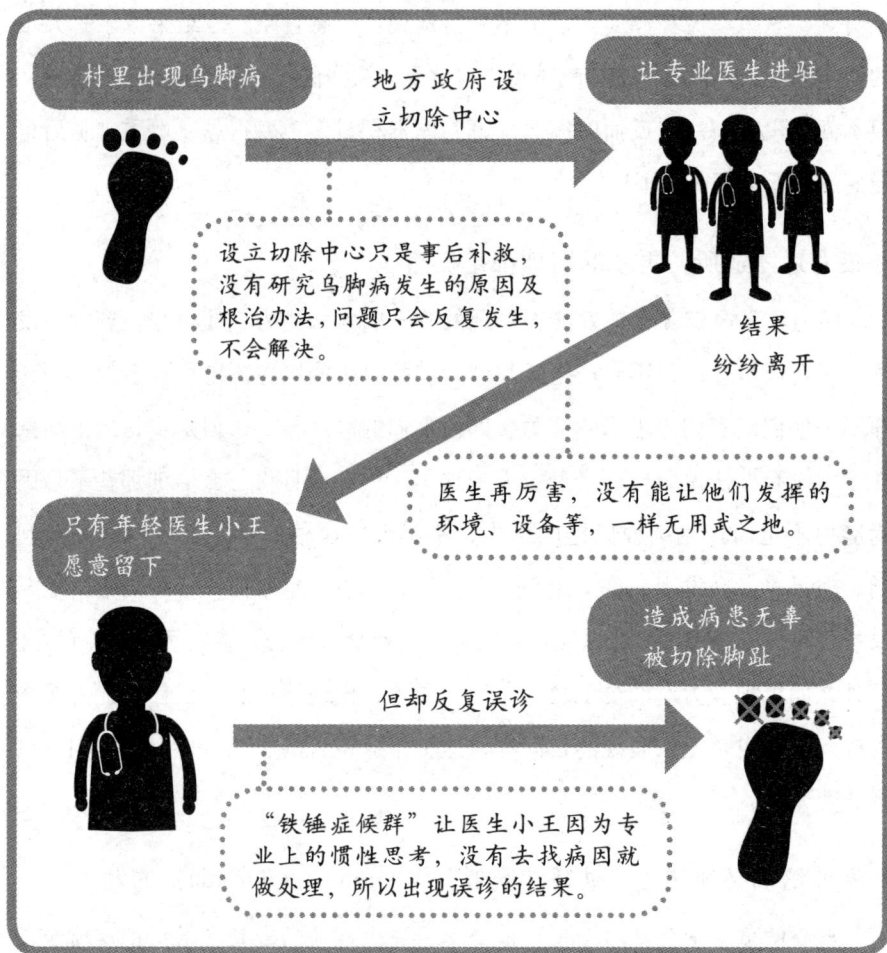

村里出现乌脚病

地方政府设立切除中心

让专业医生进驻

设立切除中心只是事后补救，没有研究乌脚病发生的原因及根治办法，问题只会反复发生，不会解决。

结果纷纷离开

只有年轻医生小王愿意留下

医生再厉害，没有能让他们发挥的环境、设备等，一样无用武之地。

造成病患无辜被切除脚趾

但却反复误诊

"铁锤症候群"让医生小王因为专业上的惯性思考，没有去找病因就做处理，所以出现误诊的结果。

划课程的培训专员，只要发现员工工作没有突出表现，就会认为是员工的能力不足，用规划和提供课程的方式来弥补工作表现所需要的能力。但是员工没有展现工作绩效，能力不足只是可能的原因之一，也有可能是工作动力不足。如果员工认为工作表现好坏与绩效考核结果没有直接关系，他又为何要努力表现呢？

> **提示**　专业人员将自己的某项专长当成解决工作问题的唯一方法，很容易把看到的任何问题当成钉子一样，没有进行问题诊断就想用手上的铁锤把钉子捶下去，这就是所谓的"铁锤症候群"。

想要做出"有效培训"，就得从"找到问题"开始

前面提出三个可能会造成培训与绩效结果不相符的状况，其实已经指出领导常常有的疑问："不是都送你去上了最贵的销售技巧课程，为什么你的销售业绩没有改善？""你都参加过新人培训，怎么还会发生这件事？"员工培训应该与工作绩效息息相关，但是目前的培训思维与方法却往往使得员工培训与工作绩效变成风马牛不相及的两码事，也就是组织经营策略与员工培训策略脱节，没有产生连接。就组织经营的观点而言，组织投资员工培训最重要的目的是提升员工的工作绩效，进而提升组织的经营绩效。为了提升员工的工作绩效，组织应该先了解员工绩效的问题所在，看看是不是因为员工的职能不足。如果是，培训课程也应该根据解决工作问题的职能需求去规划，而不是根据讲师的专长去开设课程。提升员工职能的方式有很多种，培训课程不应该只限于集中上课的教学模式。即使是上课，课程进行的方式也不应该只有"老师讲、学生听"的知识传授而已；上完课后，不是只有学员满意度的调查或课后测验，更应该确认学员是否将上课所学应用在工作上，如此员工培训的投资才能真正产生工作绩效的效益。

造成这种员工培训与工作绩效的脱节现象有许多原因，我认为其中的一个主要原因为：诸多组织负责员工培训或人力资源发展的人员存在前述所谓的"铁锤症候群"，而且这些人员似乎只有一把可以改善员工绩效的铁锤——员工培训。所以当员工绩效问题发生时，就只能受限于员工培训的惯性思维与作为。

图二：

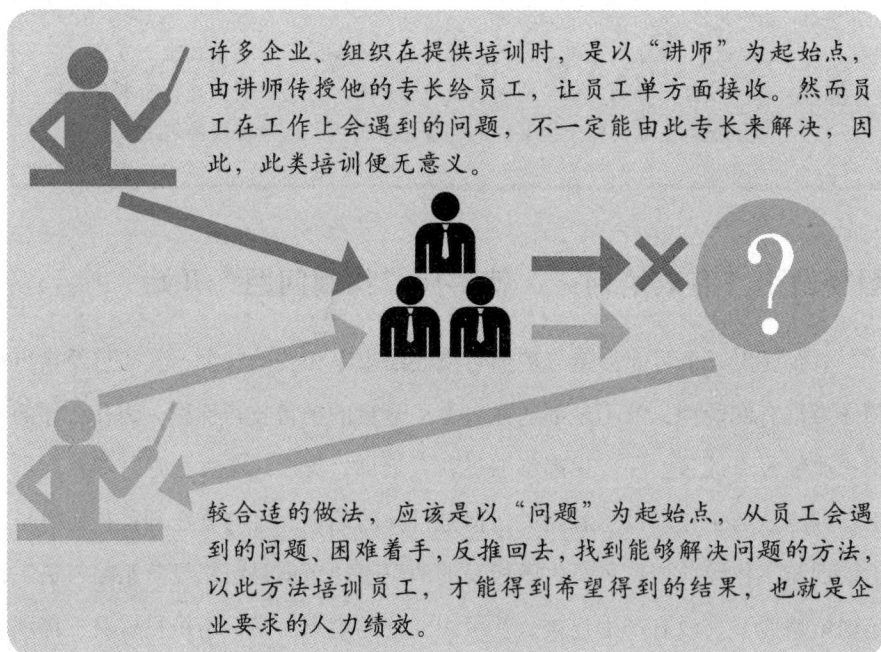

许多企业、组织在提供培训时，是以"讲师"为起始点，由讲师传授他的专长给员工，让员工单方面接收。然而员工在工作上会遇到的问题，不一定能由此专长来解决，因此，此类培训便无意义。

较合适的做法，应该是以"问题"为起始点，从员工会遇到的问题、困难着手，反推回去，找到能够解决问题的方法，以此方法培训员工，才能得到希望得到的结果，也就是企业要求的人力绩效。

> **提示**　　员工培训往往不是改善员工绩效问题的第一或唯一方案，组织的领导应该懂得如何诊断员工的绩效问题，找出问题的症结所在，才能对症下药，解决绩效问题，提升员工的绩效表现。

　　即使在现代单向式的教育培训也处处可见"铁锤症候群"的现象，即只有"一招半式闯江湖"的讲师，每次授课的内容与方式就只是他会的那套"一招半式"，培训前也没有做学员的需求分析，培训后更没有进行效果评估，所以学员成为"学非所用"的祭品，浪费组织的学习资源，却达不到组织要求的学习绩效。久而久之，组织就吝于投资员工的教育培训。

为了医治组织可能存在的"铁锤症候群"，组织应该扩大自己的工具箱，不再受限于只有铁锤一种工具，要有更多不同种类的工具，而且能善用每种工具，知道不同的问题，要用不同的工具及方法解决。更重要的是诊断问题的工具与方法，唯有找到问题的根源，才能"对症下药"，"药到病除"。

员工绩效不佳的真正原因

为了"对症下药"，组织必须具备"诊断病因"的能力，影响员工的绩效表现有许多原因，缺乏解决工作问题的知识或技能只是其中一类原因，所以解决绩效问题的方案不能只用一把"员工培训"的铁锤，负责职场学习的部门及人员应该具备绩效问题诊断的能力，因此，他们必须知道员工要展现工作绩效有下列几项必要条件：

- 能力：员工必须知道如何才能达成绩效。
- 自我效能（期许）：员工必须相信自己可以达成绩效。
- 机会：组织必须给予员工合适的工作任务去达成绩效。
- 支援：组织必须提供给员工一个有支援的工作环境去达成绩效。

上述条件缺一不可，因此当员工绩效发生问题时，组织首先必须找出根本原因，如下表所示，除了缺乏知识或技能外，员工绩效发生问题的原因还包含第二类的"缺乏动机或诱因"与第三类的"工作环境有阻碍"，提供给员工学习方案也只能对第一类的原因产生作用。

如果领导遇到员工的绩效问题，不明就里就直接归咎于第一类的绩效问题，即使让员工接受教育培训，还是会发生员工"不受教"的苦恼。其实曾有研究显示，超过 2/3 的员工绩效不彰问题源自员工的工作动力不足，甚至超过 60% 的员工离职的主因为"与领导不合"。这些研究结果再三强调，当员工绩效不符合组织的要求时，领导首先要找出绩效问题的症结！

表一：员工绩效问题的可能原因

第一类：缺乏知识或技能

- 他们不知道要做什么
- 他们不知道该如何做
- 他们不知道绩效标准或目标为何
- 他们不知道他们绩效表现如何

第二类：缺乏动机或诱因

- 他们觉得薪资或报酬不足
- 他们不知道为什么从事这项工作
- 他们被要求做他们不擅长的工作
- 他们觉得事业前景不佳
- 他们的自信心不足
- 事情做对了，却没有被肯定
- 别人事情做错了，反而受到奖赏
- 管理者不在乎他们做了什么

第三类：工作环境有阻碍

- 工作流程设计不佳或太复杂
- 工作氛围低迷或充满负面情绪
- 工作系统设计不佳或常发生故障
- 工作场所太多干扰（声、色、光、热、气）

提示	当员工的绩效发生问题时，领导必须懂得溯本追源，找出问题的根源所在，才能真正对症下药。一般而言，员工绩效问题的根源来自员工的工作能力、工作动力与工作环境，员工必须获得这三类绩效因素的充分支持，才能达成或超越绩效目标。

利用人力绩效技术

虽然绩效技术这项专业在国外已有相当的发展，也实践了很多年，而且有专业协会和学术期刊推广这项专业，但是此领域在本土还是相对陌生。

为了"药到病除"，组织必须具备对员工进行绩效问题诊断的能力外，也要能"对症下药"，针对绩效问题的根本原因提出相对应的绩效改善措施，这就是"人力绩效技术"，简称绩效技术。美国学者斯托洛维奇（Stolovitch）

与吉普斯（Keeps）将绩效技术定义为"为解决员工的工作绩效问题所提供的一套有系统之方法、流程或策略，其目的在于提升员工绩效或达成组织的绩效目标"。员工绩效分析的流程可以简单以下图描述，首先员工绩效起源于：

1. 解决组织问题，例如医院找不到愿意待在偏远诊所的医生；

2. 捕捉组织机会，例如现在有许多有志气、有抱负的年轻医生愿意到偏远乡村当志愿者；

3. 符合组织规定，例如医院规定所有的年轻医生都必须到偏远诊所服务三年。

因为要满足问题、机会或规定带来的需求，组织要设定目标，例如每年至少要有三名医生待在医院的偏远诊所；当组织检视现实状况，例如偏远诊所的流动率过高，平均只留住两名医生；如果现状与目标产生差距，亦即"实际发生的"与"应该发生的"有差距时，便发生绩效问题，因此必须进行问

图三：诊断绩效问题的绩效分析模式

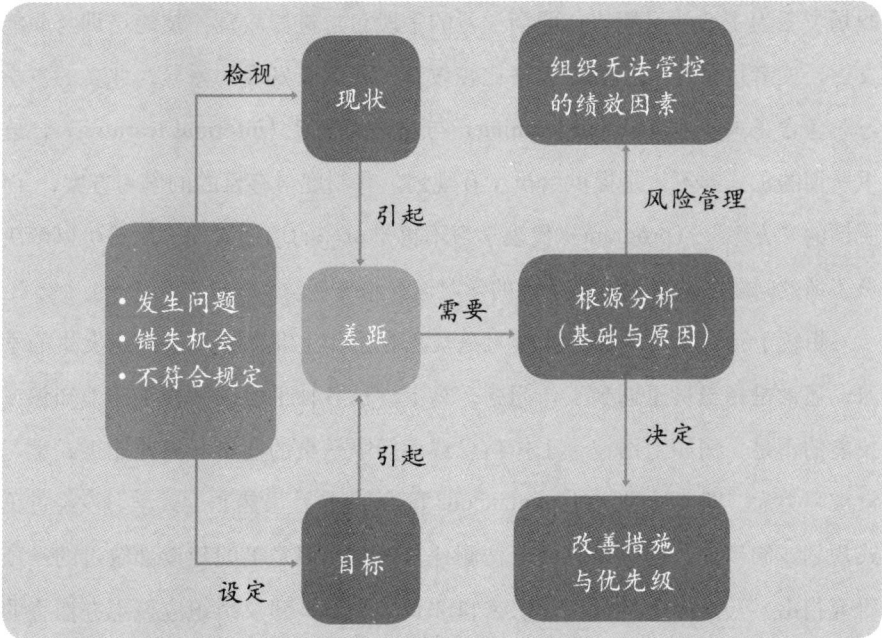

题（差距）产生的根本原因分析。例如为什么偏远诊所的流动率过高，以期找到发生绩效问题的根源；例如偏远地区的生活及教育条件对小孩教养不利，因此提出相应的绩效改善措施；例如征求单身的年轻医生，提供特别培训及津贴，并根据组织资源及运营策略，决定这些绩效改善措施的优先级。如果分析的结果是组织无法管控的风险因素，例如自然灾害，领导可将这些可能发生的原因列入组织绩效的风险管理。

图三的绩效分析模式，关键在于先确认绩效问题，也就是绩效目标与现实状况的差距，然后根据问题产生的各种表象进行根源分析，根源分析除了要追本溯源，更要以系统性思维与方法找出问题的根本原因，以及所有因素的关联，才能真正提出治标又治本的绩效改善方案！

正式学习和非正式学习

为了突破传统培训的框架，组织应该将教室讲师为主的培训模式扩大为职场员工为主的学习模式，职场学习的手段包含进修教育、技能培训与职能发展，读者可以参考下页的表格比较教育、培训及发展的差异。此文的"学习"包含正式学习（formal learning）与非正式学习（informal learning），这里所谓的正式学习，是提供给员工有规划、有制度与有目的的学习方案，而所谓的"方案"（program）代表学习不再是单一的培训课程，而是可以解决员工绩效问题的整合性、系统性的学习途径与方法。

相较于正式学习，非正式学习是员工在工作上非预期或不经意发生的学习，通常是指当员工遇到工作问题，马上尝试各种手段以弥补工作上知识或技能的不足，例如上网搜寻工作信息或询问隔壁桌的同事，因此非正式学习常被归类为"即兴学习"（spontaneous learning）。虽然非正式学习没经过正式规划或制度化，所以没有或无法测评其效益，但是美国建设部做过的一项研究指出，70% 以上的员工学习来自非正式学习，建议组织应该想办法将非正式学习纳入组织的学习体系内，我们会在后续的篇章里就此议题进行更仔细的说明与讨论（第十五章）。

表二：教育、培训和发展的比较

	教育	培训	发展
目的	个人成长	技能增长	职业生涯发展
内容	通识职能	专业或工作相关技能	职务所需解决问题之职能
范畴	共通及广泛	特定及狭隘	量身定做
时间	长期	短期	不定
场所	学校	组织培训部门或培训机构	工作场所
效益	潜移默化	立即技能移转	未来职能
证明	学位	证书	职位
举例	大学企管学士	项目管理	职务轮调

"诊断问题"必须比"解决问题"更优先

担任领导最重要的责任之一为带领员工达成组织所赋予的绩效目标，因此要对员工进行绩效管理，除了协助员工达成个人绩效目标，更要协助员工发挥与提升绩效潜能。但是我发现有许多企业与组织无法落实绩效管理，让绩效管理流于形式，严重影响组织的绩效表现而不自知。而太多的领导，特别是新人领导，在做完员工的绩效考核后，根本没有或不知如何针对员工的绩效问题进行诊断，因此无法找到影响员工绩效表现的症结所在，遑论提出解决绩效问题的合适方案，进而提升员工的绩效表现与发展员工的绩效潜能。

众所周知，员工是组织最重要的资产，任何单一员工的绩效表现往往与组织的绩效表现相关，而组织整体的绩效表现又往往来自关键员工的绩效表现。因此，人力绩效诊断与改善成为现代领导必要的领导学之一，更是领导带人带心的诀窍，这也是本书后续每一章节的重点。

第二章

适材适所：

让对的人做对的事

话说小王的初恋女友林致铃成为第一名模后，名气与财富接踵而来。一天晚上，林致铃的眼睛、鼻子及嘴巴趁她熟睡时开会讨论"谁的贡献最大"。结果讨论来讨论去，都没有一个定论，唯一彼此都有的共识是"眉毛一点用处也没有"。

　　眼睛首先开炮："眉毛凭什么放在我眼睛的上面？大家都说我眼睛最迷人，是灵魂之窗，还可以看到东西。我要是不看，连走路都没有办法，哪还有可能学猫走台步，成为名模？"

　　鼻子听了不服气，说道："大家都说我鼻子是最美、最挺的，最能凸显脸部的线条，还可以嗅味道，感觉最灵敏。没有我鼻子，身上是香是臭都不知道，怎么当名模？是啊！眉毛算什么？它怎么可以站在我们的上面？"

　　嘴巴听了这一段话后，也不服气了，鼓起嘴说："大家还票选我嘴巴是最诱惑人的，声音最哆，脸上就属我嘴巴是最重要、最有用的！我要是不吃东西，谁都活不了。我应该放在最上面才对。眉毛最没用，它应该在最下面才对！"

　　当眼睛、鼻子及嘴巴激烈地争执谁最该在上面，而对眉毛发出愤愤不平的抗议时，眉毛气定神闲、心平气和地对它们说："既然你们都认为自己最有用，那我就到你们的下面吧！"说着，眉毛便走到眼睛下面，然后到鼻子下面，再到嘴巴下面。隔天早上林致铃起床后，一照镜子，尖叫一声便昏倒了。眼睛、鼻子及嘴巴当下没有任何讨论，就立马跪求眉毛回到原处去了。

职场角色的定位，决定团队绩效的好坏

以上故事除了警示我们"团队成员对绩效表现不应该争功诿过"外，也说明了员工的绩效要能展现，必须把对的人放在对的位置上，做对的事情，缺一不可，即便如眉毛一样看似无用，当它被放在对的位置上时，也能发挥其最大的功用，领导者就是要懂得如此"识人为用""因材施教"的管理方式，久而久之团队绩效方能大大彰显。

1. 识人为用：找出价值理念相符的潜力股

"识人为用"意指"找到对的人"。所谓对的人，就是价值理念与组织或领导相符的员工，通常价值理念可以转化为组织对员工及其工作为达到绩效目标必须遵守的规范，例如创新、诚信或分享，而每个组织会因为其属性或目标不同，有不同的价值理念。

如果员工不认同组织、领导或工作的价值理念，即使短期可以为组织创造绩效，但是"路遥知马力，日久见人心"，长期绝对会对组织造成伤害。试想，如果林致铃的嘴巴不认同她与人为善的情绪智商，纵使是脸上最美丽的部位，却经常口无遮拦，对人恶言相向，她会是人气最高的名模吗？若是在时装发布会的舞台上，林致铃为了凸显自己的美丽，想把其他的模特都比下去，不按照设计师原先的规划走秀，纵使林致铃真的比倒了其他模特，但设计师下次会愿意再请林致铃走秀吗？这些"价值理念不符，却能有绩效表现"的员工就像合唱团的"第一女高音"般，在一个强调团队价值理念一致的组织中，虽然有独特的自我表现，却处处显得格格不入，对组织反而会产生更大的伤害。就像有些为达业绩不择手段的业务领导，用欺骗造假的方式违反组织的经营理念来吸引顾客购买，短期或许可以创造亮丽的业绩，一旦被揭穿，组织信誉受到的伤害往往是无可弥补！

而另一种"价值理念不符，绩效表现也不彰"的员工，则像漂浮在河流

上的"枯木"，在组织中没有存在的价值，漂浮久了，还可能变成"朽木不可雕也"的冗员，不仅对组织没有贡献，组织还要付出人事成本，他们甚至还会产生削弱组织绩效的副作用。举例来说，当一个企业领导不处理那些不认同组织、经常无所事事、怨东怨西的员工时，组织的士气往往就会受到这些"枯木"的影响而变得低落。但"枯木"并不代表就是"朽木"，或许不认同目前工作的员工，到了其他彼此认同、互相欣赏的组织，就像"枯木"送到不同的木雕店，遇到懂得赏识它的木雕师傅而"化腐朽为神奇"，变成珍贵的木雕艺术品，这就是"适材适所"。

当然，对于企业而言，最好的结果就是能获得"价值理念相符，又能创造高绩效"的"模范生"，但想招揽模范生并不简单，因为这类人才肯定被许多竞争者一窝蜂抢破头，且想要留住好不容易招揽来的模范生，可能要付出很高的代价，因为模范生的自我期许较高，组织也不可等同一般员工待之，且其他组织也可能无所不用其极地挖角。因此，组织找人的第一考量，应是找到"虽尚未有高绩效表现，但价值理念相符"的"潜力股"，亦即对的人，

图一：识人为用，从"价值理念"和"绩效表现"中找到合适的潜力股

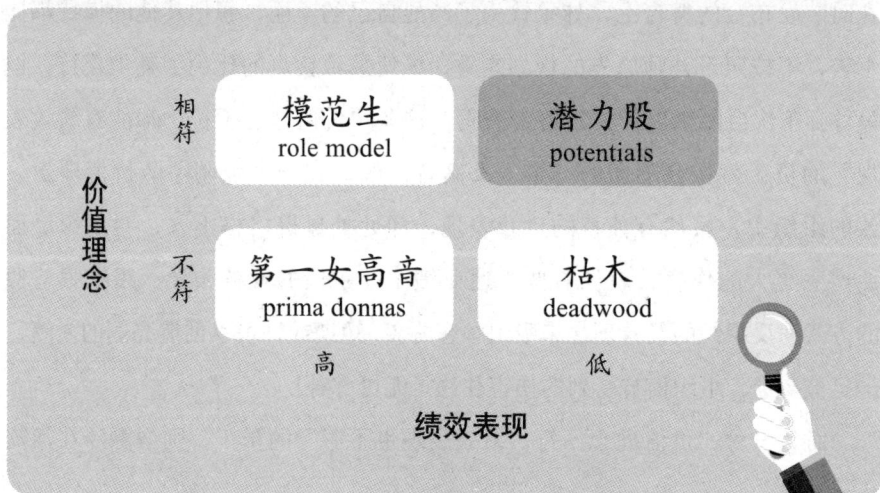

价值理念

	相符	模范生 role model	潜力股 potentials
	不符	第一女高音 prima donnas	枯木 deadwood
		高	低

绩效表现

再以对的位置、对的事，激发其潜力，若绩效一时无法展现，领导就需要懂得"因材施教"。

许多领导常常以求职者过去的经历与绩效作为征才的依据，但是图一"识人为用"的首要条件是"价值理念与组织相符"，也就是认同组织和领导的经营理念与专业道德规范。过去的绩效表现虽是重要的用人因素，但一位高绩效的新任员工若放在不对的位置，是无法延续高绩效表现的，亦即在其他单位的"模范生"不见得会成为新单位的"模范生"。

提示	组织在招聘员工就像投资股票一样，要以低价格买潜力股，所谓的潜力股，就是那些认同组织经营理念，愿意为组织目标贡献，而且能在组织的因材施教下，充分发挥潜力，为组织及个人创造最高绩效。

2.因材施教：给予员工适合的环境或培训

与组织价值理念相符的员工就是"潜力股"，然而很少有员工到了一个新组织或分配到一项新的工作后就可以马上发挥潜力，展现绩效。即使是模范生也不例外，被挖角到新组织的模范生，亦需要一段时间的磨合与适应，所以业界常有高薪挖角的优秀员工，最后却发生"水土不服"的现象，甚至变成"请神容易，送神难"的人事问题。企业为此对新进员工常采用数个月试用期的方式来评估是否长期雇用。

一旦员工被聘任，他的"准备度"高低，便会决定其后续的绩效表现如何，所以企业应针对不同的员工，提供不一样的环境与培训，这个过程就是"因材施教"。

低	**R3** 高能力 低动力	**R2** 低能力 低动力
动力		
高	**R4** 高能力 高动力	**R1** 低能力 高动力
	高	低
	能力	

$$动力 = \underset{(想做)}{动机} \times \underset{(能做)}{信心} \times \underset{(将会做)}{承诺}$$

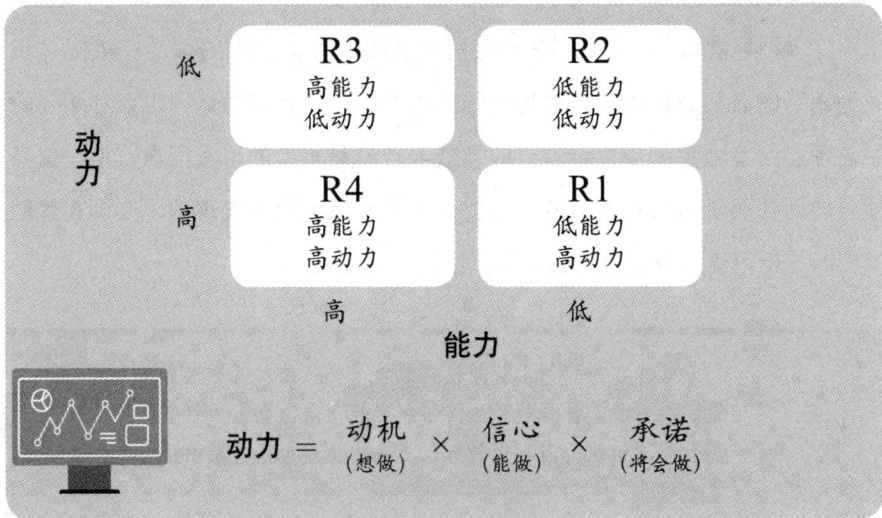

从图二中，我们可以看到影响员工准备度的关键有"能力"和"动力"两大因素。员工的工作能力指的是为达绩效目标所需要的知识、技能与态度，工作能力不是与生俱来的，而是通过工作上适当的指导和支持所发展出来的，可以借由职场学习（workplace learning）的教育、培训与发展等方式获取。而工作动力则是指工作上为达绩效目标所需要的员工动机、信心和承诺的总和。动机表示员工对于工作的热忱度，信心是员工对于工作的自信度，承诺则代表员工对于工作的使命感。员工的工作动力也不是与生俱来的，当缺乏工作动力或动力不足时，可以借由职场的目标管理（management by objective, MBO）、绩效管理、工作设计（job design）及组织发展（organization development）等方式来提升动力。在分析完员工的准备度以后，便可依其特色，因材施教，提供不一样的环境或培训。

一般而言，**"低能力、高动力"**（R1）的员工通常是新进的员工，虽然充满动力，但人生地不熟，对人、事及环境还未进入状态。可以通过培训或教导的方式提升 R1 员工的能力，所以组织对新进员工通常会提供新人培训或指派资深员工担任导师（mentor）。

"低能力、低动力"（R2）的员工通常是那些被放在不对位置而变得消极被动的员工，例如原先因工作表现不错的员工被调到一个不擅长的职务，无法展现绩效，又得不到领导的支持，一段时间后就容易受到挫折，失去工作动力。R2 的员工可以通过重派任务或协助转换的方式，重新放到对的位置，让他们的能力可以发挥，重拾工作动力。

"高能力、低动力"（R3）的员工，即使能力再强，但因为在同样的职务工作了一段时间，或因为生活的重心有所调整，而失去对工作的热忱，所以组织应该以丰富工作内容（job enrichment）或工作赋权（job empowerment）的方式，或给予多一点的激励措施，让 R3 的员工重新点燃工作的"热情"，找回工作动力。

"高能力、高动力"（R4）的员工基本上是属于模范生的潜力股，有些组织称之为高潜力（high potential, HiPo）员工。R4 的员工需要不断的挑战与肯定，组织应该针对这些员工安排不同于一般员工的发展途径，促使他们不断提升绩效目标，对组织持续做出更大的贡献。

图三：根据员工特色，因材施教，提供不一样的环境或培训

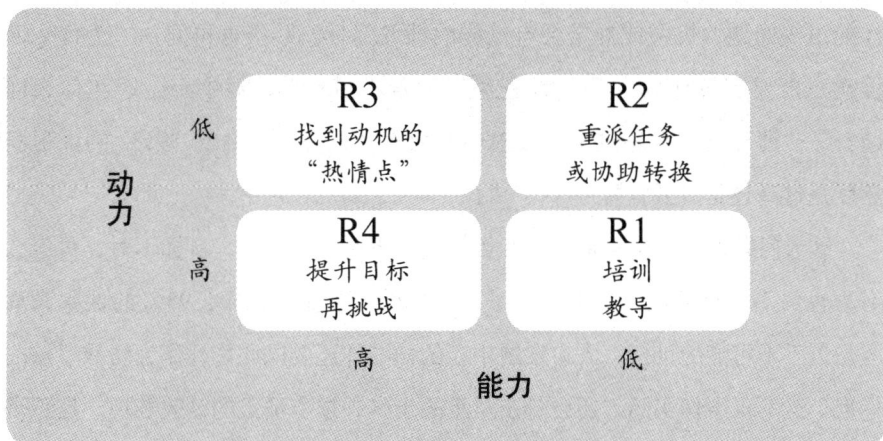

目标搞错，再怎么努力都是白忙一场

无论是"识人为用"或"因材施教"，前提是组织要能发现绩效问题的根本原因，并针对问题进行诊断与分析，找出症结，才能提出绩效改善的措施，这就是人力绩效技术（HPT）。HPT着重于"潜力股"员工的绩效问题分析，代表对一位认同组织、领导及工作的员工，因为在组织、个人层面或工作上遇到阻碍，产生绩效问题，组织应该协助他排除阻碍，发挥潜力，提升工作的能力或动力，创造高绩效，成为组织的"模范生"。但如果遇到一位与组织或领导的价值理念不一致的员工时，无论其工作动力或能力如何，绩效表现如何，所谓"道不同，不相为谋"，除非有办法扭转其价值理念，否则组织应设法尽早处理这些"枯木"或"第一女高音"，这些人像与铁轨不符的火车车轮，行驶久了迟早会出轨，拖垮整列火车。

在第一章中，我们已经介绍过员工绩效问题的分析流程。所谓绩效问题，就是绩效目标与绩效现状的差距。假设某企业的人力发展中心设定平均课程满意度的目标是超越95%，年底评价结果为88%，这就是课程实施的绩效问题。但是绩效问题通常只是问题的表象，不是问题的根源，所以要进行根源分析（root cause analysis），第一步就要问："为什么会有这样的绩效差距？"追本溯源，可以进一步问："为什么会设定这样的目标"，也就是"是什么样的组织问题、机会或规定会有这样的绩效目标？"接着再问："为什么课程满意度要超越95%？""课程满意度若不到95%，对中心会产生什么问题？""课程满意度超过95%，对中心会有什么好处？"或"95%的课程满意度是过高还是过低？"

绩效问题的根源经常是"一开始就设定不对的目标"，目标不对，再怎么努力也到不了目的地。如上述例子，在目前的企业体系中，95%的课程满意度是近乎不可能的目标，人力发展中心的领导却还要以此目标作为绩效考核的标准，这不仅不切实际，还会打击员工的士气，损害员工的绩效表现，这正是目标管理（MBO）在组织的运作中占有重要一席的原因，员工的任何作为，过与不及都不好，更不能失去方向，而目标就是员工行动力的指南针。

目标是什么？目标代表"做对的事"，相对于目标的另一个指标则是"行动"，行动代表"把事做对"。我们可以就目标与行动将员工分为四类（图四）：

1. 没目标、没行动的员工：只是在原处发呆，久而久之，就变成组织的呆子；

2. 有目标、没行动的员工：只能整日向别人叙说自己的梦想，久而久之，就变成组织的骗子；

3. 没目标、有行动的员工：就像蒙着眼睛向前奔驰的马，久而久之，就变成每天累得半死，却没有功劳的傻子；

4. 有目标、有行动的员工：唯一能展现工作绩效的员工，成为组织有成就的骄子。而员工的行动力就是动力与能力的结合，若目标合适无误，就要分析员工在能力或动力哪里出问题（回到"因材施教"问题），并做出合适的解决决策。

图四：从员工的目标和行动中，就能得知绩效展现的好坏

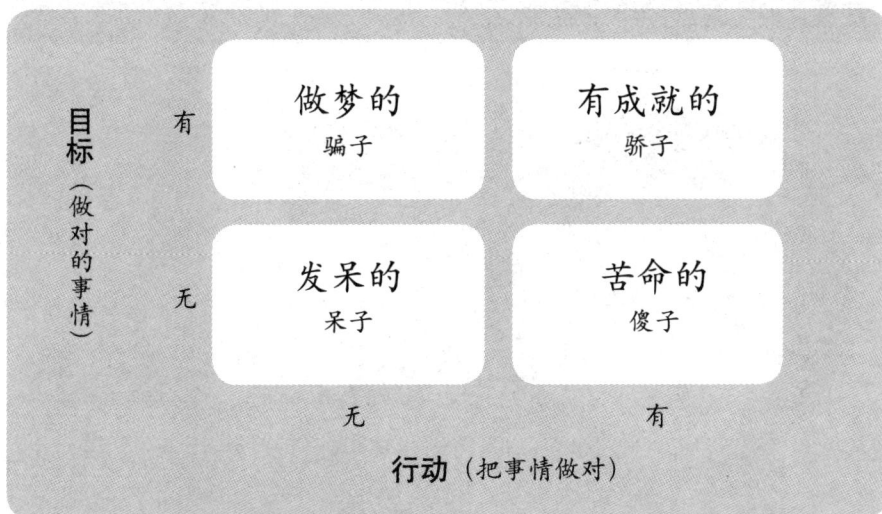

		做梦的 骗子	有成就的 骄子
目标（做对的事情）	有		
	无	发呆的 呆子	苦命的 傻子
		无	有

行动（把事情做对）

领导管理员工的第一要务就是协助员工设定对的绩效目标，这也是组织绩效管理的第一步，有了目标作导引，员工才能选择对的路，做对的事。一旦员工做对的事，领导便要全力支持员工把事做对，协助员工排除能力与动力的障碍，促成员工采取最有效的行动，达成组织赋予的绩效目标，让员工个个成为组织的"骄子"！

绩效问题分析需要系统性的思考与方法

就组织运营的目的而言，整体组织的绩效展现在提供满足市场需求的产品或服务，顾客的满意度越高，就会有越多的顾客愿意付钱购买及使用组织的产品或服务，组织的绩效就越好。同样的道理也适用于政府部门的组织绩效，政府部门的最终顾客是缴税的人民，施政的满意度越高，施政绩效就越高。而一个组织的绩效可以表现在四个层级（图五），由内而外分别为：1.员工绩效；2.程序／科技绩效；3.组织绩效；4.外部环境／合作关系绩效。层层相连，环环相扣。虽然 HPT 主要是针对员工的绩效表现所提出的绩效改善措施，但进行绩效问题分析时，却不可只分析员工层级的绩效原因，因为

图五：四个层级的组织绩效

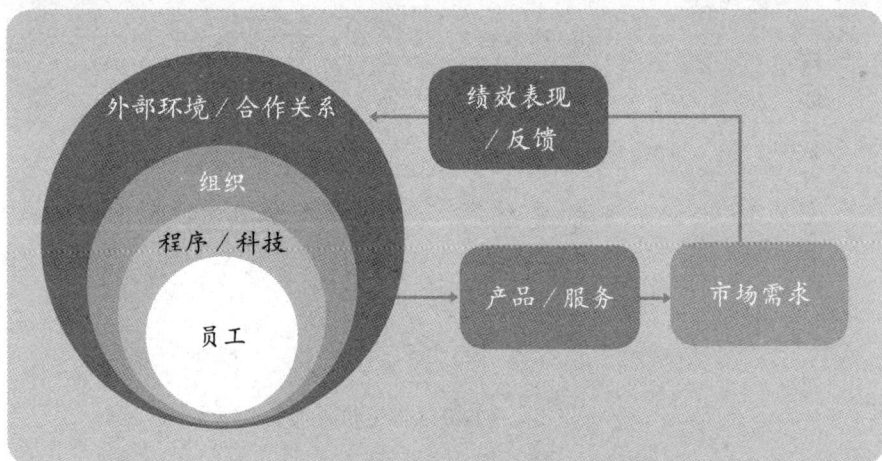

员工的绩效目标及行动力除了受到自己的能力与动力影响外，更容易受到组织层级与程序／科技层级等绩效因素左右。举例来说，如果人力发展中心的课程满意度高低与其员工的升迁奖励制度没有关系，或领导常因不相关的因素干预课程实施的程序与原则，则员工办课的绩效终将无法展现，达不到课程满意度的要求。

为了能正确诊断员工的绩效问题，我们可将其表现不如预期的原因归为三类：缺乏知识或技能；缺乏动机或诱因；工作环境有阻碍。

在进行问题根源分析时，所有问题可能如树根般盘根错结，剪不断，理还乱，也容易由于现实的框架，看不到问题的真相或全貌，结果常发生"因果颠倒"或"以偏概全"的错误，找不到问题的症结所在，也提不出有效的改善措施。

我曾收到过大型企业客服中心一名教育培训领导的来信，她写道："在客服，不论是一线或二线人员出了差错，长官的第一句话，就是要'再培训'；新进人员上完职前培训课程，到现场开始服务客户，只要不会，就有人质疑'不是上过课了吗？怎么还不会呢'。培训真的不是万灵丹，不能解决所有问题。"对她而言，客服最大的绩效问题来自高流动率，这不是教育培训做得好就可以解决的问题，再者，为什么员工流动率会高，也必须进行问题根源分析，有可能是领导的管理问题，有可能是组织对客服人员的激励措施不够，有可能是客服人员对未来不抱希望，也可能是其他的组织问题或员工本身的问题，所有的问题都可能牵连在一起。因此，绩效问题分析需要系统性的思维与方法。

| 提示 | 组织对员工的绩效问题分析必须采取系统性的思维与方法，以人为本，由内而外，打破组织的层层框架，追根究底，找到问题发生的根源，如此才能真正找到长治久安的解决方案，全面改善组织绩效。 |

影响组织绩效的内外因素千头万绪，由内而外，包含员工能力与动力、员工的工作流程与使用的科技、员工所处的组织制度、文化与环境，以及组织所处的外界环境。这些因素又会影响员工的绩效表现，而员工的绩效又是组织绩效的基石，可谓交错复杂，若没有系统性的分析方法，根本无法理清绩效问题的症结所在。因此，在下一章将介绍一套由我开发的绩效分析方法论，可以从组织、人员、程序与科技四个层面分析影响绩效表现的因素，找出关键的因素及问题的根源，开出对症下药的处方。

第三章
抽丝剥茧：
找到问题的核心

话说原在黑脚村担任医生的小王，因为误诊而切了许多村民的脚趾，良心不安而决定退隐到山边独居，并靠养猪为生，担心辛苦圈养的猪被山里的野狼偷吃，于是决定将猪圈从山边移到较靠近河水的地方。由于小王听过三只小猪盖房子的故事，知道不能用稻草盖猪圈，因为风一吹就垮了，也不能用木头盖猪圈，因为可能会被野狼撞倒，所以用砖块盖了猪圈。

　　盖完之后，小王发现用砖头盖的猪圈虽然坚固，但是屋顶却非常容易漏水，雨季来时，猪圈常被淹，许多猪的脚都因浸水感染病菌而坏死。为了防止猪圈的屋顶漏水，他便在屋顶敷上一层厚重的水泥，果真屋顶就不再漏水。

　　没想到有一天台风来袭，刮大风，下大雨，用砖块堆砌的墙壁顶不住厚重的屋顶，崩塌了，压死了许多猪。小王请教盖房子的师傅后，才知道原来他的猪圈缺少可以支撑屋顶的梁柱。于是在重盖猪圈时，小王先立起四根大梁柱，再盖屋顶及砌墙壁，猪圈看起来果然稳固多了。小王原想从此就可以高枕无忧，不料竟然又发生更大的台风，整个猪圈被山上倾泻的泥石流冲垮，多年的辛劳就这么付之东流。

　　小王找出问题的原因在于猪圈盖在山边的河沙地，地基原就不稳固，就像一句歇后语所描述："河沙上盖房子——靠不住。"经历这些教训后，小王深刻体会到以养猪为生很辛苦，因此找了一块田去种菜，但是小王养猪也养出一些心得，所以在田边又盖了一间猪圈养猪，当然这次就把屋顶、梁柱，还有地基等因素都考量进去，因此新盖好的猪圈坚固无比，而且还可以"自家田边养猪仔，肥水不流外人田"。

组织的绩效系统

一个组织本身就是一个系统，系统运作的过程与结果代表系统的绩效表现，而根据系统理论，系统是由一群互有关系的要素（子系统）所组成的整体，依特定目的运行。

由于彼此的相互联系，任何一个子系统的变化都会影响其他子系统，以及整个系统的结构、运行与目的，因此进行系统分析时必须深宽并重、内外兼顾。所以组织在设置或导入任何系统或方案时，必须要有系统性的思维与做法，否则系统运作会不顺畅，组织也就容易发生绩效问题。就像小王养猪盖猪圈，如果没有系统性的想法与盖法，怎么盖都不会牢靠，一有风吹雨打，房屋就会岌岌可危。

当系统运行发生问题时，也需要用系统性的思维与做法去进行问题分析，不然就会像小王修猪圈，"头痛医头，脚痛医脚"，往往容易顾此失彼，原先为解决某一个问题，却引起另一个更大的问题，甚至一个小问题会沦为压垮骆驼的最后一根稻草，如同小王为防止屋顶漏水而敷上的厚重水泥却成为压垮墙壁的元凶。

问题分析不仅要综观全局，也要追根究底，进行根源分析，找到问题的症结，才能药到病除。再以小王盖猪圈为例，如果把屋顶垮掉的问题归咎于厚重的水泥，而只把水泥换成轻薄的防水涂料，没有顾及梁柱的问题，只要台风或地震来袭，一间没有梁柱的房舍，即使屋顶再轻，房舍还是会被吹垮或震垮的。所以绩效问题的分析不仅要广，如修房子，全面检测，才不会顾此失彼；也要深，如剥洋葱，抽丝剥茧，才能真正找到问题的核心。

不知道各位是否和我一样有过这样的经验？当发现房子有壁癌（注：壁癌，又称白华、吐露，是指在混凝土、砖块等材质中，可溶解的成分随水溶解，在水分蒸发之后，析出白色的盐类附着物质），请水电行的一位师傅来捉漏修补，捉到了漏水的水管，也换了新水管，涂了防水漆，但是一段时间过后，壁癌不仅在原处而且在别处又发生了，问师傅为什么，师傅解释："壁癌之所以叫壁癌，就是因为癌症是无药可根治的！"但各位相信吗？

我不甘心地另找一位"仁心仁术"的水电师傅，才知道前一位师傅用的水管接头是便宜的次级货，很容易生锈，接头一旦生锈，就会漏水；再者，解决一头漏水的问题，可能使另一头的水压变大，原来就有问题的接头反而会加剧漏水的问题。如果老是请同样的师傅，用同样的水管接头，壁癌当然同样还会发生，还得再"花钱受罪"，问题却没有根治。

分析组织的绩效系统如同分析房屋的结构一般，如下页图一所示，房屋的主要结构包含屋顶、梁柱与地基，厚实的地基才可以使梁柱稳固地立足，而梁柱最重要的功能就是要撑起它的屋顶，也就是说，找对的员工做对的事，才能完成目标。

有了屋顶（对的目标），就不用担心刮风下雨，才能安稳地在室内生活，所以只有将地基、梁柱及屋顶牢靠地一起盖好，房屋才能不怕台风和地震的考验。

如果将组织的绩效系统比拟为一个房屋的结构，如图二所示，组织的绩效目标就像是房屋的屋顶，系统运用有目标可循，不易受外界的风雨干扰；组织的工作人员及工作程序就像强而有力地撑起屋顶的梁柱，员工遵循工作程序，把工作做对做好，最主要的目的就是为达成绩效目标；而房屋的地基就像组织本身的制度、结构、环境与文化，还有支援员工发展与工作表现的科技，唯有稳固打造的地基，才能使员工及工作程序的梁柱发挥作用，不会受风雨及地震影响而摇摆不定；员工在如此的组织内工作，就像在一栋坚固的房屋内生活，才能有效地创造工作绩效。

就此系统分析的观点而言，组织的绩效系统包含：组织（organization）的工作人员（people），借由科技（technology）的支援，依循工作程序（process），完成工作任务（tasks），达成绩效目标（goals）。举例而言，企业借由在线学习 E-learning 课程，让员工达成年度必修数字化学习时数的要求。

图一：以房屋建筑比喻组织系统分析

屋顶

梁柱　　室内生活　　梁柱

地基

图二：组织的绩效系统组成

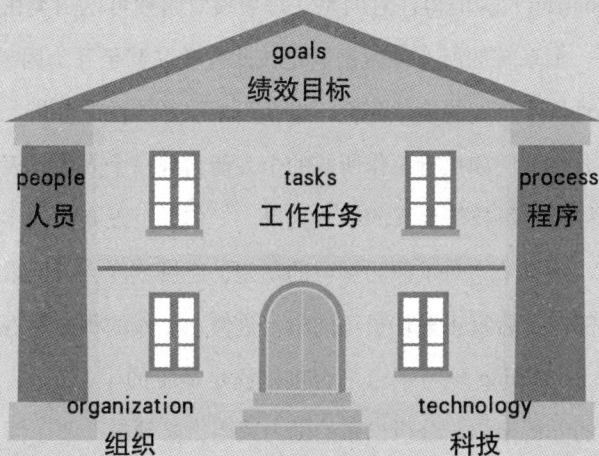

goals
绩效目标

people
人员　　tasks
工作任务　　process
程序

organization
组织　　technology
科技

提示　　绩效分析是系统思维与方法。所谓系统思维，就是整体性的思考模式，当我们在观察事物或解决问题时，要看清事件表象背后的结构和各要素之间的互动与关联，必须从不同的角度与深度解析事件的发生。

OPPT 模式的绩效分析

一般而言，绩效分析从目标分析开始，当组织的任何系统绩效表现不如预期，也就是与目标有落差时，就要进行绩效分析。唯有设定对的目标，组织的绩效表现才能朝对的方向前进，不对的目标就像设计不良的屋顶般，屋外刮风下雨，屋内也跟着风吹雨打，不仅屋内会生活得不安适，风雨也会侵蚀屋梁与地基的结构，久而久之，如同房屋结构的组织系统不仅绩效不彰，也会有崩塌之虞。

如果目标设定没有问题，就可以从：组织（O）、员工（P）、程序（P）和科技（T）四个要素（子系统）分析影响绩效表现的因素。

下页图三列举 OPPT 四个要素下的可能绩效因素，每一个因素在绩效表现可能呈现正面或负面的影响，正面的因素称为助力（enabler），负面的因素称为阻力（barrier）。值得注意的是，每项绩效因素可以归类在特定的要素下分析，但是一个系统的所有绩效因素是彼此有关联甚至互为因果的。

即使是针对员工个人的绩效分析，也必须采取系统性的分析，除了影响个人绩效的人员要素，例如执行工作所需的个人能力外，个人绩效表现的动力往往源自组织、程序与科技等要素的绩效因素。一位员工没有完成年度要求的必修数字化课程，除了个人对于职场学习的期望、态度或能力等因素外，问题也可能源自企业部门是否真正关切员工的学习进修，工作的程序是否阻碍员工的职场学习，或 E-learning 学习平台是否可以满足员工的学习需求。所以 OPPT 模式是系统性的分析架构，分析出来的助力或阻力必须进一步了解对彼此的影响，一项要素的阻力可能会是另一项要素的阻力或助力。

图三：OPPT 模式的可能绩效因素

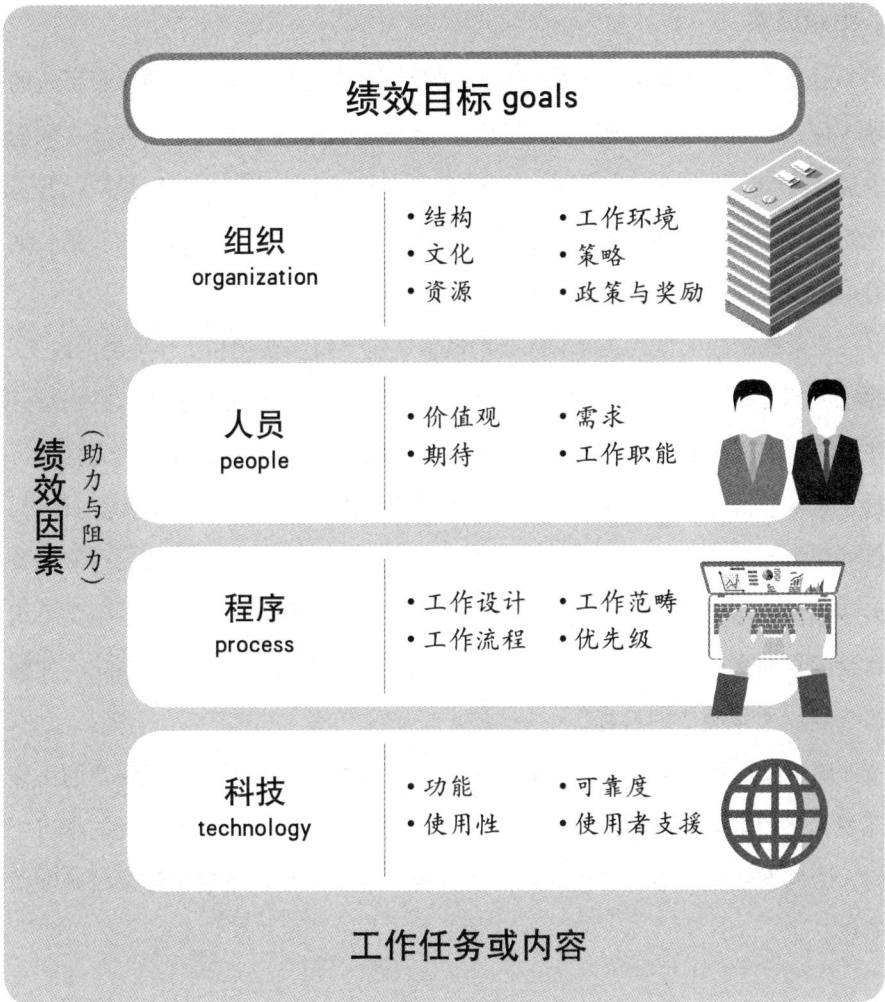

举例而言，当员工抱怨繁忙到没有时间来上课，可能是员工在时间管理的工作职能有阻力，也可能是组织在培训资源不足下的阻力。如果说某一企业部门单位把教育培训视为员工工作的一部分，规定下班前一个小时为员工进修时间，员工可利用此时段上在线学习平台进行 E-learning，这便是此单位在员工培训程序的一个助力。然而若在线学习平台没有 E-learning 进度追踪的功能，那么，培训科技在员工参与 E-learning 的功能上可能就有阻力。

1. 组织因素

通常任何新系统的导入会搭配成立新单位或任务小组，以确保新系统的导入可以顺利完成。即使一段时间后，新系统已例行运作，仍然需要专职的单位或人员，以便当系统运作遇到困难或阻碍，有专人可以协助排除，甚至化阻力为助力。一般而言，新系统的规模越大，就需要设置越专职、越长期的单位及职务，确认系统可以持续且顺畅地运作。

新系统的导入也代表原有系统的改变，包含组织文化和工作环境的改变，对于大部分习惯原有系统的员工而言，改变是一件非常困难的事，特别是这些员工如果还未相信或感受到改变对他们的好处前，抗拒改变乃人之常情，员工常常会口服却心不服，所以组织文化的改变需要有策略性的思维与作为，找到阻力最小的途径与方法，否则短时间就要看到新系统的绩效，可能比登天还难。由于建立接受新系统的组织文化是项艰辛的工作，往往需要组织高层领导的高度承诺与信心，投入足够的资源与人力，有效运用策略，才能达成组织文化改变的目标。

除了改变组织文化外，新系统的导入也需要打造与系统可以融合的工作环境，例如 E-learning 系统的导入就需要一个可以专注、不受干扰的学习空间，否则新系统与原有环境容易产生冲突，互相干扰或抵制的结果就是绩效不彰。

| 提示 | 员工的绩效问题多源自动力因素，其中组织的相关因素往往是导致员工动力不足的关键，而组织因素又往往是最不容易改变的。所以组织的领导为了引领所属员工达成绩效目标，必须懂得设置能够支持员工展现绩效潜能的组织文化与工作环境！ |

2. 人员因素

从人力绩效技术的观点分析组织绩效系统，人员绩效因素就是影响工作绩效表现的能力与动力，而员工是否能达成甚至超越绩效目标，最重要的是要把对的员工放在对的位置做对的事，并以对的方法把事做对。所以，员工个人的价值观是否与组织经营理念一致是首要因素，前一章曾经提到，不认同组织或领导经营理念的员工，无论能力如何，容易沦为组织的"枯木"或"第一女高音"，若不及时处理，对组织的整体绩效反而有伤害。

而员工对现在及未来工作的期待会影响其工作动力，如果员工认为工作的要求对个人成长或未来在组织的发展有好处，自然会全力以赴。反之，若员工认为工作上的努力对未来的成长或发展都没有帮助，甚至有阻碍，当然会失去工作动力，何来绩效可言！同样地，员工个人需求也会影响其工作动力，员工需求来源有两点：

· 员工在某组织的工作目的

套用马斯洛的需求层次理论，人类生存有五个层次的需求（图四），从最低层求温饱的生理需求到最上层追求自我实现的心理需求。同理推演，员工为组织工作，目的可能是要赚更多的钱，让自己或家人的生活改善，也可能是自我挑战，想要证明自己做得到。

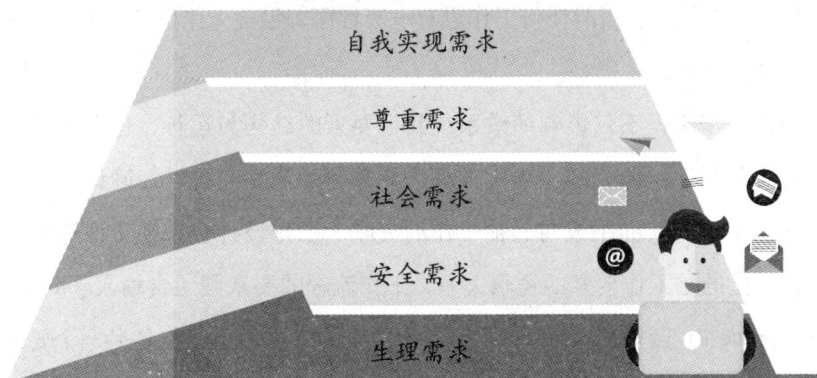

图四：马斯洛的需求理论

自我实现需求

尊重需求

社会需求

安全需求

生理需求

· 员工完成工作上所需要的支持或协助

这类需求并非因员工能力不足产生的，例如领导对员工的信任或组织应该投入的资源，需要绩效系统的其他要素支援才能满足。

除了影响员工绩效的动力因素外，还有能力因素。在职场上，员工能力泛指员工完成工作所需要的职能，包含专业知识、技能与态度。专业知识与技能可通过教室的教育培训获得或弥补，但是专业态度很难以理论讲授的方法改变。以担任领导很重要的沟通能力为例，与员工沟通所需要的知识、原则或方法可以记忆或练习，但沟通技能并不等同于沟通态度，像我就发现职场上许多员工并不信任能言善道的领导，原因出在这些领导的态度，让员工觉得"言不由衷"。态度的改变通常需要情境体验式的学习与反复的练习，或者在工作中由资深人员不断地提醒与指导，也很有效。

3. 程序因素

任何系统的存在都有其运行的结构与规则，称为系统程序。作为组织绩效系统的子系统，组织的任何工作也有一套程序，包含工作设计、工作流程、工作范畴与优先级。

一套工作流程不仅影响绩效系统其他要素的结构与运行，也会影响系统内其他工作程序。所以每一项工作都需要精密的规划与设计，确认工作产生的结果，工作要素的组成与其他工作的关联。工作设计也包括工件流程的规划，流程指的是工作要素的逻辑关系，工作流程的要素则包含输入（input）、处理（process）及输出（output）。一个要素的工作输出通常是另一个要素的工作输入，而一个工作的最终输出可能是另一个工作的最初输入，如此环环相扣，构成系统整体的工作程序，也描绘工作及工作要素的范畴，代表工作规模的界限及需要投入的工作资源。而优先级旨在说明工作及工作要素的重要或需求程度，以利工作资源有限时，安排优先投入的顺序。

4. 科技因素

许多科技的发明促成人类文明的演进，因为科技可以用来改善人类的工作绩效及生活绩效，例如提升工作生产力及增进生活幸福，但就系统理论而言，一项科技就是一个系统，当它被导入到一个组织系统内，不仅会改变组织原来的动态平衡，也将新增成为组织系统的子系统，与其他现有的子系统产生关联，影响其他子系统的运作与结构。因此，新科技的导入必须事先规划，事后也必须测评其产生的影响而据以改进，否则达不到原先支援绩效表现的目的，反而变成"花钱受罪"。读者只要观察沉溺于社群网络的员工对工作表现的影响，便可知道"役物不成，反被物役"的问题会有多严重！

科技的规划与导入首先要理清目的，并评估科技的功能、使用性与可靠度。科技的功能必须支援目的之达成；科技使用性则是指使用者使用科技的容易与方便程度，不会增加使用者额外的心力负担；而科技可靠度指的是科技功能使用的结果不会产生令使用者意外的状况。当科技的使用性及可靠度发生问题时，应该有协助使用者解决科技使用问题的机制或人员。

总而言之，绩效分析如同要修理让人住得不安心的房屋，首先要找出房屋漏水、龟裂或壁癌的源头，除了要系统性地诊断绩效问题，整理出问题的多方来源，并深入解析问题的症结，而且必须根据诊断的结果，提出系统性的解决方案，需要有耐心、细心、专心、信心与用心的专业能力。在下一章中，将向各位介绍在人力绩效技术领域具有这"五心并用"的专业人员——"绩效顾问"。

第四章

标本兼治：

成为一名绩效顾问

话说小王在自己的菜田边盖猪圈养猪，一方面"肥水不落外人田"，用养猪的肥水来灌溉菜田；另一方面用卖相不佳、卖价不好的剩菜用来喂猪，达到"废料"完全回收再利用的目的。以"有机"肥料种出来的菜及养出来的猪，不仅又肥又大，而且打着"有机"的招牌，卖价是一般"非有机"菜及猪的两倍。久而久之，小王养猪的经验老到，赚了不少钱，逐渐变"养猪老王"。

老王为将养猪绩效最大化，又把赚的钱投资在养猪的猪圈及设备上，把养猪场变得科技化与精致化，学着鼎泰丰打造"小吃的精品店"，老王要打造"养猪的精品场"，破除一般养猪场给人"破陋脏臭"的刻板印象。如此，老王养猪场的知名度大涨，许多养猪场的主人慕名前来参观讨教，更多养猪"绩效不彰"的主人希望邀请老王以顾问的身份亲临他们的养猪场指导，协助他们找出养猪场的问题，并提出改善措施。

老王深感只凭经验这一招半式，不足以闯江湖，于是到研究所在职进修，获得人力绩效技术的博士学位。老王懂得运用"OPPT"的模式进行系统性绩效分析，而提出来的改善措施也能发挥效用，老王从此变成全国知名的"养猪绩效顾问"，并创办一家全国独一无二的"养猪顾问公司"。

老王因此名利双收，惹来同村黑道老大的觊觎，想假借名义向老王分杯羹，于是老大的手下献计："老王的知名度高，与地方政府的关系不错，不能用市场保护费的名义，他不会买单的，政府也会找我们的麻烦。何不学老王开家营建顾问公司，老大就挂名专业顾问，没事到老王的养猪场门口晃晃，挑挑毛病，就可以正大光明地向老王收取顾问费？"老大一听是好计，高兴地马上差遣手下去印顾问名片。不料，名片送来时竟将头衔印成"专业顾门"，老大便重重地往手下的脑袋瓜一拍，大为光火地说："名片字印错了，少了一个口啦！"手下便要求印刷公司立即重印。第二天印刷公司将重印好的名片送到了，老大一看，简直气炸了，原来名片上印着"专业顾门口"。

"专业顾门口"对长期于市场"围事"收取保护费的老大，似乎是蛮适合的头衔，于是老大顶着这个头衔，一天来到老王的养猪场，在门口大声咆哮："我老大来收顾问费了！"嘶吼了老半天，才见老王从养猪场的另一边走来，问道："贵客远临，怠慢了，不知有何贵干？"老大回答："我乃'建设部'派来的营建顾问，要来检查你的养猪场是否违反营建法规，但是你不用担心，我与'建设部'的关系良好，若是你肯定期缴交顾问费，我保证'建设部'的大人们不会找你麻烦。"老王听完笑道："原来是顾问同行，若有高见，必当奉酬。"老大便动眼四瞧，当然也瞧不出所以然来，却一本正经指着门口说道："这个门太矮了，我刚才进来时，还差点撞到头，一定要改善，否则出事，是可以告你的。"老王一听，笑言："这个门口是专门喂食猪用的，是给猪进出，不是给人进出，所以比较低。而这群猪整天无所事事，不学无术，只会好吃懒做，而且经常挤到这门口来，老想找肥水吃，不知哪天吃得够肥了，成了俎上肉都不自知！"老王继续："还有地方政府才查出一件建商及黑道贿赂'建设部'官员的大案，连'部长'都被收押了，政府现在雷厉风行地抓贪反黑，你是否应该赶快避避风头啊？"

什么是绩效顾问？

绩效顾问可是术业有专攻的专业，目的为解决组织的绩效问题，改善员工的工作绩效，通常需要多年的教育培训及经验累积才能养成，绝对不是倚老卖老，凭张口就能仗势欺人的人，更不是在人家门口闹事、不学无术的老大。国外有许多专门从事绩效改善的顾问公司及专业人员，而且许多大企业在其人力部门设立绩效改善的专门单位或团队，设有内部绩效顾问（performance consultant）或绩效技术专员（performance technologist）的职务。例如我曾在美国的礼来制药公司担任外部知识管理顾问，当时这个计划团队的领导人就是礼来公司人资总部的内部绩效顾问，我们的计划目的是以知识管理提升制药研发部门的研发绩效。许多原本在人力资源部门的员工，为了提升自己在人力资源领域的工作绩效，通过进修与认证，将自己的职能升级为绩效技术专业。

人力绩效技术主要是对应人力管理与发展在改善组织的人力绩效问题不足之处，而发展出来的专业领域，其内容横跨多项领域，包括人力资源管理、绩效管理、培训与发展、组织发展、教学科技，以及系统分析等，许多国外的大学、专业协会或顾问公司提供绩效技术相关的课程、认证甚至学位。

举例而言，原为"美国培训协会"（American Society for Training and Development, ASTD）的"人才发展协会"（Association for Talent Development, ATD），是全世界在培训领域的最大专业协会，他们提供与人力绩效技术相关的认证课程"学习与绩效专业认证"（Certified Professional in Learning and Performance, CPLP），而人力绩效技术领域的专业协会"国际绩效改善协会"（International Society for Performance Improvement, ISPI）除了提供绩效技术专业课程与认证外，还制定出绩效技术专业的 10 项职能标准，如下图。

这 10 项标准的前四项又称为共同原则（principle），意指这四项标准是所有标准的基本，在绩效改善计划的所有阶段都适用，而后六项标准是根据系统程序所设定的，有能力的绩效技术专业人员都会系统性地进行绩效分析，并根据分析结果提出及实施系统性的改善方案。

绩效技术专业的 10 项职能标准

标准 **1** 专注于结果与产出
（focus on results or outcomes）

标准 **2** 采取系统观
（take a systemic view）

标准 **3** 增加价值
（add value）

标准 **4** 以结盟方式与客户及关系人一起工作
（work in partnership with clients and stakeholders）

标准 **5** 确认需求及机会
（determine need or opportunity）

标准 **6** 确定问题根源
（determine cause）

标准 **7** 设计包含实施与测评方案的解决方案
（design solutions including implementation and evaluation）

标准 **8** 确定方案的合适性与可行性
（ensure solutions conformity and feasibility）

标准 **9** 实施方案
（implement solutions）

标准 **10** 测评结果与效益
（evaluate results and impact）

绩效分析要早且快

美国著名的绩效技术学者阿利森·罗塞特（Allison Rossett）在其著作的绩效分析专业书《早且快》（*First Thing Fast*）开宗明义地指出，没有分析，就没有绩效技术，没有绩效分析，就没有真正的绩效改善方案，而且分析的时机越"早"（First）越好，越"快"（Fast）越好。

她所谓的"早"指的是，绩效分析是绩效改善第一步，在实施绩效改善计划时，应该尽早进行分析，才能确认绩效问题的根源。而她所谓的"快"，并非很快地将分析完成，而是当员工绩效问题发生的当下，甚至问题尚未发生时，就要尽快进行分析，否则时机一过，问题就更加难以侦查。所以好的绩效分析，应当是预防性、及时性、主动性与经常性的作为。

但是一般的绩效分析却背道而驰，通常是绩效问题发生一段时间后，甚至问题无法掩盖时，组织在"被迫"的情况下，要求不具有绩效分析专业的员工进行绩效分析，而领导往往在问题还找不到的情况下就急着要答案，于是，需要耐心与细心的绩效分析在领导眼中是"缓不济急"的。也正因为绩效分析被错误期待而变成一种形式，绩效方案成为应付式产出，最后的结果就是"头痛医头，脚痛医脚"，无法"药到病除"。

根据我多年担任企业顾问及企业培训讲师的经验，我发现绩效分析是企业改善员工绩效与规划培训课程最弱的一环，所以培训课程的成效经常受到质疑，原因就出在许多企业并未真正进行绩效分析或培训需求分析，就开办培训课程。

提示　　人力绩效技术是一项专业。欧美许多企业设置"绩效顾问"的职务，从事绩效问题分析与改善，以系统思维与方法协助领导诊断组织的人力绩效问题，并提出兼顾治标又治本的解决方案。绩效分析是改善组织绩效的第一步，必须做得早且做得快，以免绩效改善方案"缓不济急"或"回天乏术"！

在此和各位分享一个经验，几年前我曾接到一家大企业的邀请，规划八小时以领导为对象的"正面思考"课程。虽然我询问："是否已进行需求分析，了解领导为何有负面思维？"并告知领导应该不会因为听一个老师讲八个小时的课，就会从负面思维变成正向思维；有许多方式可以改变领导的思维，为何要用课程的方式？而且这种思维改变的课程，通常以活动体验或经验分享的方式会比较有效，八个小时对体验式或分享式课程的效果会是很大的限制……

但是课程联络人似乎只是接受指示开办课程而已，要回应前面那些问题好像有难言之隐，我也就不便苦苦追问。这种现象就是第一章所提及的，许多办理教育培训的专业人员会发生的"铁锤症候群"，当你手上只握有一把教育培训的铁锤时，任何的绩效问题在你眼中都是钉子，只想用手上的这把铁锤敲下去。而避免"铁锤症候群"的最好方法，就是扩充教育培训专业人员的工具箱，将专业职能升级为绩效技术专业。

收集绩效分析资料的工具与方法

根据国际绩效改善协会（ISPI）对绩效技术专业人员职能标准的定义，绩效分析主要包含需求分析与根源分析。"需求"来自绩效目标与现状的差距所引起的绩效问题，"根源"是造成绩效问题的根本原因，两种分析皆需要收集足够的资料，进行系统性的解剖、筛选、分辨与整理，以科学方式找出资料的规律、法则或因果关系。

所以，资料收集需要事前规划，确保资料的完整性与准确性，以及资料来源的可靠性与隐秘性。值得注意的是，绩效分析者必须确实保护资料来源与后续的处置，包含资料提供者的身份、资料内容的隐秘性，以及资料用后的保存或销毁，资料内容涉及隐私的部分必须以匿名或假名的方式保护，否则资料提供者若对资料的处理有疑虑，不仅不会据实提供，甚至可能会成为绩效分析的"隐藏敌人"。

因此，资料保密是从事绩效分析最基本的专业伦理，也是资料提供者的权利，所以运用任何方法进行资料收集前，都必须对资料提供者揭露他们应有的权利，并取得他们的同意后，才能进行资料收集。从事绩效分析时，通常有下列几种常用的工具与方法可以运用，以达成资料收集的目的：

1. 问卷调查（surveys）

问卷调查是一种广泛应用在各种研究中的方法。问卷是针对想要了解的问题现象或原因，设计一连串的相关问题，寻求问卷回应者对问题的意见、感受或反应，并制作成书面的问题表格。

问卷调查通常以邮寄、面访、网络或电话等方式请回应者填答，而问卷回应者是由一群与研究问题有关系而且有意愿参与研究的对象所组成。由于问卷的题目经常涉及个人隐私及情感反应，特别是许多绩效问题与回应者会有敏感性高的利害关系，为了保护回应者的隐私，让回应者能诚实回答，问卷调查通常以匿名的方式进行，但是匿名的方式通常使得问卷调查的后续追踪产生困难。

2. 访谈（interviews）

访谈的对象通常为绩效问题发生最主要的关系人，通过直接的、一对一的访谈形式，寻求受访者对绩效问题的看法及意见，或者请受访者分享绩效问题发生的认知、过程或可能原因。访谈法可区分为结构式（structured）、非结构式（nonstructured）、半结构式（semistructured），区分的依据在于访谈前规划的访谈目的及访谈提纲（interview protocol），规划的结果与界定的范围，越清楚代表越有结构。

无论是哪一种形式的访谈，通常在访谈之前都要设计一个访谈提纲，明确地以访谈的问题记录访谈的目的与访谈所要收集的信息。如果是非结构式的访谈，访谈的问题多是较为简短的开放式问题（open questions）。访谈过程中，依赖访问者的访谈技巧，根据受访者的回应，适当地提出进一步的问题

（follow-up questions），取得受访者更深入的回应，这种访谈有时又被称为深度访谈（in-depth interview）。一般而言，深度访谈比结构式访谈要花费访问者更多的心力，但所得到的资料更能深入描述访谈主题的本质。

3. 实地观察（observation）

观察法是指在自然、不加以干预的情境中，观察者根据特定的观察目的、观察提纲或观察表格，记录自己所看及所听，从而获取资料的一种方法。观察法强调在第一现场，第一时间记录第一手资料。

但有时在观察的过程中，观察者会就观察所得不清楚或不明了的资料，以及观察事件发生之后，访谈事件的参与者。若非不得已，观察者应尽量克制自己在事件发生的当下介入，包括访谈，避免事件的发生受到干扰，而产生不准确的资料。有时因为身为"局外人"的旁观者不容易取得事件当事人的内心感受或行为原因，会把自己融入事件发生的情境中，观察者同时也是被观察者。

例如，想要了解某位员工为什么做某项工作老是出错，可以把自己融入其工作情境，执行其工作程序，如此自己变成局内人，除了可以贴身观察这项工作程序外，也可以体会这位员工的内心感受。另外还有一种观察方法是进行员工绩效分析很有效的方法，我个人称之为"如影随形"（shadowing），也就是观察者如同一位员工（被观察者）的影子般，贴身地跟随员工一段时间，记录员工的一举一动及所作所为，特别是员工执行工作的程序与产出，若有不清楚之处，还可以模仿员工的动作，体验个中滋味。

4. 焦点团体（focus groups）

焦点团体，顾名思义，系指找到一群关系人，针对某特定绩效议题进行聚焦性的座谈会，以搜集到比较相关且深入的意见与看法，讨论的内容因为要聚焦且有代表性，团体人数不宜过多或过少，通常6~12位的参与者是合理适中的人数，而受邀参与座谈的参与者背景或对讨论议题的认知最好相似，以利于团体成员间自由、交互式的讨论，不会因背景或认知差异太大，讨论内容存在较大分歧，无法聚焦。

由于是团体交互式的讨论，所以需要一位引导技巧熟练的座谈主持人（facilitator）来引导讨论的进行。焦点团体的主持人不是面谈的访问者，也不是化解争议的专家，而是可以保持公正、维持秩序者，并能营造出自在的团体互动气氛，引导团体讨论持续聚焦在座谈会的议题及目的，使参与者可以畅所欲言，借由集思广益、脑力激荡，产生具有团体共识的意见、观点与想法。

5. 文件评审（document reviews）

文件评审就是以评审既有的相关文件来收集资料，不同于上述其他方法所收集的资料称为主要资料（primary data），本方法收集的资料称为次级资料（secondary data），意在提醒分析者，资料并非由收集者一手产出，是所谓的二手资料，必须注意资料的来源、合适性、时效性与准确性。

评审的文件可以是组织的内部文件例如公司的年报，也可以是外部文件，例如媒体对公司的报道。而绩效分析需要评审的内部文件大都是与 OPPT 模式中各绩效因素相关的文件，例如公司的组织架构或政策、员工的履历档案、工作的程序规范或公司的技术手册。

在进行文件评审的资料收集时，可以制作资料收集表，记载资料出处的文件名称、种类、产出时间、议题相关性与个人注解，以利于资料分析。

资料收集是为资料分析做准备的，由于绩效分析着重于系统性及科学化的程序，需要全面且多方收集资料，收集的资料才能进行系统性地分析，所以资料收集并不局限单一方法或来源，更不会只采取定性（qualitative）或定量（quantitative）的单一方法进行分析。

通常绩效分析者会综合多种资料收集及分析的方法，收集的资料在分析时，可以互相支持及验证，达到系统分析的目的，如此得出的发现（findings）才有科学根据，提出的绩效改善方案才会有效（valid）。

第五章
追本溯源：
　绩效分析的原则

话说老王成为知名的绩效顾问后，前来讨教者可谓络绎不绝，但是绩效问题分析起来往往错综复杂，耗时费神，光是收集绩效资料，便让老王疲于奔命，分身乏术。于是老王便雇用了几位对绩效技术有兴趣的员工，教他们如何从事绩效分析。其中有一名为魏念祖的年轻人，大家都称他"小魏"，特别好学，经常向老王请教问题，而且什么问题都问，尤其喜欢问"为什么"。

　　小魏与女友小美交往多年，彼此相爱。小魏想结婚了却不敢提，因为脑子存着许多"为什么"，双方父母甚至不知道他们在交往。一天，小魏看到一则有关艺人的新闻后，突然问老王："老板，为什么王菲和李亚鹏离婚了？是否爱根本不存在？"老王想了一下，便笑指着鸟笼里的鸟，对小魏道："看看它，你就明白了。"

　　小魏观察了很久，突然顿悟般地朝自己大腿一拍："老板你的意思是说，爱情好像是这笼中之鸟，看似被困其中，只要愿意放手，就能获得自由？"老王回道："非也！我的意思是，人家离婚，关你鸟事！"

　　隔天一早小魏进办公室后，仍不死心，继续追问老王："老板，我正面临婚姻的抉择，你一定要告诉我王菲和李亚鹏为什么要离婚？"老王看了小魏一下，还是指着笼鸟里的鸟，对小魏道："看看它，你就明白了。"小魏又观察很久，然后欣喜地弹指，似有顿悟般地说："老板的意思是否说，婚姻就像爱情的框架，就如同鸟笼一样，只要打破框架，鸟就能获得真正的爱情？"老王回道："非也，心中有框，见框是框，心中无框，见框非框。"

　　中午午休时，小魏打电话给小美，想讨论他与老王的对话，没想到是她妈妈接的。小美的妈妈问："小美不在，请问你贵姓？"小魏答："我姓魏。"

小美的妈妈便问："魏什么？"小魏一时紧张，有点结巴回应："我……我……我也不知道为什么……我爸爸姓魏，我就跟着姓魏了……"

小美的妈妈听了扑哧笑说："不是啦！我是问你的名字是魏什么？"小魏似乎更加紧张，回道："哦，就我所知，我的名字是为了纪念我的祖先。"小美的妈妈便放慢说话的速度说："不是啦！我是要请教你叫魏什么？"小魏仍绷着神经，若有所悟，竟大声对电话叫了三声："为什么？为什么？为什么？"

面对绩效问题的六种层次态度

从上述博君一笑的故事，可以看得出来小魏对爱情还不是悟性很高，但却有从事绩效问题分析的慧根，相信在老王的调教下，应该很快地就可以成为优秀的绩效顾问，并娶得美人归。

所谓绩效问题，便是预期状态（目标）与现实状态的差距，就像小魏与小美彼此相爱，想要结婚却还未结婚，这是"结婚绩效问题"。而绩效技术就是解决绩效问题的方法与程序，问题发生时，首先要有主动、正面与探索的精神，积极地面对问题的挑战，乐观地相信每一个问题都有相对的解决方案，并从问题发生的表象，找出问题的真相，然后对症下药，才能真正解决问题。

以社区管理员遇到社区蓄水池漏水的问题为例，一般人面对绩效问题，通常会表现出下列几种层次的态度：第一及第二层次的态度，只有抱怨与空想，根本不知道问题所在，遑论解决问题。以本章开头小魏的结婚问题为例，若是小魏只会抱怨"我没办法结婚啦！"或空想"要是明天就可以结婚多好！"，即使再爱小美、再想结婚，还是娶不到小美的；第三及第四层次的态度已经承认问题的存在，开始尝试找问题，就像小魏，虽然还不敢结婚，但是已经会思考爱情的目的与结婚的意义，这通常也是分析绩效问题的第一步。绩效分析从目标的设定开始，没有目标或目标不对就不会产生绩效。小魏恋爱的目的是结婚，假设小美根本就是不婚族一员，却从未告知小魏，小魏结婚的目标根本达不到。

面对绩效问题的层次态度：

第一层　抱怨：什么！水池不能漏水是什么目标！不可能嘛！

第二层　空想：希望水池可以不要漏水！

第三层　认知：为什么水池会漏水呢？

第四层　思考：如何才能让水池没有漏水的现象？

第五层　行动：要做什么，水池才不会有漏水的现象？

第六层　解决：要如何做，水池漏水的问题可以不再发生？

第五及第六层次的态度不仅知道问题的存在，也想要解决问题，所以会先进行绩效分析，找出问题的所在。但是第五层次的行动只有改善绩效，容易变成"头痛医头，脚痛医脚"，让问题发生的表象有所纾解，但是问题的根源没消除，问题会再发生。

如果社区管理员只发现水池漏水的壁癌，只在漏水的区域涂上防水漆，短期或许可以遮掩漏水的问题，但并没有解决水池漏水的问题。又如小魏的结婚问题，若没有真正改变小美不婚的念头，即使小魏想尽办法勉强与小美结婚了，婚姻还是会发生更多问题。而第六层次的态度是要真正解决问题，让问题不再发生，这才是运用绩效技术的目的。

美国著名的教育家及哲学家杜威(John Dewey)博士曾言："将问题定义好，问题就解决一半了（A problem well defined is a problem half-solved.）。"所谓将问题定义好，就是要发掘问题的真相，找到问题的根源，这就是医生不能只看症状就开药，必须找到病源，才能对症下药。若是小魏没有找出不敢结婚的原因，以及小美不愿结婚的念头，就没有办法解决他们尚未结婚或不宜结婚的问题。

为了定义好绩效问题，就要先进行绩效问题分析。绩效分析首先就是要确认目标的适切性，若目标没有问题，再根据目标达成的状态选择问题发生的焦点，有目的性地收集相关资料，以利于系统性的资料分析。分析资料时最重要的是能突破思考框架，进入问题发生的核心，才能追根究底，找到问题根源。

绩效问题分析的六项原则

以下仅就绩效问题分析的六项原则提出说明：

1. 掌握重点

当绩效问题发生时，从问题的表现来看，似乎错综复杂，若要追根究底，也不知该从何下手，更不知道需要收集哪些有用的资料，所以绩效问题分析首先要确定重点，选择并聚焦于问题的重点来收集与分析资料。

分析的重点是要与目标有关的问题，目标能产生的效益越大就是越重要的问题。其他与目标无关的事，就不需要浪费时间与精力，而能全心全意将耐心、细心、专心、信心与用心放在重要问题的分析上。

以小魏的故事为例，小魏最重要的绩效问题是与小美结婚，所以王菲和李亚鹏离婚一事与小魏想结婚一事根本就是不相干的事。更何况其他人结婚的原因与问题也很可能与小魏搭不上边，所以老王才要小魏不要将心思放在别人离婚的事情上。又如社区管理员的职责目标之一是不要让水池漏水，当漏水问题发生时，千万不要去争执蓄水池的必要性，因为那不是解决问题的重点。

2. 跳脱框架

任何人都会有思想及行为上的框架，这些框架往往是个人在成长及发展的过程中所产生的偏执与喜好，表一列出一般人常有的个人框架。由于这些先入为主的个人框架，经常把事情发生视为理所当然，或者只能观察到现象发生的片段，所以在分析问题时就容易受到框架的限制，以管窥天，以偏概全，没有办法从不同角度去思考或察觉问题的全相与真相，既找不到问题发生的关键因素，也看不到影响问题发生的相关因素。

如果小魏或小美执着于表一任何框架的例子，便无法找出还不结婚的真正原因，终究还是无法结婚的。又如社区管理员若始终认定社区根本不需要蓄水池，就会无心解决现有的漏水问题，更别说找出漏水的根本原因。

所谓"相由心生"即是这个道理，人的表象源于内心自我的认定，心里想到外相是怎样，眼睛看到的外相就是怎样。所以老王提醒小魏"心中有框，见框是框，心中无框，见框非框"，其实框架都是个人自己套上去的，虽说"江山易改，本性难移"，只要在分析问题时心思开放，不要执着自己的固性（偏执及喜好的惯性），而轻易排除或拒绝任何想法或发现，突破框架其实并非难事。

表一：解决问题的个人框架

个人框架	说明	例子
习惯	我已经习惯这样做。	例如，我已经习惯单身的生活。
经验	我曾经这样做。	例如，我曾经恋爱但不结婚，这样也很好啊。
印象	我看过别人这样做。	例如，我的好朋友就是只恋爱没结婚。
理念	我相信可以这样做。	例如，我相信只恋爱不结婚可以过得更好。
个性	我宁可这样做。	例如，以我的个性宁可恋爱就好。
偏好	我比较喜欢这样做。	例如，我比较喜欢谈恋爱而不是结婚。
冲动	我必须赶快做。	例如，我年纪大了，必须赶快结婚。
短视	我这样做马上有好处。	例如，我马上结婚可以获得一笔财富。
忽视	我不需要做任何事，就没问题。	例如，我若不结婚，就不会有结婚的问题。

3. 善用外力

对很固性的人而言，若要求其在分析问题的时候能够放下自我执着、跳脱框架，是一件比较困难的事。特别是那些成长过程无往不利、一路顺风的高绩效人员，过往成功的经验，往往造就他们强硬的固性，只能借由他人的力量，才能突破他们思维及行为的框架。

所谓"当局者迷，旁观者清"，局外人往往因为没有或不同于局内人的框架，更能看到局内人框架的存在，也比局内人更能从不同角度，突破问题的框架，看到更多不同的局面。

如同本章一开始的故事，老王因为不是当事人，比较能看穿小魏的固性，也能提醒他要看清问题的真相，即须先移除心中的框架。因此，以团队力量进行绩效分析会比个人力量更能跳脱个人框架，即使经验丰富的绩效顾问也会有其个人框架，若能活用团队智慧与能力分析问题，不仅团队成员可以协助彼此突破个人框架，也能根据自己个人的不同经验，从不同角度看待问题，从不同面突破问题的框架。

同样套用在水池漏水的问题上，若只是委托外聘的水电师傅来调查，可能只会修理泵、换个滤网就了结了，当然漏水问题很快又会发生；但若由社区管理员主导调查外，还请水电师傅及水池清洁员一开始就参与调查，解决方案就可能不只是修泵、换滤网而已。

4. 追根究底

问题分析最终目的是要找出问题的症结所在，才能真正对症下药，药到病除，否则只是让问题获得暂时的纾解，问题会再发生，而且问题没有根治，往往只会恶化，再次发生只会让问题更严重、更难解决。就像只将伤口的表面处理好，并没有将伤源的细菌杀灭，表面伤口即使愈合，但是细菌在里面滋养壮大，扩及身体其他部位，造成更大的伤害。

又若没有找出小魏与小美不婚的根本原因，两人即使因为相爱而勉强结婚，只会引发结婚后更多问题，甚至走上离婚之途。所以在分析问题时，必须要懂得溯本追源，不断地从问题发生的表象深入探索与推演追查，找到问题发生的源头，才能发掘出问题的真相。

追根究底最直接的方式就是如小魏一般，常问"为什么"，从问题发生的表象就开始追问"为什么会这样？"或"为什么不会这样？"通常只要能追问五次为什么，问题的根源大概也能水落石出，这种追问五次为什么的方法称为"五因法"。

如图一的蓄水池漏水问题，若没有追问五次为什么，只是将坏掉的泵修理好，而不是探究水池清洁员忙到没有时间定期清理滤网的根本原因，漏水问题不仅会再发生，而且可能引发其他更严重的问题。

图一：追根究底的"五因法"

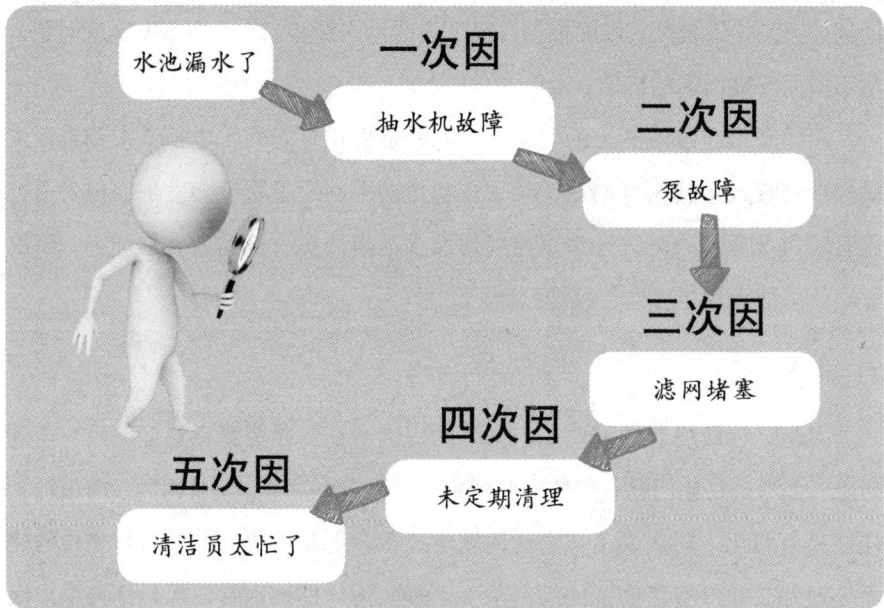

一次因　水池漏水了 → 抽水机故障
二次因 → 泵故障
三次因 → 滤网堵塞
四次因 → 未定期清理
五次因 → 清洁员太忙了

5. 系统分析

根据系统理论，天下所有的事物，无论是自然的或人为的，都是由系统组成，系统又是由彼此相关的子系统组成。系统的运作除了有其目的，也存在所有子系统运作的规律，达成系统经常性的动态平衡，一旦系统运作偏离其目的或失去平衡，便会产生系统绩效问题。

所谓系统分析，就是以系统思维与方法来分析系统的运作。系统性绩效问题分析就是要找出系统运作失常的因素与其他因素的关联，并解析系统为什么会失常，找出问题发生的根本原因，才有办法提出解决问题的根本之道。

所以，系统分析必须既广又深，就像刑警办案，要全面检视刑案发生的现场，不放弃任何可能的线索，探究线索间的彼此关系，拼凑出案发前的原貌，并针对可能的线索抽丝剥茧，深入调查，找出作案的动机因素，才有办法捉到元凶。不同类的问题可以运用不同的系统分析架构及方式，以利于系统性的问题分析，而分析的架构与方法都是由前人经验淬炼产生的，且经过验证是有效的。

如前一章曾介绍过的 OPPT 模式，便是分析绩效问题很有效的架构，套用在水池漏水问题的分析上，社区管理蓄水池的规范属于组织因素（O），水池清洁员是人员因素（P），水池清洁的工作是程序因素（P），而水池泵则属于科技因素（T）。

6. 多方验证

从问题发生后的表象去分析问题，往往会发现问题的可能原因，犹如树根般盘根错结、错综复杂，所以要借助于系统性的分析架构，除了可以跳脱分析者的个人框架外，也可以初步验证原因的类别与彼此的关系。

即便如此，系统性分析归纳出来的原因，可能存在不同类因素的横向因果关系，以及同类因素的纵向因果关系。例如水池漏水可能是泵的问题，而泵的问题是泵滤网堵塞所引起的，这是纵向因果关系；最后发现泵的问题竟是清洁人员没空清洁滤网所引起的，这是横向的因果关系。

所谓"斩草不除根，春风吹又生"，在分析绩效问题时，要追究及确认问题发生的根源，要避免因果颠倒，不要误认"后果"为"前因"，必须追根究底外，也要以不同角度、多种方法、多人分析与多方证据来相互验证出真正的问题根源。例如：泵清洁人员为什么没空？是他自圆其说，工作时间安排不妥，还是人手真正不足？这都有赖进一步的确认，问题分析者可以访谈他，观察他的工作，检视他的工作时间表，或者访谈他的领导，达到多方验证的目的。

　　本章以小魏想与小美结婚的问题、社区蓄水池的漏水问题为例，说明绩效问题分析的六项原则。若是小魏没有针对切身的结婚问题，掌握问题重点，跳脱个人思维及行为的框架，善用他人的经验及智慧，持续地追根究底，进行系统性分析，并多方验证问题的根源，小魏所遇到的结婚问题是不能根本解决的。即使小魏与小美彼此相爱甚深，若不能尽早移除双方存在的疑虑，终究是无法修成正果。

　　当然，企业无论大小，都是庞大复杂的系统，企业领导所面临的组织绩效问题绝对比小魏的结婚问题与蓄水池的漏水问题"难分难解"。也因为如此，组织的绩效问题分析更需要善用这六项原则，持续运用系统性与科学性的方法。一般而言，绩效问题分析就是系统分析的方法，要不断地收集与整理资料，将收集的资料根据系统架构重复地分类、切割、组合、编排与验证，归纳出问题的样式、类别与关系，因而确认问题发生的根源与规律，下一章将为各位阐述绩效资料分析的方法。

第六章
质量分析：
轻松看懂绩效资料

小魏虽然不是悟性很高的年轻人，但凡事喜欢追根究底，若是没有得到答案，绝不罢休。上次问了老王几次有关恋爱及结婚的问题，还是没有悟得真理，于是一天又追着老王，问道："老板，你认为小美真的爱我吗？但请不要再叫我看鸟笼了！"老王问他为什么有这样的疑问，小魏应答："我就是不确定，才开始问我周遭的朋友，想统计一下有多少人认为小美是真的爱我。"

老王拿出一幅图（如下页图一），说道："情人眼里出西施，仔细看看这幅图后，告诉我在你的眼里，圣诞老人存在吗？"小魏看了老半天，却看不出啥玩意，便告诉老王："老板，你就别再折腾我了，上次叫我看鸟笼，这次叫我看雾煞煞的图像，我真的看不到任何东西。"

老王回道："如果你还是用以往的眼光看事情，永远看不到事情的真相，这叫'看不穿，参不透'啊！"于是小魏换一种方法，将两眼的视线聚焦成一点，专心注视图像，没过多久，便惊叫："老板，我看穿了，图里真的有个立体的圣诞老人，还有一副铃铛呢！"并若有所悟喊道："我了解了，我不应该太拘泥于世俗的眼光来看待我与小美的爱情。"

隔了几天，小魏又面带疑惑向老王问道："老板，我应该和小美结婚吗？因为统计显示'男女朋友相爱越多，就越可能结婚'，我想了解我与小美是否相爱很多。"

老王听了不假思索回道："若是统计显示'活得越长的人，过的生日也越多'，你会认为庆祝生日有利于延长寿命吗？"小魏似懂非懂地回到座位。

有一天老王带着小魏到一家企业进行绩效分析，这家企业业务部门的年

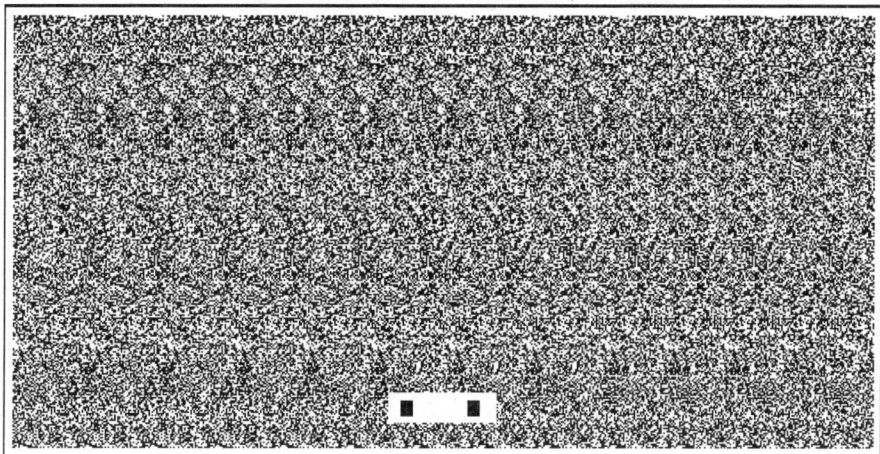

图一：隐藏立体图（stereogram）（内有圣诞老人及铃铛的立体图像）

度业绩虽然打平，但是没有达到预期目标，所以请老王来进行绩效问题诊断。两人开车前往，由小魏驾驶，一路上只要经过十字路，小魏总是在十字路口时加速，急速通过，然后再减速。老王被小魏的驾驶方式弄得心惊胆战，问他为什么要这么开车，小魏回答："老板，是这样的，从统计学的角度来讲，十字路口发生事故的概率最高，所以我要尽可能地减少在十字路口的时间。"

在回程的途中，老王便问小魏是否发现这家企业的业务绩效问题，小魏答道："我查看了业务部门的业务报表，发现他们的业务收入增加，代表他们业务能力增加，但是却没有任何余绌，因为他们的业务成本同时增加，把收入抵消了，代表他们控制成本能力还有待提升。"

从故事中想想小魏分析事情的习惯

从上述的故事及对话，不难理解小魏的悟性仍然有待加强，原因是小魏在分析事情时太偏于理性，喜欢将复杂的问题简化成数理的假设，希望以"客观"的数据推论及理解"现象"的发生。例如小魏想以统计的方式去了解小美是否真的爱他，或者颠倒统计上的因果关系；例如结婚是否可以验证相爱多少的假设。

习惯以量化或统计的方式去理解或处理事情的发生，比较无法看清事情的全貌及发生的深层原因，有时容易做出错误的决定，或者不容易找到问题的根源。例如小魏在通过十字路口喜欢加速，减少在十字路口的时间，就以为可以降低肇事的概率，然而加速再减速反而会增加肇事的概率；又如小魏从报表数据看到的业务绩效问题，只是问题的表象，并没有找到业务成本增加的真正原因。

不同专长会有不同观点

老王终年忙着经营他的绩效顾问事业，趁着暑假时间想稍事休息而参加一个非洲观光团，同团的观光客除了老王是绩效顾问外，还包含一位生物学家、一位统计学家、一位企业家及一位法官。

一天，导游带着这群观光客在风景如画的非洲大草原游览。看到一大群的羚羊在草原奔跑，这位导游介绍说："非洲所有的羚羊都是棕色的。"正当他们坐在吉普车上向前奔驰，欣赏大自然的美景时，司机突然停下来，用手指向地平线的一方。

生物学家首先尖叫起来："看，那里有一群羚羊，而且有一头白色的羚羊！太神奇了，非洲竟然有白羚羊，这个发现会让我们出名的！"

统计学家接着说："我们只知道那里可能有一头白羚羊，这可能会推翻非洲只有棕色羚羊的理论，但是这个发现目前在统计上还不显著。"

法官也说："我们还不能判断那是一头白羚羊，我们只能说那里有一只身体一面是白色而且长得像羚羊的动物，证据不够充分，还不能下结论。"

企业家却说："哇！让我们把那头白羚羊抓起来，然后繁殖，我们就可以赚大钱了！"

老王则惊呼："嘿！我们应该要了解，为什么会有白羚羊在那里出现！"

由于背景及经验不同，每个人遇到异常的事情，反应会不一样。如同上述的故事般，有人会因为发现异常而想出名；有人会对所有的异常抱持谨慎怀疑的态度，需要进一步验证；而商人看到异常，就看到商机；学过统计学的人懂得以统计的方法去推论异常发生的可能性（概率）；而绩效顾问则会追查异常发生的原因，并且会综合各种分析与研究的方法，包含统计研究法，去发掘与验证问题的根源。

1. 量化研究（quantitative research）

管理学强调的是化繁为简，所以经常运用量化研究的方法，试图将复杂的现象以质化量，并用统计分析的方式去验证简单的数理描述或推论。例如中小企业占绝大多数（现象描述），或者由于中小企业的资源有限，所以他们普遍不重视员工教育培训（现象推论）。

而以上面的描述及推论为例，在进行量化研究时，首先就要将欲观察的现象建立命题或形成假设，并将质性的名词——如中小企业、资源、重视、员工教育培训——转化成可衡量的数据指标。例如员工数或营业收入来衡量企业的规模，或者将投入教育培训活动的经费占营业收入的百分比代表企业重视员工教育培训的程度。

一旦研究内容制作成量表，如问卷，量化研究接下来进行的就是如下图二所示收集、分析、发现、解释、陈述资料的程序。而管理学者常将欲研究的管理问题设定为具有因果关系的假设，例如员工的能力越强，是否绩效表现越好，然后以统计的方法验证这些关系的存在及测量的信效度；信度代表测量的可靠性包含量表试题的一致性及不同测量结果的稳定性，而效度代表测量结果的准确性。量化研究法虽然是"化繁为简"的科学，但却不是一门简单的学问，研究者必须受过专门的培训才能不出偏差，避免争议。

西方有句谚语："世上有三种谎言：谎言、该死的谎言、统计。"这句话意指统计若有偏差，是比谎言还糟的谎言，甚至常会被滥用。由于大众对统计研究方法的陌生，所以许多滥用统计结果的人常会用"以偏概全""忽视样本偏差"或"规避信效度"的方式，刻意做出利于自己的结论。

当然，对统计研究的误用也可能出于无意，这常发生在引用别人的研究发现中，当被引用的研究结论被轻率地泛化（generalization），超过了研究主体所能代表的范围，却套用在自己的研究论述上，误用就发生了。举例而言，如果数字化学习研究引用欧美研究的数字化学习理论或模式，却没有顾及这些理论或模式是否适用于社会文化情境非常不一样的学生，而导出新的理论或模式，这就很可能产生误用的状况。

图二：量化研究的程序

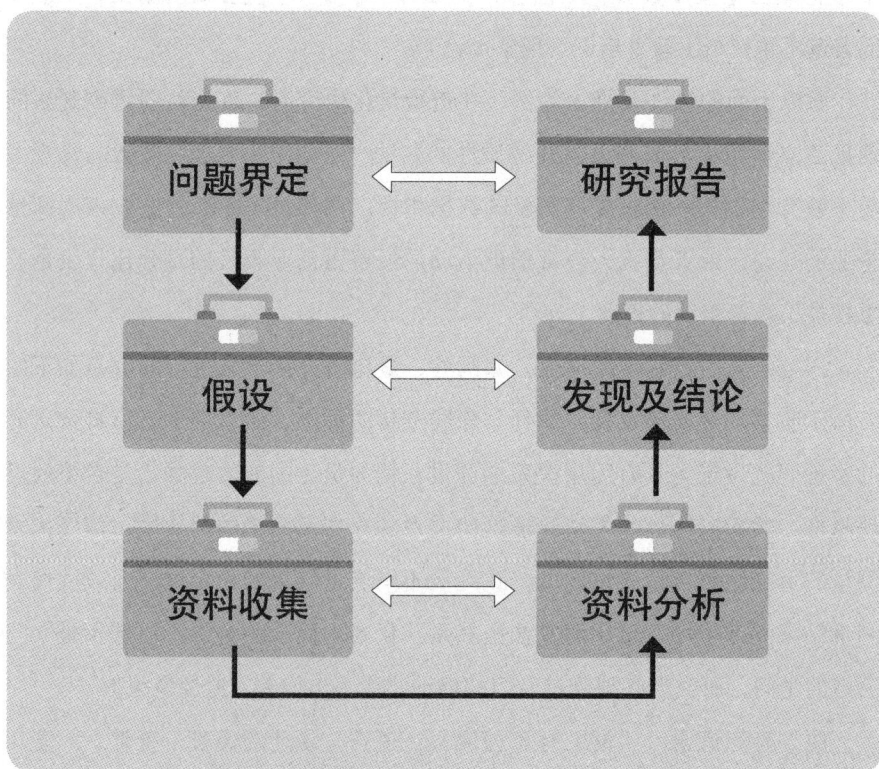

问题界定 ⟷ 研究报告

假设 ⟷ 发现及结论

资料收集 ⟷ 资料分析

量化研究在管理学术界仍然是主流的研究方法，但人力绩效技术是偏重实务解决绩效问题的系统方法，往往组织的绩效问题错综复杂，难以简化成数学公式去验证变量间彼此的关联性。因此，我个人比较偏向以质性研究方法进行绩效问题分析，但会纳入量化研究结果为质性分析的资料来源。

2. 质性研究（qualitative research）

各位看了上一段后千万别误会，我个人绝对无意贬抑以统计分析为主的量化研究，由于量化研究方法经过几百年的进化，已证明是科学研究的有效方法，至今仍是自然科学与社会科学的主流研究方法，甚至仍有许多"科学家"认为质性研究的方法及其产出的理论过于主观，无法客观地验证而变得"不科学"，因此不接受质性研究。

但是许多社会或自然现象很难以简化的理论或模式来泛化，特别是涉及人性的社会现象，其发生往往都是在特定的情境下，五个 W（when，who，where，why，what）的情境因素不仅难以精准地量化，而且因素间的关系往往是动态性的交错变换，更难以事先设定成相关性假设，然后以统计学的方法推论及验证彼此间的因果关系，无法进行量化研究，也只能选择质性研究。

若以生物学深具影响力的"进化论"为例，便可以说明质性研究在科学研究上的重要性，当时达尔文主要就是以质性研究的方法，在南美洲的东岸及小岛，经过五年对许多生物与其生态之深入观察及研究后，归纳出来一个系统性的见解，用来解释生物的多样性及复杂的演进过程。

质性研究为自然探询（naturalistic inquiry）的研究方法与程序，如图三所示，质性研究也起始于研究问题的界定，选定要研究之现象的问题及范畴，主张在没有经过设计或变更的自然情境下，采取多种资料收集的方式，包含过去研究的文献或量化调查，对界定过的社会现象进行综合性的研究分析；而质性研究的资料分析主要为归纳法，将收集的资料重复地整理、拆解、编排、组合及归类、归纳出有意义的样式（pattern）及类别（category），或整理为概念（concept），再多方验证概念是否足以形成理论，若是概念不足以形成理论，则要再收集更多的资料并进行资料分析，直到概念中类别的组成及彼此间的关系非常明确，无法再扩展或补充，足以形成理论为止。

图三：质性研究的程序

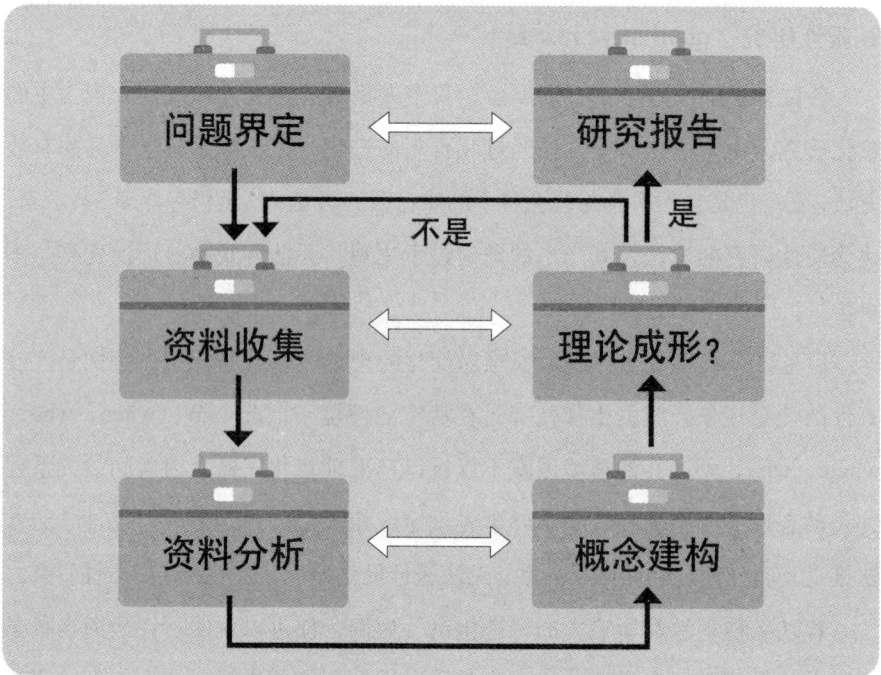

质性研究与量化研究最主要的差异：

1. 质性研究的目的着重于了解发生的现象，特别是复杂现象发生的原因与影响，因此通常会比量化研究界定的问题进行更全面及更深入的研究分析。

2. 质性研究主张理论的形成必须扎根于所收集的资料，所以不像量化研究，先预设理论，再收集资料，经由统计分析去验证理论，而是在反复地分析及归纳资料的过程中逐渐出现并成形的。

3. 质性研究的科学性及信效度主要是依赖资料收集及分析的多方或相互

验证，称之为三角验证（triangulation），而非量化研究的统计分析而已，所以质性研究需要收集不同来源的资料，包含研究者本身对研究现象的观察及经验；以多种的分析方法，包含统计分析；去验证理论的建立，包含以既有理论去验证新理论。

表一为研究社会现象的质性研究与量化研究的比较：

表一：研究社会现象之质性研究与量化研究的比较

	质性研究	量化研究
社会现象的设定	主观的存在	客观的事实
研究的主要目的	了解与诠释	揭露与描述
理论	研究的产物	研究的起始
理论建立	在反复的研究过程中成形	事先假设
资料收集	依赖多方来源与多种方法	以测量的量表为主
研究资料的特性	丰富且深入	量化、可靠及准确
资料分析	归纳为主	统计分析
研究程序	反复及演化的程序	通常是线性程序
研究者的角色	研究的局内人、参与者	研究的局外人、执行者
研究者的价值观	受特定的价值观影响	价值观中立
研究的主体	特定情境的五个 W	研究母体与样本
主要的研究方法	·个案研究 ·田野调查 ·民族志（ethnography） ·历史研究 ·测评研究（evaluation）	·实验研究 ·调查研究 ·相关性研究

以前面虚构的非洲观光团事件为例，假设老王想了解为什么在"所有非洲羚羊都是棕色"的认知下，却发生有一只白色羚羊的现象，老王便可以质性研究的方法找到答案。首先界定研究问题为"在此国家公园内的非洲羚羊为什么会有白色的羚羊出现"，如此的问题界定可以让老王专注于特定区域及特定对象做更深入的研究。

所以，老王可以通过观察、访谈、参考国家公园的生态资料、过往研究文献、量化问卷调查，甚至对这只白羚羊的生理检查等方式收集资料，再将庞大的质性或量化的资料整理成丰富的描述（thick description），然后将这些资料反复地拆解、编排、组合及归类、找到有意义的样式及类别。例如从调查及访谈的资料发现这只白羚羊是在最近三个月内才出现的，并会在固定的时间出现在固定的地点做同样的事，而且从文献发现这个季节是羚羊的交配季节；老王也可借由观察的方式发现白羚羊的体型是否异于棕色羚羊，追踪白羚羊平常生活的地点与生态，了解白羚羊在此区域出现的可能原因，并进一步以基因鉴定的方式确认这只白羚羊是否为非洲原生或外来的品种。如此的质性研究方法，可以帮助老王找到一只白羚羊出现在非洲一个国家公园的真正原因。

3. 个案研究方法（case research method）

在绩效技术领域，绩效问题都是发生在特定的组织情境下，加上问题的根源经常错综复杂，变量特别多，难以设定成简单的假设去验证问题的发生及影响；再者，针对某一特定情境所产生的解决方案也难以泛化，不能适用于解决不同情境的问题。因此，绩效分析通常采取相对于量化研究的质性研究，又因为每一个组织都有其特殊的情境，每一个绩效分析项目的执行与结果，都应该以单一的个案待之，个案研究方法自然成为绩效分析常用的质性研究方法。

个案研究法属于质性研究的方法之一，其研究的本质与程序与其他质性研究方法最主要的差异在于研究问题的界定，个案研究的主体是有空间及时间界限的系统，因而称为个案。例如针对政府人力发展中心的 E-learning 系统在实施阶段所发生的问题进行个案研究，而系统可能是一个人、一群人、一个地域、一个组织、一个生态、一件事、一个行动，或是一项与人有所互动的科技。而且如系统的组成般，一个个案可以由好几个个案组成，例如针对员工 E-learning 能力问题之个案研究，可以选择部门内几位员工（个案）进行研究，所以研究者要针对个案研究的问题与目的，进行单一个案或多重个案的研究。

个案研究的内容主要以此个案系统运作产生的现象或问题为起始点，进而了解现象发生的原因及结果，并归纳出可以解释现象发生的理论，因此个案研究的资料分析着重于现象发生的情境与脉络，借此理清现象的来龙去脉，找出现象发生的根本原因，而非只是寻找现象发生的变项因素而已。例如上述 E-learning 问题的个案研究，若只是确定 E-learning 问题的变项是不够的，如使用者的能力或是系统的技术效能，除了要收集及分析设置 E-learning 系统的背景及情境资料外，也要收集及分析与 E-learning 系统有切身关系者的资料，包含系统的领导、设置人员、维护人员，以及使用者，更要就问题发生的可能途径进行探索性的分析，才能建立解释现象发生的理论。

顾名思义，个案本身就有其独特性，因此个案研究必须对个案有全面且深度的描述及分析。因为是在特定情境下归纳或发展出来的，个案研究的结论或理论通常只适用在相同或类似的情境，例如政府人员使用 E-learning 系统的个案研究，不宜套用在私人企业员工使用 E-learning 系统的个案研究上。在前一章曾提到绩效问题分析的六项原则，也同样适用在个案研究上：

　1. 掌握重点：根据研究问题与目的，收集与分析资料。

　2. 跳脱框架：研究时，不要有先入为主的观念或偏执。

　3. 善用外力：借用多方研究资源，以团队方式进行研究。

　4. 追根究底：建构现象发生的脉络，找出根本原因。

5. 系统分析：运用系统性思维与方法，分析资料并归纳结论。

6. 多方验证：以多元资料、多种方法及多位研究者，进行三角验证。

就绩效分析最常运用的个案研究方法而言，绩效顾问个人在质性研究方法的学识及经验是非常重要的。我个人并非排斥量化研究方法，反而在从事绩效分析时，经常会运用到各种量化研究的方法，但是套用诺贝尔物理学奖得主卢瑟福（Ernst Rutherford）所说的话："如果你的实验需要统计学，说明你的实验做得不够好！"换句话说，如果绩效分析的结论还需要用统计学来验证，代表你的绩效分析做得不够好！

提示	个案研究方法是质性研究的方法之一，每一个个案代表一个复杂的系统，而一个大个案（大系统）可以有好几个次个案（次系统）组成。一般而言，组织的绩效分析即运用个案研究方法解析绩效问题的根本原因，以及因素彼此之间的关联性，再据此提出绩效改善方案。

第七章
绩效顾问：
找出问题，解决问题

延续前面老王到非洲观光的故事，老王决定对出现白色羚羊的异常现象进行田野调查，一探究竟，于是他租了一辆吉普车，到处观察。有一天遇到一个牧羊人，领着一群羊走在草原上，老王便将吉普车驶到牧羊人身边停下来。老王笑着对牧羊人说："如果我能准确地说出这群羊的数目，你可不可以送我一只羊？"牧羊人看着分散在四处的羊群，便好奇地回答说："可以呀！"

　　于是老王拿出他的手提电脑和卫星电话，连接卫星探测系统，向地面拍摄一张影像，再下载到手提电脑，经过电脑一番运算，电脑荧幕出现了一个数字。老王便信心满满地对牧羊人说："你一共有 1382 只羊。"

　　牧羊人听了，脸上并没有任何表情说道："数目是对的，你现在可以任选一只羊带走。"但牧羊人接着又说："我可以猜一猜你的职业吗？如果猜对了，你可以把羊还给我吗？"老王也好奇地回道："可以呀！"

　　牧羊人毫不犹疑地说："你一定是从事顾问行业。"老王面露惊讶："对呀！我是绩效顾问，你怎么会知道？"

　　牧羊人不疾不徐地回答："其实很简单，第一，顾问通常会不请自来；第二，顾问老是要客户为他们早已知道的事情付出高价；第三，顾问经常不了解客户的工作与问题，却喜欢装懂。你大概还不知道，刚才你把我的狗当成羊捉上了你的吉普车，请还给我吧！"

怎样才是好的绩效顾问？

　　的确，每个人对顾问的印象或许有些不同，但总是会有"穿得很体面，显得很有学识，说起话来头头是道，且总是要价很高"的刻板化印象。在前面几章曾提及顾问不是帮企业"顾门口"的"大佬"或"老大"，不过，还是有些企业喜欢以顾问名义聘请一些已经退休的高官显要，帮企业"围事"或"当门神"，原因在于这些"大佬"或"老大"还有一些"影响力"，可以协助企业阻挡麻烦或获取不当利益，这当然不是所谓的"好顾问"。

所谓好顾问，是要懂得"照顾问题"的专家；"照顾"的意思代表完整美好地处理。顾问可以依据其照顾处理的问题，区分为不同类别的顾问，例如营销顾问、销售顾问、领导力顾问、作业顾问等，而委托顾问解决其特定问题的人或组织称为"客户"。绩效顾问则是运用其绩效技术的丰富经验及能力，帮助"客户"解决人力绩效问题的高阶顾问人才。

"好的顾问可以带你上天堂"，协助客户发挥领导力，弥补客户专业上的不足之处，减少客户尝试摸索的成本，解决客户的绩效问题，产生高人力绩效，但是"不好的顾问却会带你住套房"，不仅解决不了客户的绩效问题，还加重问题的严重性，让人力绩效更为恶化。

绩效顾问最重要的任务是以自己绩效技术的专业知识与能力，为客户解决绩效问题。绩效顾问不能只是"满腹经纶""学富五车"而已，不能只会说理论，唱高调，耍嘴皮，说得比唱得好听，更重要的是绩效顾问必须具有解决绩效问题的实务能力与方法。要煮得比说得好吃，不仅要有煮好菜的食谱，更要能下得了厨房，真正煮得出好菜。

绩效顾问如果只懂理论，没有实务经验，往往会沦为套用僵化的理论在绩效问题解决上的空谈家，无论理论架构再怎么严谨，理论模式再怎么完美，现实的问题发生与解决之道，总是与理论有相当的距离。如果理论无法套用或落实执行，一切都是枉然，只是浪费客户的金钱与时间而已。

顾问是一个比较注重实务经验而非高学历的专业，所谓"不管黑猫、白猫，能捉老鼠的就是好猫"，举例而言，许多生产管理的好顾问虽然没有顶尖学历，但都是从工厂基层做起的资深退休员工或厂长。

当然，一位顾问如果能理论与实务兼备是最理想的，就像哈佛商学院的许多管理大师，如战略大师迈克尔·波特，便是将其担任企业管理顾问的丰富经验整理成管理理论或模型，形成波特的五力理论和钻石模型。

就聘请顾问的目的而言，一位好的绩效顾问要能够为客户量身定做，针对客户的绩效问题，提出明确且可执行的绩效改善措施，并成功地将措施付诸实践，甚至能够协助客户寻获改善措施所需要的资源。

提示	所谓"顾问"，就是可以帮客户"照顾好问题"的专家，也就是他们能够找到组织问题发生的症结，并据以提出解决问题的方案，协助客户落实方案的执行。真正好的顾问源于实务经验的累积，而非光鲜亮丽的学历，而绩效顾问必须具备诊断和改善组织绩效问题的实务能力与方法。

绩效顾问——老王的故事

老王结束非洲之旅回到公司后，他的助理小魏向他报告，南部有一家手工香皂工厂的老板打电话来，想请老王担任他们工厂的绩效顾问。因为他们香皂生产线的包装有个问题，经常发生香皂盒子内没有装入香皂的现象，引起很多顾客抱怨，有时顾客还会要求整箱退货外加赔偿，造成不少业务损失，工厂老板凭借直觉，认为是香皂包装员工的质管能力出了问题。

由于小魏所学的是工业工程，老王便带着小魏到这家工厂一起进行绩效问题分析，其实这家香皂工厂的包装流程并不复杂，但是人力精简，士气低落，工作单调重复，员工又常被要求临时去做其他的事，加上薪资不高，人员常有异动。他们很快便发现，出现香皂空盒的问题并非员工质管能力不足，所以质管培训并非问题的解决之道。

回到公司，老王问小魏有什么可以自动检出空香皂盒的点子，小魏想到他曾经帮一家饼干工厂设计过自动化包装的生产线，于是花了整晚的时间，发挥工业工程的专长，结合生产自动化、机械工程及X光探测等技术，设计了自动侦测空盒子的包装流程。每当生产线上香皂盒通过X光机，便会测知盒子内是否装有香皂，若没有香皂，便会驱动机械手臂把空皂盒推走。

第二天早上，小魏很兴奋地向老王报告他设计的方案，老王问："这样自动化包装设备要花多少钱？"小魏估算大概五六百万，老王心想完全自动化的包装虽是可行的方案，但是工厂老板绝对不会接受这种高成本的解决方案。

于是老王只身再次回到工厂，发现一位在工厂工作很久的资深员工，便询问他是否知道空香皂盒的问题，他回应："全工厂的员工都知道，不过工厂的几位生产领导都很凶，加上事不关己，因为多少空香皂盒都与员工的报酬没有关联，不论做好做坏，薪资差异都不大。"老王听了心中有数地说："我承诺你，以后空香皂盒越少，你们的报酬会越高；如果没有空香皂盒，每个人都会有一笔额外奖金，你会如何解决这个问题？"

这位资深员工想了一下便说："其实很简单，只要在生产线最后装箱前，放一台电风扇，往生产线的香皂盒吹去，空香皂盒就会被吹走，把这些空香皂盒再重装香皂即可。"

绩效顾问程序

客户求助于绩效顾问的目的，就是希望顾问能帮助他们解决无力改善的绩效问题，所以一位好的绩效顾问，一方面要有能力与方法找出客户绩效问题的症结，另一方面也要有知识与经验提出绩效改善措施，确实解决客户的绩效问题，从客户问题的诊断、分析及确认，到方案的规划、实施及评估。这一整套解决问题及改善绩效的程序与方法，就是绩效顾问最重要的智慧资产。绩效顾问程序主要可区分为下列的七个步骤：

绩效顾问程序的七步骤：

1. 分析绩效目标及绩效现状的差距，确定绩效问题。

2. 收集与分析绩效问题发生的相关资料，找出绩效问题的根源。

3. 确认问题的根源，以及要改善或解决问题的目标，设定绩效改善测评指标。

4. 以绩效改善测评指标为基础，设计及规划绩效改善措施及配套的变革方案。

5. 实施改善措施及解决方案，并落实绩效改善所产生的组织变革或员工改变。

6. 掌握绩效改善与变革方案所产生的效益，并进行绩效改善的效益测评。

7. 回到第一步骤，根据绩效改善的结果，修改或重新确认绩效目标。

图一：绩效顾问程序

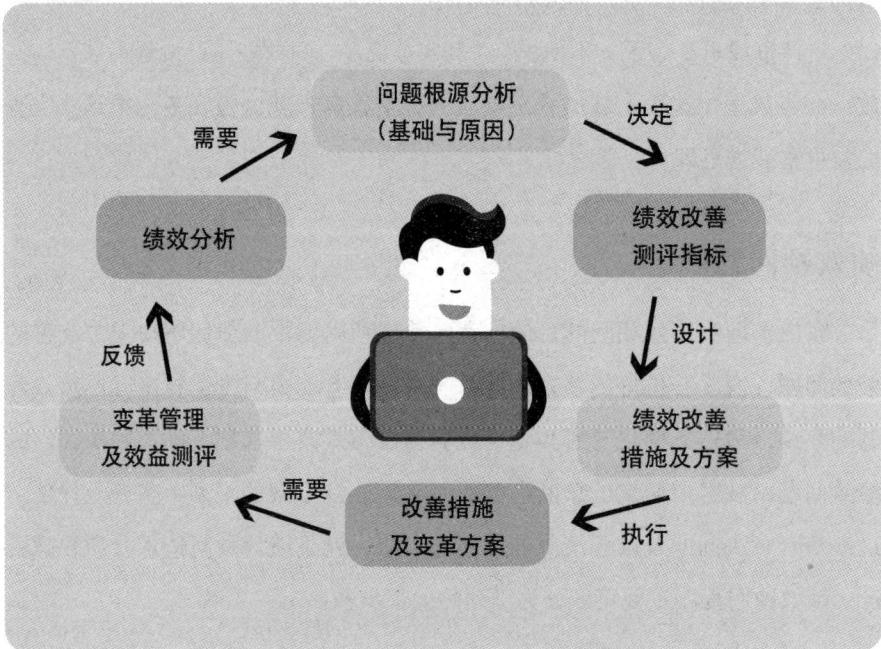

绩效顾问模式

虽然绩效顾问程序可依图一循环的步骤执行，但是客户会依据绩效问题解决的现状或程度，选择在任何一个步骤聘请绩效顾问介入并协助解决绩效问题。而绩效顾问方案的执行重点，即可依据客户对问题了解的明确度，以及顾问解决方案的能力。著名的产业分析专家龙伟业（2014）曾提出"顾问之道"，如图二所示的绩效顾问模式矩阵，分为诊断问题、发展方案、采用最佳方案和执行变革四种模式。

图二：顾问之道

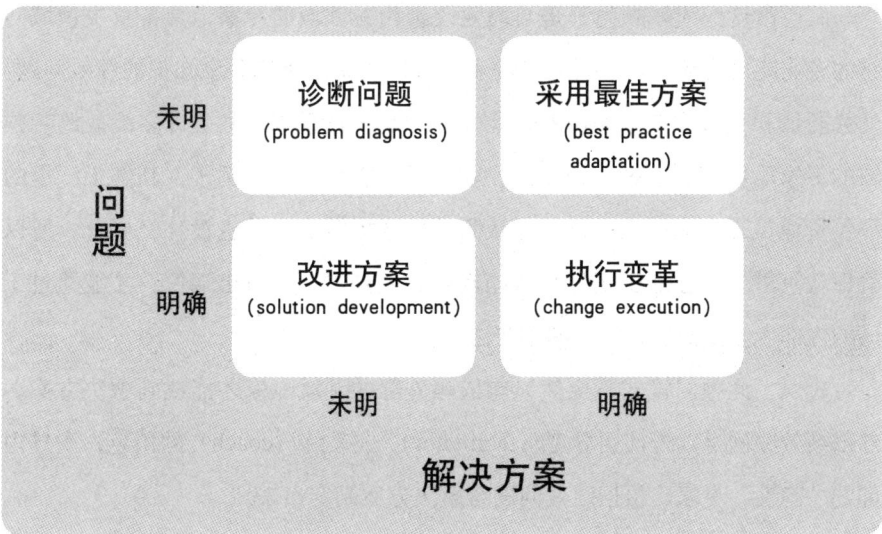

1. 诊断问题

一般而言，绩效顾问方案都是从绩效问题的分析与诊断开始，而客户也往往是因为对绩效问题发生的原因或根源不清楚，本身又受限于能力或可用资源，加上"当局者迷，旁观者清"，才会求助于外部绩效顾问，去调查及了解问题的症结。

所以，任何顾问案的起始点都要先了解及确定问题所在，才能提出有效的解决方案。西方有句谚语："只要将问题定义对了，就有了一半的答案"，对于不明确的客户问题，绩效顾问宁可多花时间与精力于绩效问题的分析与研究上，否则没有对症下药的处方，后续的任何努力不仅徒劳无功，还会使绩效问题更加恶化。

2. 改进方案

有时候，客户自行进行或请外部顾问完成问题诊断，要解决的绩效问题已经很明确了，但是由于客户自身的能力或资源不足，所以需要求助于外部绩效顾问，提出绩效改善措施，改进解决方案。

而通常这些绩效顾问都是与绩效改善相关领域的专家，具备解决领域问题的专业能力或经验，举例而言，企业若要改善员工不愿分享知识的绩效问题，就会聘请知识管理专家来协助企业发展知识管理系统。甚至许多绩效改善领域的专家原已存在于客户企业内，就像手工香皂工厂的例子，其实工厂里的那位资深员工早有答案，只是他认为帮助老板解决问题也没什么好处，所以就保持沉默，好在老王担任绩效顾问经验老到，一眼看出端倪，才能通过工厂的内部专家找到经济实惠的解决之道。

所以，此顾问模式不全然只能依赖外部的领域专家才能找到解决方案，外部绩效顾问可以扮演引导者（facilitator）或教练（coach）的角色，引导内部的"隐性"专家，根据绩效问题将解决方案制定出来。

3. 采用最佳方案

又在某些情况下，客户在绩效问题还没被明确定义时，就急于聘请外部顾问改进解决方案，通常这种类型的绩效问题有其时间的急迫性，而且可能与其他已发生过的绩效问题又高度相近。例如手工香皂工厂的例子，若香皂工厂接到一笔非常重要的订单，足以影响公司的生存，工厂老板自然急切需要解决方案。此时，绩效顾问可以根据其经验，选择曾经实施过的最佳绩效改善的实务方案，直接套用或修改运用在客户绩效问题的解决上。

同样在香皂工厂的例子中，小魏因为曾经帮饼干工厂设计过自动化的包装流程，就将其经验套用在手工香皂的包装流程设计中，虽然也可以达到解决空香皂盒问题的目标，但却不是最适合的方案。

一般而言，采用最佳方案模式的顾问都具有相当丰富的实务经验，可以不需要深入地进行问题分析，就能找出问题的根源，以及解决问题的方案；而且因为解决过许多类似的问题，通常也汇集了类似案例的知识库，很容易根据以往的案例，直接采用可以套用的解决方案。

4. 执行变革

绩效问题的解决方案往往要引进或注入新的文化、政策、程序、科技、活动及能力，一旦解决方案确定后，就是要确切地实施。而方案的实施其实代表企业文化或组织行为的改变，对于员工而言，也象征员工工作思维、能力及习惯的改变，这些改变通常会要求员工要离开工作原有的"舒适区"，跳脱思考或行为的框架，所以绩效改善方案的实施其实就是组织变革的执行。而成功的绩效顾问，不仅可以协助客户落实因实施方案而需要的改变，更可以确保因改变而产生的效益。

因此，就顾问模式及能力而言，执行变革通常是绩效顾问最大的挑战，但就顾问要解决问题的功能而言，这才是检验绩效顾问价值高低的关键，所以在顾问行业里，通常"最高级"的绩效顾问是有能力执行变革的变革顾问。

绩效顾问的专长

从事人力绩效改善的顾问，会因为不同的顾问模式而需要不同的专长，这些专长往往是结合理论教育与实务经验所培养成的，根据这四种顾问模式与专长，在此特别将绩效顾问归类为：诊断顾问、专家顾问、实务顾问及变革顾问。著名的产业分析专家龙伟业曾提出各种绩效顾问的主要专长（如图三），当然，许多的绩效顾问都同时具备这四种顾问的专长与能力，因此可以完整地执行绩效顾问程序的七个步骤。

图三：各种绩效顾问模式的专长

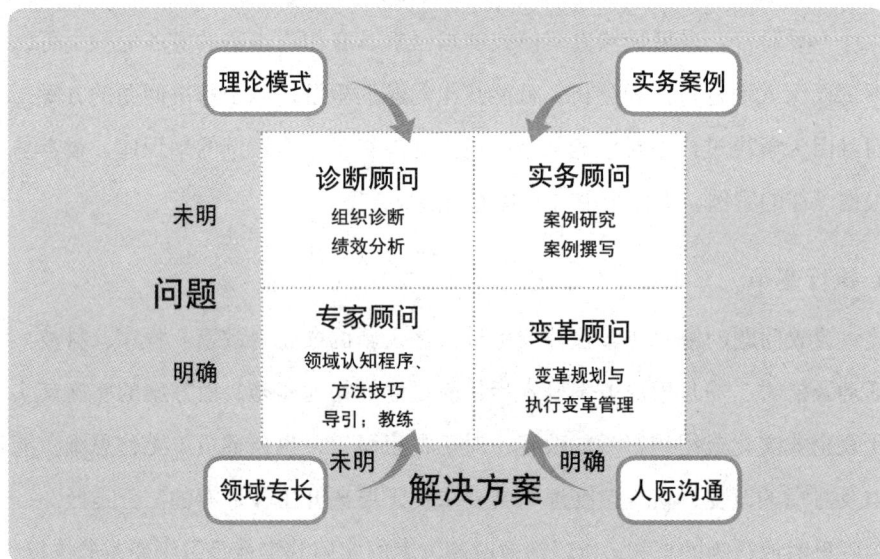

> 提示
>
> 一般而言，顾问的专长可依据对客户问题的明确度及方案执行的明确度区分为：1. 诊断顾问（问题未明、方案未明）；2. 专家顾问（问题明确、方案未明）；3. 实务顾问（问题未明、方案明确）；4. 变革顾问（问题明确、方案明确）。其中变革顾问的专长在于客户问题及解决方案都已明确时，协助客户落实解决方案而必须进行组织变革，通常是难度最高的顾问专长。

1. 诊断顾问

问题诊断模式的顾问任务主要为找出和确认绩效问题发生的原因及根源，所以顾问的主要专长为组织诊断与绩效分析，而组织诊断的目的是了解组织的运营现状，就如同人体的健康检查一般，从组织结构及运营指标检视目前组织的绩效表现、组织的运营状态是否正常。若有异常，异常现象或问题有哪些。

而绩效分析主要是结合绩效顾问程序的第一步骤及第二步骤，找到员工绩效问题发生的原因与根源，并与组织诊断的结果连接，了解组织的运营绩效是否及如何影响员工的绩效。通常诊断顾问的专业能力来自问题诊断的理论或模式，而这些理论及模式可能是别人提出的，也可能是诊断顾问自己研究发展出来的。

2. 专家顾问

方案发展模式的顾问任务主要为根据明确的绩效问题，设定绩效改善的关键测评指标，因而改进绩效改善措施及配套的变革方案。提出绩效改善措施的顾问往往是解决某类问题的领域专家，专业能力来自对特定领域解决问题的方式，例如人力资源发展或数字化学习科技，所以方案发展的绩效顾问被称为专家顾问。

然而，许多领域专家原本就存在于组织内部，特别是客户本身如果是问题的根源，例如领导力不足，也往往会是解决方案的一部分。例如参加领导力课程，这时候需要的专家顾问扮演教练的角色，借由教练的程序与方法，协助客户理清本身的问题，以及改进自己愿意执行及承当责任的解决方案；有时候解决绩效问题的方案无法通过单一的领域专家改进出来，必须结合组织内部或外部的集体智慧才能产生，此时专家顾问扮演的角色是引导者，借由顾问主持的动脑会议，通过团队成员的脑力激荡，众志成城，集体改进出解决方案。

3. 实务顾问

如果在绩效问题尚未明确时，就必须要改进解决方案，最快速有效的模式就是聘请实务经验丰富的顾问，汇集分析以前已经发生过的众多相似案例，选择可供借镜或参考的最佳实务案例，直接套用或修改适用此案例的方案，用于现在的绩效问题解决。

有些实务顾问因为解决某类绩效问题的经验丰富，得以整理归纳出解决绩效问题的理论或模式，用于问题诊断或方案发展。实务顾问的专业能力来自经验的累积，所以必须专长于实务案例的研究与撰写，甚至将这些案例建立成案例库，作为研究及教学之用途。

4. 变革顾问

任何绩效改善的措施或方案若要成功，就代表组织必须变革或员工必须改变。变革顾问最主要的任务是规划、执行、管理及测评变革方案，确保变革的成效，所以检视绩效顾问方案是否成功的唯一标准即是变革是否成功，而变革是否成功的关键在于沟通，所有绩效顾问方案的参与者及关系人都必须建立共识，体认为了改善绩效或解决绩效问题，变革方案是必要且有效的手段，大家必须齐心努力改变，变革才会成功。因此，变革顾问最重要的专业能力来自人际沟通的技能与方法，也就是所谓"人际技能"。

顾问并非"顾门口"的"门神"，需要高度的专业技能，才能发挥顾问绩效。本章以如何才是好的绩效顾问，以及绩效顾问工作程序、模式与专长阐述顾问之道。就企业的领导而言，即使不用亲自下厨，也必须懂得判断厨师的好坏。找到合适能干的绩效顾问，才能真正协助领导解决组织的绩效问题，提升组织的绩效表现！

第八章

对症下药：

合理选择绩效方案

绩效顾问是术业有专攻的专业工作，目的为协助客户解决组织的人力绩效问题，改善员工的工作绩效。如前一章所述，顾问的专长与价值在于协助客户"照顾好问题"，根据客户发生的问题症状，找出问题的症结，并根据问题的根源，提出及实施解决问题的方案，所以绩效顾问不会只是"顾门口"或"出张口"的"门神"而已。

纸上谈兵与上场作战完全是两码事，有实战经验的军官与只参加过模拟演习的军官，他们在战场上带兵作战的模式是不同的，特别是临场的反应与领导力，但这并不是说没有实战经验的军官作战领导力就比较差，只是两者的差距颇大，而每场战役及每个战场都是截然不同的"个案"，当下的判断与处置也会不同。

就顾问这个专业而言，如同军官的领军作战力，实务经验远比理论法则有用，纵使你拥有再多的顾问知识或理论，研读过再多的顾问案例，都绝对与亲身投入解决客户问题的经验与方法有很大的落差。

数字化学习绩效的故事

为了配合"教育部"推广数字化学习，老王兼课的研究所要求老王的"绩效技术"课程数字化，所长找老王讨论如何将课程数字化，老王不以为然地抱怨："我教学一向因材施教，'一位'学生也能学习，现在却要'数字化'才能学习，数字化学习怎么会比较好呢？"

经过所长一番解释，老王似懂非懂从所长手里拿了一张数字化学习课程的解说文件，发现其中课程的网址是 http：//T 大 .edu.tw/P 系 / 绩效技术 103，于是老王花了整个上午的时间在校园找了半天，就是找不到这间教室。后来又跑回所长室，所长见状不得已，只好请一位助教专门协助老王将其课程转为数字化课程，又教老王如何操作学校的数字化学习系统，让老王可以通过网络上课。

经过一段时间，老王好不容易熟悉数字化学习的教学模式，但就是不习惯每次上网都要登录，鉴于网络安全，学校要求所有的数字化学习系统都要设定密码，老王由于年过半百，记忆力衰退，实在无法记得数字化课程的密码，老是打错密码，于是决定将所有密码都改为"错误"，每次只要输入密码不对时，荧幕上就会出现"你的密码是错误，请重新输入！"的信息，提醒老王输入"对"的密码。

某天老王接到研究所的通知，"教育部"的大学评鉴将学校推广数字化学习的绩效列入评鉴项目，于是要调查所有数字化课程的实施成效，而且要以量化的数据呈报，包含数字化课程有多少位学生，学生上网学习的次数及时间，以及学生学习的成绩。

于是老王就要求班上所有学生，每天都要在家开机，登录数字化课程，登录后直到睡觉前不得退出，以此作为上课出勤的成绩。另外老王也马上进行了两次在线测验，结果发现除了一位名叫"曾辰石"的学生成绩不及格外，所有的学生成绩都满分，老王便打电话问曾同学原因何在，他回答：两次在线测验的时候，他最好的几个朋友都刚好去爬山，联络不上，所以只能靠自己上网考试。

另外，评鉴项目中有一项要测评老师数字化学习的教学设计能力与效率，但是学校却又不知道该如何量化才好，于是有位教授出了个主意，要每一位数字化课程的老师提交其课程的 Powerpoint 讲义，请助教先计算有多少页PPT，并将讲义中所有用到圆形、正方形、长方形等不同类别的绘图元件数相加，然后将页数乘以绘图元件数后开根号，再除以绘图元件类别数，所得结果便是这门数字化课程的教学设计效率值。

上述数字化学习的故事确有夸张之嫌，但相信参与过数字化学习项目的各位，多少都会遇到如何测评数字化学习绩效、如何诊断数字化学习的绩效问题，以及如何提出数字化学习的改善方案等困难。

特别是任何组织想要成功地导入数字化学习系统，若没有系统性的想法、方法及做法，最终的结果便是绩效不彰，无法达成原先导入数字化学习系统的目标，不但没有解决组织的学习绩效问题，往往会制造出更多、更复杂的绩效问题。在这种情况之下，我通常会建议绩效顾问的介入，从诊断绩效开始，发展方案，再执行变革。接下来我将以个人担任绩效顾问的实务案例，阐述绩效顾问之道。

企业数字化学习的案例

我从1989年就开始从事企业顾问工作，时任美国印第安纳大学的计算机多媒体专员，之后以计算机多媒体领域的专长担任外部专业顾问，其间参与过多项大型顾问项目。第一次参与的顾问项目为协助美国IBM开发交互式多媒体教室（Interactive MultiMedia Classroom，IMMC）系统，也曾带领顾问项目团队，协助当时全世界最大的卡通影片加工厂制定进军多媒体产业的策略。

直至1995年，计算机网络及多媒体技术蓬勃发展，广泛应用在商业及教育的各个领域。我曾以独立顾问的身份，协助当时全世界最大的汽车电子零件制造商导入企业数字化学习系统，而当时E-learning这个名词还尚未出现。此项目历经问题诊断、方案发展，再到变革执行，我扮演"全方位"的绩效顾问角色，也以此实务案例开发出OPPT的绩效诊断模式，并以此模式作为后续几项绩效顾问项目的基石，以下便就此案例及OPPT模式说明绩效顾问之道。

1. 案例公司

时间拉回 1995 年，案例发生在美国印第安纳州中部一个工业小镇的 D 公司，创立于 20 世纪 30 年代的中期，D 公司已发展为全世界最大的汽车电子零件制造厂，全球共有 2.5 万名员工，分布在五大洲的 30 多个生产基地。

创立以来，D 公司已建立技术第一的优良传统，许多的汽车电子零件都创下全球第一个推出上市的纪录，例如汽车收音机。该公司的座右铭写着"D 公司前瞻技术所开发的上市产品扮演定义未来汽车市场的重要角色"。

为了维持其产品与制造技术的领先地位，D 公司必须依赖高质量的人力资源以及工程的专业技能，所以近 50% 的全职员工（相对于计时员工）为工程师。持续培养员工最新的技术能力以及制造经验，成为 D 公司达成工程及技术卓越的最主要手段，D 公司也因此非常重视员工的培训与发展。

根据 D 公司企业培训部门最高领导 David 所言，该公司对全职员工的培训目的主要是支援员工个人在工作上的高绩效表现，培训的方式主要是基于"及时学习"的观念，希望在对的时间提供对的内容，以对的模式培训对的人，这种培训的策略思维源于制造业的"及时生产"观念，而 D 公司每年的人资发展计划都是根基于这种策略思维。

2. 提案背景

从 1990 年初期，计算机网络技术崛起，特别是互联网，快速带动整个信息科技的广泛应用，而群组软件（groupware），例如 Lotus Notes 的兴起，则掀起运用网络技术在企业员工协同合作方面的风潮。

至 1995 年，超过 70% 的《财富》500 强企业采用 Notes，形成当时信息科技应用三大改变：个人计算机运算转为群组的计算机运算；分散的信息系统转为整合连接的信息系统；企业内部的计算机运算转为企业间的计算机运算。

因为这些转变，运用计算机及网络技术联结不同部门员工的智慧及能力，促使员工可以不受时空限制地合作、沟通，成为跨国企业运营必要的基础建设，而这些转变对员工知识的获取、使用、分享及产生也造成相当地冲击，组群软件的概念与应用也逐渐衍生到企业的知识与学习管理中。

D 公司是最早采用 Notes 及互联网的跨国企业之一，由于"及时学习"的策略思维，D 公司在构建 Notes 不久后，便将 Notes 运用于组织的文件管理及分享中，更进一步将学习元件（object），例如数字化的课程讲义及课程影片，放在以 Notes 建构的企业内部网际网络中，希望员工可以通过 Notes 不受时空限制取用他们需要的学习元件，并依据自己的时间安排从事自我学习，达到"实时学习"的功能。

然而 D 公司"如果我们设置了系统，他们就会来使用"（If we build it, they will come！）的愿望却一直都没有发生，主要原因是许多企业在设置信息及网络系统，抱持"技术为主"（tech-centric）的思维，没有站在使用者立场采取系统性配套措施，便一厢情愿地认为使用者会自己了解系统功能及效益，主动使用系统，但事实却不然。

3. 提案

由于我当时为美国印第安纳大学教学系统科技研究所的博士生，参与研究所与 D 公司的产学合作计划，也刚结束另一项协助 AT&T 设计及发展"丰富学习及信息环境"（enriched learning and information environment, ELIE）的顾问项目，从 ELIE 计划体会到任何学习系统若要发挥功效，必须结合人性需求及技术功能。在知悉 D 公司想将 Notes 应用于企业培训上时，便向 D 公司提案，以 ELIE 计划的经验及成果为基础，为该公司设计及发展企业数字化学习系统，称之为 UNCLE（using notes for casebased learning environments），并以 UNCLE 进行实验测试计划，找出 D 公司在推动及实施数字化学习的绩效因素，根据测试计划的研究发现及结果，设计 D 公司全面实施数字化学习的技术发展方案及变革执行方案。

4. 计划内容

我以 D 公司所有工程师的必修课程"解决问题及决策制定"为内容，结合"案例为主的教学策略"（case-based learning）及认知师徒制（cognitive apprenticeship）的学习理论，首先花了三个月的时间发展 UNCLE 系统，然后挑选 8 位 D 公司全职员工为参加测试计划的研究对象，包括 5 位工程师、2 位教学设计师及 1 位教学行政专员，实际参加 UNCLE 的数字化学习；另外一位教授此课程的讲师，还有几位企业培训部门的领导，则在课程实施的过程中，以咨询的方式提供专业意见。

UNCLE 计划采用个案研究法（case research method），收集研究资料的方法及来源包括面谈、实地观察、学员贴身观察、研究者的随身笔记、公司内部文件，以及计算机记录资料（computer monitored data），在数字化课程进行时，UNCLE 可以记录每一位使用者的学习轨迹、时间及内容，包含使用过的功能、键入的信息、做过的学习测验，以及浏览的学习内容，因此计算机记录资料可谓是最真实的研究资料来源。

在完成数字化学习课程后，我面谈了所有参与测试计划的研究对象，包含几位只提供咨询意见的企业培训领导，请他们以不同的角色，从不同的角度，描述他们的计划参与经验，提出计划进行时遇到的助力与阻力，表达个人的意见与建议。

5. 数字化学习的绩效诊断

之后，我将所有收集的资料汇整及编码成一个 Word 的档案，运用之前所描述的质性资料分析的法则，将这些资料反复地拆解、编排、组合及归类、

表一：影响 D 公司数字化学习的绩效因素

1. 组织 (organization)

◆ 结构
- 新的组织角色和责任
- 政策和奖励
- 管理阶层的承诺

◆ 文化
- 数字化学习的接受程度
- 重视学习
- 在线合作

◆ 学习环境
- 不受工作环境的干扰
- 数字化学习的容易性
- 学习过程不受干扰
- 学习的支援

2. 人员 (people)

◆ 学员对数字化学习模式的接受度
◆ 学员对学习内容感兴趣的程度
◆ 学员的计算机技能
- 使用 Notes
- 使用 UNCLE

◆ 时间管理
- 上班时工作时间与学习时间的分配
- 下班后的学习时间

3. 程序 (process)

◆ 学习内容与工作内容的关联性
◆ 良好的学习任务架构，以完成学习要求条件
◆ 增加学习动机的学习活动
◆ 能辅助学习过程的系统功能
◆ 学习时间的弹性
◆ 学习成效测评方法
◆ 无法进行在线学习时，其他的替代方案

4. 科技 (technology)

◆ 基础设施
- 网络平台
- 网络连接速度
- 系统功能
- 与开发工具的兼容性
- 外部／外挂软件的兼容

◆ 网络安全和外部使用
◆ 数字化学习功能的操作性
◆ 发展数字化学习系统能力
◆ 对使用者的技术支援

找到有意义的样式及类别，而归纳出表一中影响 D 公司实施数字化学习的绩效因素。

另外，UNCLE 的学习内容源自于既有的教室课程，因此需要将课程内容转化为数字化形式，进而也发现数字化学习的内容及呈现的方式会影响学员的学习成效，而且数字化学习的老师扮演的角色不再是传统讲授内容的讲师，而是引导学习者的角色，所以数字化学习的内容也是重要的绩效因素，包含：

- 数字化学习内容的来源。
- 内容的本质与呈现形式。
- 内容的变动性，亦即需要更新的速度及频率。
- 如何将既有的书面内容转换为数字化学习内容？
- 是否有内容专家参与数字化学习内容的制作？
- 是否有数字化学习的引导者？
- 引导者的技能及条件。

6. 数字化学习的方案发展

根据上述数字化学习的绩效诊断，找出每一个绩效因素是助力还是阻力。助力代表解决方案或绩效改善措施可以借力使力的绩效因素，阻力代表方案要解决的问题或克服的困难，而方案的设计与发展（如图一所示）就是要依据计划目标，纳入助力并排除阻力。

通常绩效改善方案包含相应组织及人员等人性因素的组织变革方案，以及相应程序及科技等技术因素的技术设计方案，并且根据组织目标及可用资源包含人力、经费与时间，排列方案实施的优先级。

> **提示** 企业数字化学习是应用网络科技进行职场学习的一种形式，任何科技应用最忌讳的是技术导向的思维。切记，科技必须满足人性需求才能真正发挥作用，如果抱着"只要把科技设置好，人们就会来使用"的心态，再好的科技注定失败，数字化学习亦然！

图一：绩效改善方案的设计及发展

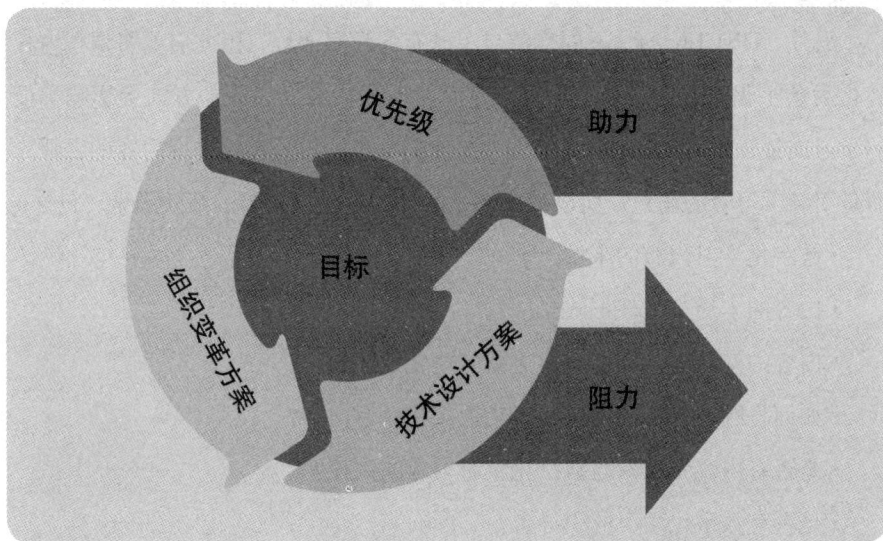

从这个案例中，可以归纳出组织在实施数字化学习计划的成功关键因素如下：

- 数字化学习计划要与组织策略联结。

- 要让学习者与赞助者从系统规划到实施全程参与。

- 计划要分阶段进行。

- 认真规划、按部就班。

- 跨部门合作与分担责任。

- 设定计划的预期结果并尽力沟通。

- 计划重点放在组织变革的部分。

- 以实证资料来导引系统设计及组织变革。

- 展现数字化学习对组织运营的效益。

- 计划不如预期时，不要害怕取消或改变计划规模。

- 不断地来回检视计划的进行。

OPPT 绩效诊断模式

我因为参与及主导许多绩效顾问项目，每一项项目无论规模大小都是一个实务案例的研究，个案经验累积多了，就会研发出自己的理论模式。从 D 公司的 UNCLE 计划开始，我套用社交技术系统(sociotechnical system)的理论，建立了 OPPT 的理论模式。

OPPT 模式后续又应用在其他绩效顾问项目上，用于组织绩效诊断及绩效改善方案的设计，经过多次实际应用及修改，精进为下述表二所示的模式。

最近全世界都在使用"大规模开放式在线课程"（massive open online courses，MOOC，慕课）及"翻转教室"的教学模式。慕课属于数字化学习的领域，但是回首推动数字化学习的绩效与结果，再看看现在慕课的一窝蜂现象，似曾相识的感觉油然而生，不禁忧心推动慕课或其他学习科技应用的绩效。

也因此想借由以往我在美国从事企业数字化学习的顾问案例，彰显推动慕课不应再以技术为主的思维及做法，应该将慕课的重心放在学习者需求及学习模式上。例如：为什么全世界各地几万人愿意上线去修 MIT 或斯坦福大学某知名教授开的慕课课程？学习者的动机因素为何？慕课课程的配套措施为何？有哪些大学或哪些教授有如此的条件？希望本章所叙述的 UNCLE 案例有助于慕课或其他科技应用的推动计划。

表二：OPPT 绩效诊断模式

绩效目标				
因素分类	**组织**	**人员**	**程序**	**科技**
（助力与阻力） 找出绩效因素	结构 文化 资源 工作 环境 策略 政策与奖励	价值观 期待 需求 工作职能	工作设计 工作流程 工作范畴 优先级	功能 使用性 可靠度 使用者支援
针对	工作相关任务或内容			
（选择与设计） 提出绩效改善措施、方案	组织发展 变革管理 绩效管理 目标管理 文化改造 组织设计 薪资福利 环境设置 团队建立 领导力发展	员工发展计划 教育培训 教练 工作教导 职务轮调 特别任务 绩效考核 职涯发展	工作重新设计 工作改善 流程改善 工作督导 工作表格	科技发展 文件系统 数字化学习系统 知识管理系统 电子绩效支持系统 （EPSS） 企业信息系统 如 ERP
分成	组织变革方案、技术设计方案			
组成	人力绩效的社交技术系统			

第九章
提升绩效：
工作分析的重要性

老王教过的一位学生小林大学毕业后就开始找工作，在招聘网发现一家广告公司的招聘网页，斗大的招聘广告词写着："欢迎有梦想、肯逐梦的新鲜人加入！"小林于是前往应征，小林觉得面试的过程还算顺利，在面试结束前，面试领导问小林对薪资是否有要求，小林马上脱口而出："年薪300万！"面试领导笑问："你大学刚毕业，有什么特殊的才能，敢如此狮子大开口？"小林毫不犹豫说出："从小老师就说我很会做梦！"

　　老王的另一位学生小芬毕业后就在一家公司担任总经理秘书，至今已经一年。一星期前小芬因为生病住院，小林与小芬的同事一起前往探病，小芬看到同事，带着歉意道出："我请假住院的这段时间，代班的人一定累坏了，真的不好意思！"其中一位同事小玉立即回答："还好啦！大伙儿分摊了你的工作，由我负责看报，小珊负责打电话聊天，小慧负责和总经理打情骂俏，一切都很正常，你就放心吧！"

组织与经营

　　上述的两则笑话暗喻工作内容决定工作价值，而工作价值决定员工存在的价值。特别在多变的世界格局中，生存唯一不变的法则就是变。传统的组织形态及工作模式已经无法克服外界环境快速多变的考验。

　　环境在变，组织就该变，组织的人及其做的事也要跟着改变。组织的人及其所做的事相结合就是所谓的工作。当执行工作者完成工作任务，达到设定的目标，这就是工作绩效的展现。而组织的工作不是无故亦非单独存在，工作的存在取决于组织存在及经营的目的。

就组织经营的观点而言，组织的绩效代表组织内所有工作的整体目标达成率，绩效的展现如下图一所示，主要来自组织的所有员工，借由科技的支援，依循工作程序，完成工作任务，达成绩效目标。组织、员工、程序及科技是达成组织绩效目标的四大地基与梁柱，不仅彼此互有关联，还必须互相支持，缺一不可，只要任一地基或梁柱的力道不足，整个组织都有坍塌之虞。

图一：组织的绩效系统组成

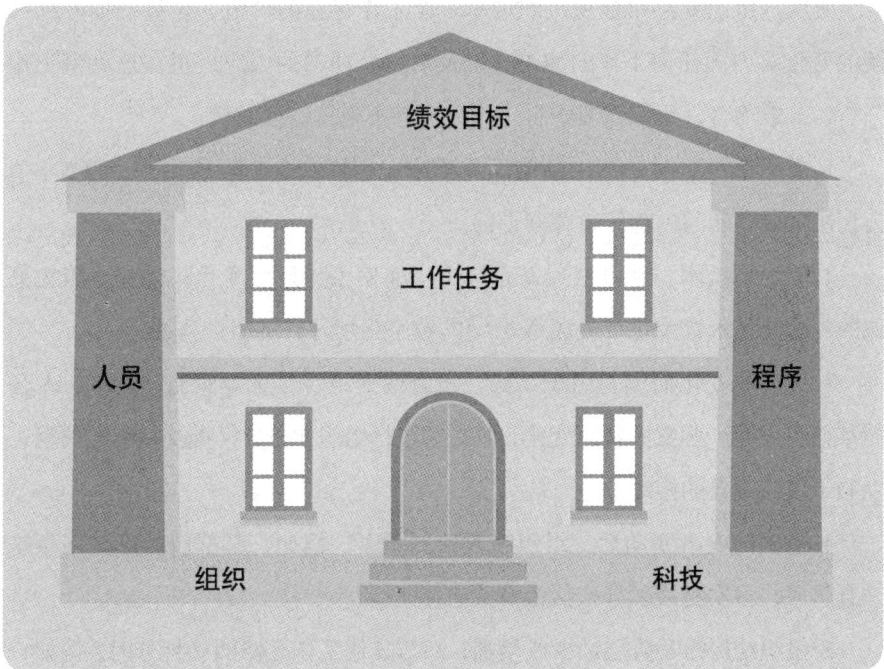

对人又对事，绩效才会好

从人力绩效的角度来看，在工作职位上，每一位员工根据组织所赋予的责任，完成工作任务，达成工作目标，就是人力绩效的展现。发挥人力绩效最直接、最有效的途径就是把对的人放在对的位置，然后把对的事做对。

"对的人"代表与组织价值理念相符、对工作有动力及能力的员工，"对的位置"代表员工最适合的工作职务，"对的事"代表正确的工作目标，"做对"代表员工以最有效率的方式完成工作任务。

在组织里，对的人要做对的事，才会有对的绩效，所以对的工作是对人又对事的根本。所谓"一颗老鼠屎会坏了一锅粥"，当一个工作不对时，亦即没有用对的人，没有放在对的位置，没有用对的方法，或没有完成对的目标，都有可能会对整个组织的绩效产生骨牌效应。

所以，组织要经常检视组织内每一个工作存在的价值，也要扫描外部任何的变化对内部任何工作的冲击，以及对这些冲击的因应之道，这就是工作分析。一般而言，组织需要进行工作分析有下列策略性时机：

1. 成立新组织时会产生新的工作需求，因而会有新工作出现。例如，A公司决定成立新的内部绩效顾问部门。

2. 因为新技术、新方法或新系统出现而使工作发生变化。例如，因为慕课的观念及技术普及化，促成A公司的数字化学习系统引进慕课。

3. 应外界变化而调整组织结构，或者改变组织目标及策略。例如，A公司某部门因为产业发展快速变化，而必须进行组织业务、权责及编制的调整，以利于部门业务的推动。

4. 多次的人事变动后，组织绩效依然不彰。例如，某部门的绩效多年来一直垫底，多次更换领导依然没有改善。

5. 组织结构的某阶层减少或增加，却与其他工作无法明确划分时。例如，某部门决定将组织结构扁平化，一些中阶管理职务消失后，其上层领导的管理工作权责及范畴因而更动。

以上进行工作分析的时机主要是针对整个组织或部门需要改变时，但组织也可以针对某些或部分工作与任务进行分析，以利于理清工作权责及提高工作能力。例如：

1. 存在冗员：明明组织的员工已经过多，但是领导还是经常抱怨人手不足。

2. 推诿责任：当组织绩效目标没有达成，大家不仅争相卸责诿过，而且无法理清责任归属。

3. 人才流失：组织的人才抱怨缺乏发展机会，有些人才已经主动出走或被其他组织挖角而流失。

4. 人才不足：组织领导发现关键职务的员工能力与素质无法应对组织面临的挑战。

5. 招聘不足：组织缺乏足够的资源，无法满足组织内关键职务的招聘需求。

6. 薪酬不公：某些组织人才抱怨自己工作责任及业务量较重，但薪资报酬却相对较低。

7. 培训不力：组织明明投入相当的培训资源，然而组织对培训的成果仍然不满意，人才的工作能力及绩效仍然不符合要求。

8. 无法发挥：组织人才新上任后，却发现原先所期待的工作内容与实际工作内容不符，无法发挥所长。

工作分析方法是通过分析的过程及结果，将工作的人与事做到最优化的配置，从人力绩效的观点来看，最佳的工作绩效来自"对的人在对的位置把对的事做对"，所以对的人一定要配置对的事，亦即工作与工作执行者要互相搭配，才能成功地完成工作，达成工作目标，产生工作绩效。以下是三种常见的人事配置模式：

1. 因事用人（先设定事，才决定人）：就工作分析的目的而言，组织会根据经营目标及策略先决定组织该执行什么任务，把相关的任务组合成工作，再根据工作内容决定执行者应该具备的能力与资格，然后根据能力与资格的要求招聘遴选合适的人，将合适的人配置在合适的职位，这便是"因事用人"的配置模式，这也是组织最常用的配置模式。

2.因人设事（先决定人，才设定事）：当组织发现需要延揽或留用特定的人才，而既有的工作无法满足人才的期望，需要设置新的工作来吸引人才。"因人设事"通常会先了解人才的能力与潜力，及其对工作的期望与企图，还有组织的需求及其效用，经由工作分析，为人才合理安排他们可以发挥才能的工作，或是配合他们的才能及潜力调整既有的工作及条件，产生新的工作，促使他们为组织创造更大的价值。

3.事随人变（先决定事，再因人变事）：此种配置模式是前两种的综合，首先还是以"因事用人"的原则配置人与事，先决定事，再决定人。但是在组织与员工发展的过程中，为顾及组织绩效及个人绩效的需要，会将工作执行者的既有工作内容做调整，或者将工作执行者调整到其他更适合的职位。这种模式通常发生在"高绩效员工"及"问题员工"身上，通过工作分析，将这两类员工的工作职位或内容做调整，优化人事配置的效率，因而使员工的工作绩效最大化。

工作描述 （事）	对主要工作职责、工作活动、工作流程、工作时间、工作条件、使用的机器与设备，以及工作环境，例如安全、卫生等方面的书面描述，通常工作描述应该精准真实。
工作规范 （人）	对工作执行者学习经历、能力资格、个性特征、绩效标准与工作背景等方面的要求规范，通常工作规范是对工作的最低要求，而不是最理想的要求。

什么是工作分析？

简而言之，工作分析就是分析什么事需要什么人去完成，因此工作分析通常分为事（工作内容）的分析及人（工作执行者）的分析。事的分析在于工作内容的分析，包含工作任务及流程，希望人适其所；而人的分析在于工作执行者的分析，包含工作资格及能力，希望人尽其才。

就正式的定义而言，工作分析是指针对组织各种工作的性质、任务、权责与彼此间的相互关系，以及工作执行者的知识、技能、态度与其他必备条件，进行系统性的调查和研究，并以系统化方式制定出组织的工作说明书（又称职务说明书），通常工作说明书包含组织所有工作的工作描述与工作规范。

表一列出工作说明书可能包含的内容，每个组织可依其个别需要及工作分析的可用资源决定其工作说明的内容；表二以人力资源部经理为范例，列出其工作说明书的部分内容；表三列举人力资源部经理所需具备的管理职能项目"创新"之职能与行为指标。

表一：工作说明书的可能内容

工作描述可包含的项目（与事有关）	工作规范可包含的项目（与人有关）
• 工作辨识码	• 教育程度
• 职称	• 经验要求
• 工作部门	• 体力要求
• 工作地点	• 工作知识
• 上级领导	• 工作技能
• 上级职称	• 工作态度
• 上级单位	• 其他人格素质
• 工作目的与价值	• 证照或证书
• 工作内容	• 工作绩效指标
• 工作任务与职责	• 身体健康
• 工作权限	• 心智成熟度
• 工作时间	• 工作伦理
• 安全及卫生条件	• 人际关系
• 工作环境	
• 使用机器、设备及工具	
• 工作产出	

表二：工作说明书范例（人力资源部经理）

1．基本信息（与职位相关的基本信息）

职位名称：人力资源部经理	上级职位名称：副总经理
任职者：王××	上级姓名：刘××
职级：H3	上级部门：行政处
所在部门：人力资源部	填写日期：
工作地点：台北	

2．职位目的（该职位存在的主要目的及价值）

制定与推动各项人力资源政策、制度，以吸引、延揽、激励、留用与发展本公司的人力资源，并配合公司策略，促进本公司短期与中期经营目标的达成及长远的发展。

3．职务与责任（该职位的主要工作任务及责任）

主要职责	权限	权重
• 管理人力资源部	执行	20%
• 制定公司人力资源发展目标与策略	审查	15%
• 协助规划并执行公司所有部门的人资管理与发展策略	审查	20%
• 制定与修改人力资源管理制度与办法	审查	15%
• 实施公司的员工招聘及任用制度	审查	10%
• 实施公司的绩效考核制度	审查	10%
• 实施公司的薪酬福利制度	审查	10%

4．职能要求（该职位应该具备的关键能力）

人力资源规划与管理、沟通与影响、创新、发展他人、自我成长、变革管理、与他人合作

5．职务资格（该职位应该具备的学经历）

• 学历要求：大专以上，人力资源管理相关专业。
• 具备管理或领导领域的相关培训或证书。
• 在人力资源管理领域具有五年以上之工作经验。

6．主要接触对象

公司内：各阶层所有的领导与员工，以探讨及协商人力资源管理事项。

公司外：• 相关企业的人资领导。   • 各级政府劳工领导机构。
        • 人力资源（或人事）管理专业团体。 • 培训与管理顾问公司。

表三： "创新" 职能

创新：不局限既有的工作模式，能够主动提出新的想法，并落实于工作中，为企业创造价值。

行为指标（依行为难度由低到高呈现）

1. 工作时不限于原有的做法，能够尝试用新的方式达成目标。
2. 能够整合各种意见与想法，并提出崭新的观点或见解。
3. 工作时能以不同观点来审视问题，构思不同的解决之道。
4. 工作中能提出新颖且具体可行的产品或服务构想。
5. 能不断引进新的观念，并发展对顾客有价值的技术、产品、服务、制度或流程。

★资料来源：工业技术研究院产业学院

工作分析的用途

工作分析最主要的目的为提升组织的人力绩效，借由对组织人事配置的工作设计、调整、测评与优化，不仅达到"对的人把对的事做对"的目的，而且提升员工的能力素质及工作效益。工作分析的过程可以优化组织发展，而其结果如下图二所示可有下列用途：

图二：工作分析的用途

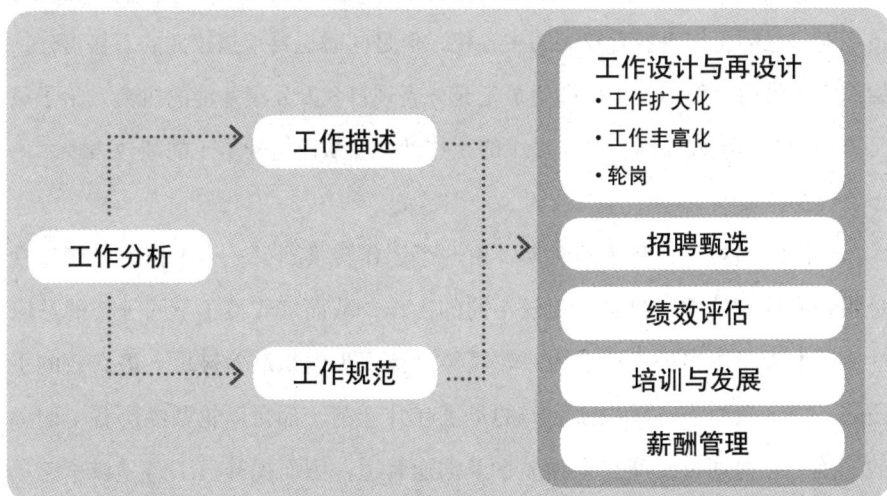

工作分析 → 工作描述 → 工作设计与再设计（·工作扩大化 ·工作丰富化 ·轮岗）、招聘甄选、绩效评估、培训与发展、薪酬管理

工作分析 → 工作规范

1. 工作设计与再设计

工作分析的初衷即是要设计组织发展所需要的工作内容，主要包含工作任务、职责与条件，再规范完成此工作所需要的人员能力、资格与条件，如此界定工作权责范畴及绩效标准，使得组织人才的选考育用留有所依据，因而得以适才适所。在配合组织发展的过程中，组织也可以通过工作分析，修改或重新设计工作内容及范畴，而工作再设计通常会借由"工作扩大化""工作丰富化"与"轮岗"，达到优化人才及完善组织任务的目的。

• "工作扩大化"

通过工作分析，组织可以理清员工的工作内容，了解员工的工作负荷量及相对的工作负担。工作扩大化旨在扩大工作的广度与范围，因而增加工作任务的种类和多样性。组织希望借由工作扩大化，员工得以掌握更多的工作知识和技能，从而提高员工的工作兴趣。基本上，工作扩大化是任务数量的增加而非质量的增加，从人力绩效的观点而言，主要是以提升员工的工作效率来使工作的成本效益比最大化。

• "工作丰富化"

工作丰富化乃是针对工作扩大化的缺点而加以改良的，旨在增加工作的深度与弹性，也就是执行工作任务的自主权、自由度与责任感。工作丰富化使得员工对自己的工作内容有较大的主导权，但是同时也要承担较大的工作责任。组织希望借由工作丰富化提供给员工充分表现自我及发展才能的机会，给予员工充分的工作绩效反馈，增加员工的工作动力，从而提升员工的绩效表现。

• 轮岗

轮岗意指员工在特定的时期，由一个工作转换到另一个工作，轮调通常是组织有计划性地安排员工担任不同的工作，从而培养员工不同工作的适应性，并发展员工多种专业能力。轮调经常被视为组织培养接班人最有效的手段之一，一般而言，组织欲培养的员工在升迁前，都会以轮调经历各个职务的磨炼，并协助员工建立人脉关系及沟通管道，因而提升员工跨领域、跨单位的工作能力及绩效。轮岗必须先决定需要轮调的工作职务及其相对价值，以利于轮岗的安排。

2. 招聘甄选

为对的事找到对的人本身就不是容易的工作，招聘甄选则是寻找、筛选及任用合适人选出任组织职务空缺的策略与过程。有效的招聘甄选能为组织不断填充生力军，合理配置及发展组织的人力资源，并为组织提供发展所需要的核心能力。工作分析可以协助决定什么样的工作执行者适合什么样的工作，工作说明书则明确列出执行工作任务所应具备的工作能力与资格。

3. 绩效评估

组织应该根据员工工作目标的达成率决定其工作绩效，这便是绩效评估。绩效评估是一种正式的评估员工工作产出及价值的制度，它是通过系统的方法来测评员工在职务上的工作行为和工作成果，它也是组织绩效管理的沟通工具与活动。

由于绩效评估的结果可以直接影响到薪酬调整、奖金发放及职位升降等员工的切身利益，绩效评估必须设定考评标准，而考评标准主要来自工作说明书对员工的工作能力、态度、行为及绩效的要求和目标。

4. 培训与发展

当人力绩效不佳问题是因为工作执行者的职能（包含知识、技能与态度）不足所造成时，员工的培训与发展便成为必要手段。培训与发展着重于工作职能的改进与补充，以增进员工执行目前或未来工作的能力与素质。

由于工作说明书包含员工执行工作所需要的资格与职能标准，它可以协助分析员工的培训及发展需求，并根据需求决定培训与发展的内容、方法、技术与程序。

5. 薪酬管理

所谓薪酬管理，是指一个组织根据所有员工所执行的工作任务及结果来决定他们应当获得的有形及无形报酬，通常也包括报酬结构、报酬形式与报酬程序。一般而言，工作薪酬考量工作职位、职称、职务与职责，以及规范完成工作的资格与能力等因素才能综合决定，因为工作说明书包含这些薪酬因素，可用以评估工作价值，一旦工作价值确定，组织便可以决定适当、合理与够竞争力的工作薪酬。

以上是从人力绩效的角度，讲述工作分析的本质与目的，包含什么是工作分析、工作说明书的范例，以及工作分析在人力资源的各式用途，下一章将会阐述如何进行工作分析及工作分析的原则。

第十章
人事安排：
如何进行工作分析

老王的学生小张是从某大学的宗教与生命学系毕业，由于当初不知道为什么要读这个系，毕业后对工作也茫然无知，整日在家游手好闲，无所事事。如此过了半年，其父老张逼不得已便拜托经营殡葬业的朋友老孙帮忙为小张安排工作，因为知道小张空有大学文凭，但没有什么专业能力，还特地请求为小张安排轻松容易的工作。

　　隔了一阵子，老孙告知老张已经在公司为小张安排了一个新的工作，而且非常轻松，什么都不必做，每天只要走来走去巡视，下面还有五十几个人可以管。老张一听，想着老孙真够朋友，以为老孙特别帮儿子新设一份领导的工作，便要儿子隔天立刻上任。

　　第二天小张下班回来，老张还来不及问小张工作的怎么样，小张就说："我辞职了，明天不去上班！"老张紧张地问："这不是一份轻松容易的工作吗？而且下面还有五十几个人归你管吗？"小张愤愤不平地回应："没有错啊！我每天只要走来走去巡视就好。可是，整座墓园里，其他所有的人都是躺着，只有我一个人是站着，这管理墓园的工作也实在太辛苦、太不公平了！"

　　老张听了差点昏倒，急忙打电话给老孙，一方面向老孙道歉，另一方面又拜托老孙再给小张一次机会。老孙便问小张想要什么样的工作，老张要小张想了一下，小张心想要一份可以坐在办公室与人有互动的工作，不想要类似墓园管理这种站着且无聊的工作，于是小张接过电话道出："第一，我想要有一间独立的办公室，而且要坐着工作；第二，我要有一部专用的电话，需要帮忙时我可以打电话求助；第三，我不要只是重复做一件事，每一次的工作内容要有变化，而且我希望跟别人可以有互动，但由我主导。"老孙听完小张对工作的要求就回答说："你明天到我总部的大楼来找我，我有一个职缺完全符合你的期望，那份工作的员工刚离职。"

隔天小张很高兴地到老孙的办公室，老孙交给小张一张高脚板凳，告诉小张："你的工作就是坐在电梯内的按键前，若有人进电梯，便问要去哪层楼。除了你之外，任何人都不得自己按楼层键，我相信每次你会去不同的楼层。如果电梯升降时发生故障，电梯内有部电话，可以按 help（帮助）键求救，懂吗？"

小张回家后，老张又急着问："新工作都符合你的期望吧！告诉我是什么工作？"小张面有难色地点头应道："一切都符合，就是电梯按键员的工作！"老张这次听了，真的昏倒。

"因事用人"与"因人设事"

上述的笑话暗喻职场常遇到的问题：工作要如何安排才是理想的工作？到底是"人找事"还是"事找人"比较合适？如前面章节的定义，工作是组织的人及其所做的事相结合，当工作者完成工作任务，达成工作目标，这就是工作绩效。

工作若要提高绩效，最有效的方式就是"对的人把对的事做对"，但究竟要"因事用人"还是"因人设事"，才会"对的人配对的事"？

上述笑话中，小张的第一份工作就是"因人设事"，也就是先决定人才设定事，虽然管理理论主张组织尽量不要"因人设事"，但是在现今竞争激烈的人才战争中，许多组织为了延揽或留用组织所需要的关键人才，必须针对人才的特质与组织的需求定制新的职务，才能发挥关键人才的价值。但是如果是因为有"裙带关系"而安插新的职务，如小张的第一份工作，这就不是可以创造工作价值的"因人设事"，而是浪费组织资源的"营私图利"。

老孙为小张找的第二份工作则是所谓的"因事用人"，也就是先设定事，才决定人，通常是组织依照职缺的工作说明书来征求合适的人才，达成组织适才适所的目的，这也是组织最常用的人事配置方式。但是"因事用人"也不能靠"裙带关系"来决定该用什么人，如上述小张的案例，虽然电梯员工作的内容恰好符合小张所描述的，但工作的价值根本不是小张所能创造的，如此"因关系用人"的结果，也容易变成浪费组织资源的"滥竽充数"。

另外还有一种结合前述两种人事配置模式的"事随人变"，也就是先决定事，再因人变事，不过这还是属于"因事用人"的配置原则，但会根据用的人去调整事的内容。

面对现在快速变动的职场世界，人力资源的运用必须像活水般，无论是"因人设事"或"因事用人"，组织必须经常检视与创新职场的工作，这就有赖于工作分析的方法与技巧。工作分析是指对组织现在及未来各种工作进行系统性的调查和研究，分析的内容包含工作的性质、任务、权责与工作组成的相互关系，以及完成工作者所需要的知识、技能、态度、资格与其他条件，并将分析的结果记录成包含工作描述与工作规范的工作说明书。

工作分析将工作的人与事做到最优化的配置，是提升组织与人力绩效非常重要的专业。前面的篇章已向各位说明组织进行工作分析的目的、时机与用途，接下来会阐述工作分析的方法与流程，并提出工作分析的重要原则。

工作分析的资料搜集

工作分析是通过对工作的分解、调查、观察与研究等方法，对构成工作职责的各项任务逐一归纳和整理，并制定工作者所需具备的能力、资格与条件，使得工作内容和规范明确化、系统化、模块化与标准化的过程。一般而言，在进行工作分析之前，应先做组织分析，旨在了解组织发展的目标，组织应具备什么样的结构与策略？在此结构下，应该存在哪些工作？在此策略下，应该执行哪些工作？然后才进行工作分析，了解这些工作的人事配置。

一旦确定组织有新设或改进工作的需求，便可以对工作进行分析。工作分析分为对事的分析与对人的分析，对事的分析侧重于工作内容、流程与结构的揭示，对人的分析侧重于对工作执行者的能力、资格和条件的要求与标准。下表一列出工作分析所需要的资料：

表一：工作分析的资料

分析与事有关的资料

工作内容／工作情境因素

- 工作权责
- 工作任务
- 工作活动
- 工作流程
- 绩效指标
- 沟通方式
- 工作成果（如报告、产出等）
- 工作地点与环境因素

工作特征

- 工作对组织的贡献与价值
- 上下属及报告范围
- 工作风险及可能损失
- 工作的独立性与创新程度
- 可能发生的工作冲突
- 可能发生的利益冲突
- 人际互动的频率与程度
- 可能发生的工作困难或阻碍

分析与人有关的资料

工作者的资格需求

- 教育程度
- 专业证照
- 工作经验（一般经验、专业经验、管理经验）
- 各种技能
- 工作态度及其他条件
- 个性特征与职业倾向

工作者的人际关系

- 内部人际关系（与直接上司、其他上级、下属、其他下级、同事之间的关系）
- 外部人际关系（与供应商、客户、政府机构、行业组织、社区之间的关系）
- 处理人际关系的技能或要求

工作分析主要是通过"分析事"与"分析人"，探索与寻求一种"人与事"的最佳配置，以提升工作绩效，创造工作价值。工作分析经常会使用下列超过一种以上的方法，收集表一的资料以进行分析：

1. 问卷调查

问卷调查是一种广泛应用在各种研究的方法，通常以邮寄、面访、网络或电话等方式请回应者填答，而问卷回应者通常是由一群与研究问题有关系而且有意愿参与研究的对象所组成。工作分析的问卷回应者是指一群与被调查工作的利害关系者所组成的，而问卷的内容系表一想要收集的人与事的资料。

2. 访谈

工作分析所访谈的对象通常是执行工作最主要的关系人，例如工作者或其上司，通过直接的、一对一的访谈形式，寻求受访者对工作的看法及意见，或者分享对工作的理解与期望。

3. 实地观察

观察法是指在自然、不加以干预的情境中，观察者根据特定的观察目的、观察提纲或观察表格，记录自己所看及所听，从而获取资料的一种方法。工作分析的观察法强调在工作现场记录第一手资料。观察者应尽量克制自己在事件发生的当下介入，包括访谈，避免事件的发生受到"不自然发生"的干扰，而产生不准确的资料。

4. 焦点团体

焦点团体，顾名思义，系指找到一群关系人，针对某特定工作及其相关议题进行聚焦性的座谈会，以搜集到比较相关且深入的意见与看法，讨论的内容因为要聚焦且有代表性，团体人数不宜过多或过少。

5. 工作日志

工作日志是执行工作者用日记或笔记的方式记录每天的工作内容及程序，作为工作分析的资料。一般而言，工作日志能够让每位员工依时间顺序，将工作中的每一项任务或活动都记录下来，因而提供非常完整的工作信息。再者，此方法所获得的工作信息有很高的可靠性，有利于工作分析人员了解实际工作的内容、权责、前后顺序、工作量，以及与其他工作或工作者的关系。工作日志的内容完整详细，且客观性强，不仅对工作分析很有用，也是工作绩效诊断的利器。但由于其记录范围比较小，不适用于工作循环周期较长，或者工作状态不稳定的职务。

6. 文件评审

工作分析所检阅的文件可以是组织的内部文件，例如公司的组织架构或政策、员工的履历档案、工作的程序规范或公司的技术手册；当然也可以是外部文件，例如文献或网络随手可得到的其他公司的工作说明书。在进行文件评审的资料收集时，可以制作资料收集表，记载资料出处的文件名称、种类、产出时间、议题相关性与个人注解，以利于资料分析。

提示	工作分析主要是针对职务的工作进行"人与事"的分析，以求人与事的最佳搭配。"人"指工作的执行者，"事"指工作的流程与内容。领导最重要的工作就是找到对的人，放在对的位置，做对的事，如此员工才能发挥工作价值，为组织创造最大绩效。然而在现今快速变动的企业环境中，工作所需要的"人与事"亦经常更迭，领导更应该善用工作分析的结果，不断地将工作所需的"人与事"做最适合的谋合。

结合不同工作分析的衍生方法

针对特定组织或工作领域的需求，结合上述各种收集资料的基本方法，衍生出下列许多工作分析的方法，有些甚至成为商业方案，对这部分有兴趣的读者，可以参阅工作分析相关的书籍或文献。

- 职位分析问卷法
- 工作要素法
- 管理职位描述问卷法
- 临界特质分析系统
- 关键事件法
- 功能性工作分析
- 任务清单分析

工作分析的流程

就研究方法而言，工作分析是属于质性的分析方法，主张在没有经过设计或变更的工作情境下，采取多种资料收集的方式，包含工作分析的文献或量化调查，对工作分析的目的与意义进行综合性的研究分析，完成工作分析规划的用途。一个完整且全面的工作分析可以区分为规划、准备、收集、分析、总结及应用六个阶段：

1. 规划阶段

此阶段的任务是探索与发现组织需要进行工作分析的需求，并依照需求，规划工作分析的方案，包含：

- 根据组织发展的目标与需求，确定工作分析的目的和意义。
- 设定工作分析的目标，规划工作分析实施的步骤，例如时间计划、活动安排、预算等。
- 拟定工作分析需要收集的资料，确定工作分析的范围、对象与方法。

2. 准备阶段

此阶段的任务是根据工作分析的规划方案，确认工作分析团队已经可以进行工作分析，包含：

• 建立工作分析团队，一般而言，团队成员包含人力部门专员、工作分析专家、优秀的工作执行者、工作者的领导及其他相关人员。

• 确认工作分析所需要的技能，给有需要的团队成员提供技能培训。

• 根据工作分析所要收集的资料与方法，编制各种资料收集的问卷、表格及提纲。

• 确定工作分析对象的样本及代表性。

• 建立工作分析所有参与成员的互信关系，解决工作分析可能引起的恐惧或不安。

3. 收集阶段

此阶段的任务为运用各种资料收集的方法，收集充分且准确的资料，以利于下个阶段的分析工作，包含：

• 根据工作分析的目的，善于运用各种必要的资料收集方法，有针对性地收集必要资料与数据。

• 事前联络要进行资料收集的对象，沟通资料收集的目的及程序。

• 确定对象在无疑虑的情况下，可以提供准确无误的资料。

• 事后再次确认，没有遗漏必要的资料，并检视资料的充足性与准确性。

4. 分析阶段

此阶段的任务是将收集阶段所获得的资料进行分类、分析、整理和归纳的过程，也是整个工作分析的核心阶段，包含：

• 初步整理收集得来的资料，依照原先规划的工作说明书格式，进行加工、删减、分析与归纳。

• 将分析过的资料分门别类，编入工作描述与工作规范的项目中，编辑与确认编入资料的完整性及正确性。

• 将工作描述与工作规范的项目信息交叉比对，并经过另外成员的比较与验证，确定所有项目并无逻辑关系的冲突。

5. 总结阶段

总结是工作分析的最后阶段，主要任务是在完成工作分析后，编制工作说明书，包含：

· 将工作分析的结果，汇整成工作说明书，并对其内容进行检验。

· 召开工作分析的总结会议，或将工作说明书初稿寄给每位成员，邀集团队所有成员共同检视工作说明书，并进行最后修正。

· 将工作说明书交由单位人力部门，进行总结审核与归档保存。

· 对工作分析进行总结评估，检讨工作分析的方法与程序可以改善之处，为下一次的工作分析提供建议。

6. 应用阶段

此阶段是将工作说明书应用于原先规划的用途之中，达成工作分析的目的，包含：

· 制定工作说明书使用规范，并设定工作说明书档案撷取的权限。

· 根据规范，于适当时机应用工作说明书。

· 收集应用的反馈意见，持续改善工作说明书。

以上工作分析的流程是完整且全面的过程，若要完全实施，往往费时费力，需要相当的组织资源，包含时间与人力。一般而言，组织只会针对经常变动的工作或具有关键作用的工作进行分析，而且通常会善用前人工作分析的成果，加上自己必要的努力，完成规划用途的工作说明书。更重要的是工作说明书的应用，工作分析即使做得再好，工作说明书即使再完整，若没有适当的用途，花费再高的资源，却让成果束之高阁，一番心血全都将白白地浪费掉。

第十一章
教学同步：
与员工共同成长

传统的人力绩效问题常归咎于员工的工作能力不足，因此员工的教育培训常被误认为是解决人力绩效问题的唯一"铁锤"。即使能力是员工绩效不彰的主因，还是有很多员工在接受培训后产生"学非所用"的问题，绩效依然没有改善。领导必须了解有效的培训课程设计与实施，应该同时考量组织、学员、程序与科技等相关的教学绩效因素，并且运用有效的教学策略，才能达成教学目标，产生教学绩效。

我在前几章以协助美国企业导入数字化学习系统的绩效诊断为例，说明组织绩效发生问题，必须以系统性的方法与程序解决，例如 OPPT 绩效诊断模式，才能找到问题的根源，据以对症下药。曾经有人询问我如何以案例为主学习模式制作并进行数字化学习，反映其任职的单位，正是要求所有的培训课程（包含数字化课程）必须应用多元化的教学模式及方法，课程应该避免只有以老师讲授为主的教学模式。

由于起源于哈佛商学院的案例教学法现在势头正盛，该单位也跟着大力推动，举办多场案例教学法的教学设计及师资培训研习营，可是实施成效仍旧不彰，未达成领导所预期的结果，教学绩效依然有问题，因此来信询问我有何妙方。

由于老王不仅是实务经验丰富的绩效顾问，也是学生眼中的好老师，多次获得优良教学奖励的肯定，于是我便将这样的问题转介给老王回应。老王不免俗又诙谐地指出，多元的教学方法必须结合老师的教学能力及动力才能成功。他先以孔子的教育哲学为例，说明老师的教学能力可能与老师的岁数有关系：

"三十而立：三十岁师者，体力正旺，可以整天站着讲课。四十而不惑：四十岁师者，心力正兴，愿意回答学生的问题，直到没有问题。五十而知天命：五十岁师者，智力正高，只教老天才懂的命理玄学。六十而耳顺：六十岁师者，心力已衰，只会对学生唠叨到耳朵顺左耳进，右耳出。七十而从心所欲：七十岁师者，体力已衰，无法按表操课，想怎么教就怎么教。"

他进而指出，有时学生缴的学费也会影响老师教学的动力，他再以孔子的束脩为例，说明其间的关系：

"三十而立：缴三十两的学生，只能站着听课。四十而不惑：缴四十两的学生，可以发问，直到没有疑惑为止。五十而知天命：缴五十两的学生，可以事先知道明天考试的命题。六十而耳顺：缴六十两的学生，考试时，老师可以在耳边提醒答案，直到考顺手为止。七十而从心所欲：缴七十两的学生，上课要躺、要坐，或来，或不来上课，老师都不会管。"

当然，以上所言并非属实，孔子被后人尊称为"大成至圣先师"，因为他首创私人讲学风气，毕其生都在教育天下英才，主张"有教无类"及"因材施教"的教育理念，秉持"学而不厌，诲人不倦"的教学精神，强调"学思并重"及"举一反三"的启发式教学，坚持"学而不思则罔，思而不学则殆"的学习原则，提出"三人行，必有我师焉"的群组学习模式，并且"以身作则"要求学生，抱持"知之为知之，不知为不知"和"不耻下问"的学习态度，才能达成学习目标。

孔子这套教学思维与实践，早已为后世的所有师者树立最佳典范，然而孔子卒后至今 2500 年，为人师表的典范似乎不再，形迹难寻，反而上述笑话中老师的谬行却时有所闻，而且有迹可循。

教与学的两难

有杂志曾经对大学生进行过一项调查，想了解大学生眼中的好老师应该具备哪些条件，如下图一所示，其中"教学杰出，能够启发学生"被选为第一要素，而校方认为好的大学老师是要"很会作研究"这一项，却被认为是最不需要的条件，显示大学生与校方对好老师的要求及期待有很大的落差。

图一：好的大学老师应该具备哪些条件

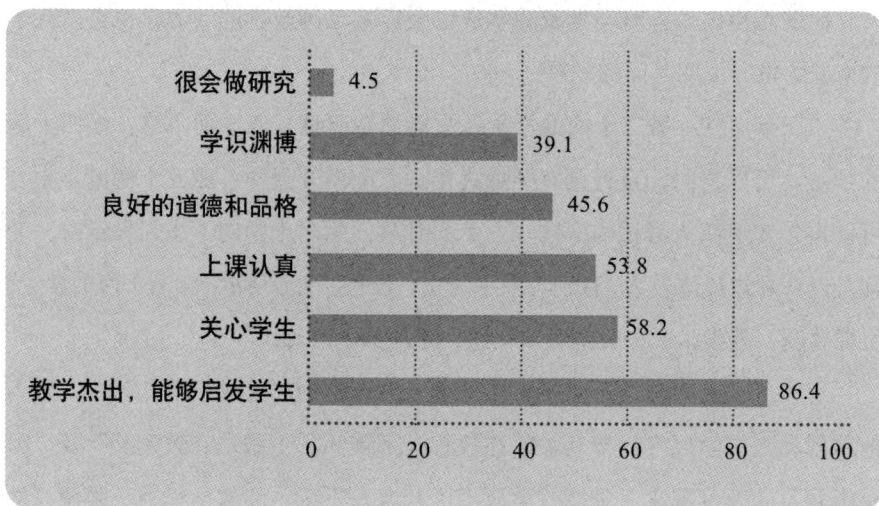

条件	百分比
很会做研究	4.5
学识渊博	39.1
良好的道德和品格	45.6
上课认真	53.8
关心学生	58.2
教学杰出，能够启发学生	86.4

★ 注：可复选，至多三项
★ 资料来源：《天下》杂志，360 期

　　造成教与学之间的落差有许多原因，一方面可能源自现行的大学体制，使得大学老师的重心放在研究而非教学上，老师的教学动力减少；另一方面可能源自大学普及化的结果，因为进入大学就读的门槛大幅降低，许多大学的学生反而不珍惜大学的学习资源，失去学习动力。就老师的观点而言，"我们最大的问题就是学生没有学习动力，不知如何教！"但就学生的观点而言："我们很想学，但是老师却不知道如何激发我们的学习动力及潜力！"

　　这样教与学的两难问题，不仅发生在大学的教室里，也是许多组织举办员工培训的普遍现象，原因在于多数的组织还是以派训的方式，指派员工参加培训课程，员工并不清楚培训的目的；而且组织为节省培训的成本，往往无法根据员工的绩效问题，设计员工需要的课程；低廉的钟点费也只能请得起"一招半式闯江湖"的"廉价'劳'师"，难以用心于教学的内容及方法设计，老师的教学方式以"讲授"为主，往往整堂课站在讲台上，对台下一大群排排坐的学生，"滔滔不绝"地喂着讲义的内容，结果是台上"劳师"摇头晃脑地"照本宣科"，台下"休息生"则点头晃脑地昏沉欲睡，全然没有注意教与学的绩效。

然而，这种"喂吃大锅饭"似的以课堂讲授为主的教学模式，不仅与孔子倡导的教学精神、理念、原则及态度背道而驰，而且至今仍然是现在职场学习的主流教学模式。

职场学习

知名的教育家和哲学家杜威博士曾言："我们（教育者）并非直接去教育，而是间接经由环境去教育，不论是我们顺其自然让环境去教育，或是为教育而特地设计环境，结果会很不一样。"

这段话阐明学习环境才是教育的关键，最好的教育来自挑选或打造可以"因材施教"的学习环境。举例而言，当年"孟母三迁"，就是筛选对孟子最好的学习成长环境，而现在课堂讲授为主的教学模式则是在塑造"喂吃大锅饭"的学习环境，虽然这种学习环境弊大于利吧，但并非完全无效，只是比较适合那些学习动力强，很清楚可以从老师的讲授中获得一些知识或启发的学生。

就此而言，所谓的"教学设计"，就是打造学习环境，针对特定的学习者及其特质，设定学习目标，选择合适的教学策略，运用不同的教学方法，促进学生学习，并借由学习测评，检验学习成效。由于职场员工的学习动机及目标与学校学生不同，职场与学校的学习环境应该有所不同，因此教学设计亦会不同。

从人力绩效改善的观点而言，职场学习的主要目的是利用所学到的能力来完成职务所赋予的工作／任务，通常某项职务所需要的所有能力被统称为职能，而职场学习的目的是借由职能的改变提升工作绩效，以解决工作上的问题。

也因此，职场学习的绩效必须是能被评价的，而测评职场学习绩效的最佳方式，是观察员工在学习后，是否产生工作行为的改变，是否应用所改变的职能来解决工作的绩效问题，应用的职能是否对组织绩效产生作用。所以，职场学习环境的设计必须联结组织的激励措施，着重于激发学习者的学习动力及潜力，提升员工可以被观察与测量的工作职能，尽量衔接或模拟真实的工作环境，促使学习结果可以马上移转或应用于工作问题的解决。

职能的定义

美国学者麦克利兰（McClelland）首先提出职能的概念，旨在说明智力并非是影响学生学习绩效的唯一因素，职能代表一个人在工作上产生卓越绩效的能力。

职能研究有点像是在解读"高绩效人员的 DNA"，许多学者将一项工作的职能项目归纳为知识、技能、态度及其他个人特质，或简称为 KSAOs 及 KSA。知识显示一个人拥有的信息，亦是我们常说的"知道什么"，例如美学素养有哪些，技能是肢体与认知上的操作能力，亦即"会什么"；例如如何养成美学素养，而态度则代表一个人对事情发生的深层信念与直觉反应，类似奎恩等学者（1996）所提出的"知道为什么"与"关心为什么"；例如我认为什么才叫"美"，或我相信"美"是人生最重要的事。表一以工业设计师为例，列出其 KSA：

表一：工业设计师职能的 KSA		
知识（K）	**技能（S）**	**态度（A）**
• 美学造型素养 • 美学素养 • 人因工程 • 基本模具 • 色彩学 • 营销概念 • 基本结构设计	• 概念发想 • 逻辑能力 • 分析能力 • 传达沟通能力 • 外语能力 • 提案能力 • 表现技法 • CAD/CAM • 计算机绘图（2D/3D） • 模型制作 • 初阶材料加工 • 材质应用 • 批判性思考 • 创意思考	• 抗压性强 • 人际沟通 • 团队合作 • 心思细密 • 精准确实 • 敏锐的观察力 • 依计划行事 • 创造力

★ 资料来源：http：//icap.evta.gov.tw

　　然而套用 Spencer & Spencer 职能冰山理论，员工的职能大部分属于内隐特质，如下图隐藏于海面下的冰山，因此有效的职场学习设计首先就要确定清楚职能的行为指标，如表二为工业设计师的行为指标，并将职能的行为指标融入课程的学习目标。

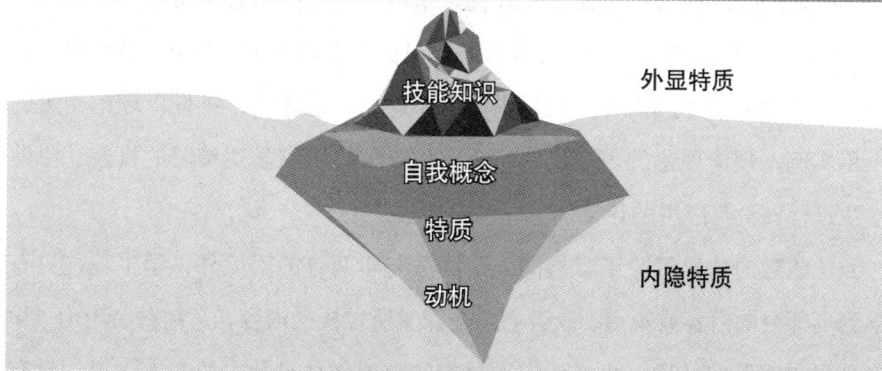

图二：Spencer & Spencer 的职能的冰山理论

技能知识　　　　外显特质

自我概念

特质

动机　　　　内隐特质

表二：工业设计师的行为指标

- 能够依据客户需求，构思符合客户需求的商品构想，提出完整可行的商品企划书。

- 能够选择适合的调查方式，进行各项调查，包括使用者调查、趋势调查、商业模式调查等，以确定产品开发的目标。

- 能够解读各项调查报告，找出商品开发的方向，并制定商品的基本规格。

- 能够根据商品开发的规格与目标，进行各项设计，包含外观、功能、结构等设计，产出能生产所需之产品外观及结构图。

- 能够根据商品生产工业图，寻找与选择有能量的合作厂商，进行产品的制作。

- 能够规划商品测试方案，且执行商品测试。

- 能够依据商品测试报告，修正商品开发量产的规划。

★ 资料来源：http://icap.evta.gov.tw

主题导向与问题导向的教学策略

虽然职场学习着重职能外显行为的改变，并强调学习结果转移及应用，但是基于节省职场学习的成本目的，许多组织仍采用主题导向的教学策略，而非问题导向的教学策略。

传统课堂讲授为主的教学模式就是采用主题导向的教学策略，如图三所示。首先，老师基于所具备的专业知识，根据课程的主题汇整出上课的讲义，确定出学生要学习的内容，然后讲授与主题相关的理论，再佐以理论相关的应用实例，理清理论的内涵，有时会在教学中提供给学生练习的机会，协助学生进行理论与应用的连接。

主题导向的学习除了容易陷入前述教与学两难的困境外，学生往往只有学到老师会的内容或观点，或者老师在课堂所传授的内容，又常常会沦为"学而不思则罔"的结局。再者，主题导向的学习往往是学生的个人学习，没有

"三人行，必有我师焉"的群组学习效果，在以团队为主的工作环境，个人学习的模式也比较不容易产生学习转移及应用效果。

相对地，问题导向的教学策略（如下图三所示）是以学习者为本的学习，根据学习目标所要提升的职能为指引，首先由老师或学生提出以职能应用可以解决的相关问题，学生以小组为单元，借由老师的辅导或协助，理清并定义问题的根源，然后学习老师所提供或引导的解决问题方法，再应用学到的解决方法，提出或实施解决方案，验证学习的成效，最后由老师提供解决问题的反馈，强化学习的成效。

图三：主题导向与问题导向的学习模式

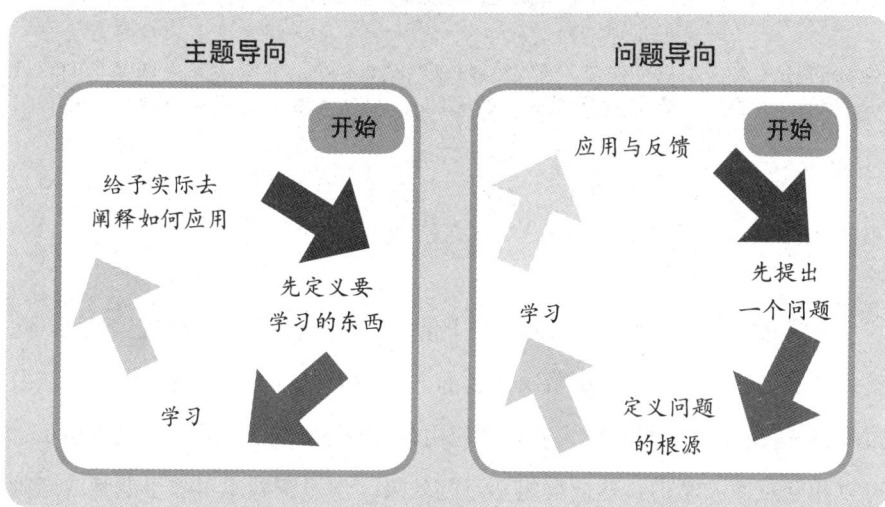

主题导向

开始

给予实际去阐释如何应用

先定义要学习的东西

学习

问题导向

开始

应用与反馈

先提出一个问题

学习

定义问题的根源

★ 资料来源：Woods（1994）. Problem-based Learning

表三：主题导向与问题导向的学习模式比较

	主题导向	问题导向
教学主体	老师讲授	学生学习
起始点	要学习的内容	要学习解决的问题

	主题导向	问题导向
学习资源	老师提供的内容	多元的学习对象及内容
学习方式	个人学习	小组学习
主要优点	教学成本较低 学习动力高的学生学习效率较佳	可以产生群组学习效果 学习移转及应用效果渐较佳
主要缺点	个人学习的学习动力较低 个人学习没有群组学习效果 容易"学而不思则罔"	学习效率容易降低 群组学习容易劳逸不均，成绩不公 容易"思而不学则殆"
老师开场的例子	老师A： 在这门课程中，我将教导你们如何使用几种不同的教学策略，所以你们可以应用于你们的教学设计，提升学生的学习成效……	老师B： XYZ公司的培训课程经常被批评为没有以学习者为中心，所以学生缺课率很高，浪费公司的学习资源，所以本课程的学习目标是运用不同的教学策略，设计学习者为中心的培训课程。

问题导向的学习最主要的优点在于借由工作上的绩效问题确定学习目标，整合学习内容，再借由小组解决问题的方式，模拟与学习解决问题的方法及过程，一般而言，如此的学习转移及应用效果较佳。再者，同一小组的组员，可以相互观摩及学习，达成群组学习的效果，学习资源不再限于老师或老师提供的内容，而老师可以将教学重心从传授转为启发，以问题达成"学思并重"及"举一反三"的启发效果。

当然，问题导向的学习模式并非全无缺点，最常提出的缺点是学习效率不佳，学生若将全部的学习心思放在解决问题上，在有限的学习时间内，反而会忽略理论的学习，学生容易变得"思而不学则殆"。而且群组学习的结果也常被诟病为学习劳逸不均，学习成绩不公。

问题导向的学习过程

问题导向的教学策略主要是要学生学习解决工作问题的方法，以备学生在职场遇到相同或类似的问题时，可以应用所学的方法解决问题。一般解决问题的步骤如下：

步骤 1：定义问题——无法容忍的异常现象。

步骤 2：确定目标——确定解决问题的目标。

步骤 3：分析问题——发掘造成问题的原因并确认主要原因。

步骤 4：拟订方案——针对主要原因，运用解决方法拟定重要对策。

步骤 5：分析方案——比较可行方案并依测评指标评估方案的优先级。

步骤 6：实施方案——制订行动计划，落实解决方案。

步骤 7：评估确认——调查及评估方案实施的有效性。

假如问题没有解决，就回到步骤 1 或步骤 2 重新开始。

将上述解决问题的步骤运用于教学上，问题导向的教学策略会形成如图四之解决问题的学习过程，在老师或学生提出问题之后，分组的学生要组织目前已有的问题信息及小组成员对问题的想法，重新定义问题；再根据小组成员对问题的理解，达成共识，设定出解决问题的要求或期望，也就是确定解决问题的目标；然后讨论小组的资源及专长，分配组员任务，进一步收集及分析问题相关的资料，理清并了解问题的本质，发掘并确认形成问题的主要原因；根据老师提供或导引的解决问题理论及方法，一起讨论如何运用理论及方法来解决小组的问题，集思广益，按组员专长及责任分配工作，拟定可行的方案对策；再依据解决问题的目标，共同评估所有的可行方案，决定方案的优先级；并以最优先的方案，制订行动计划，呈现或实施解决方案；老师再依据方案实施的可能或实际结果，给予小组解决问题的专业反馈，小组再评估是否并如何修改解决方案。

图四：解决问题的学习过程

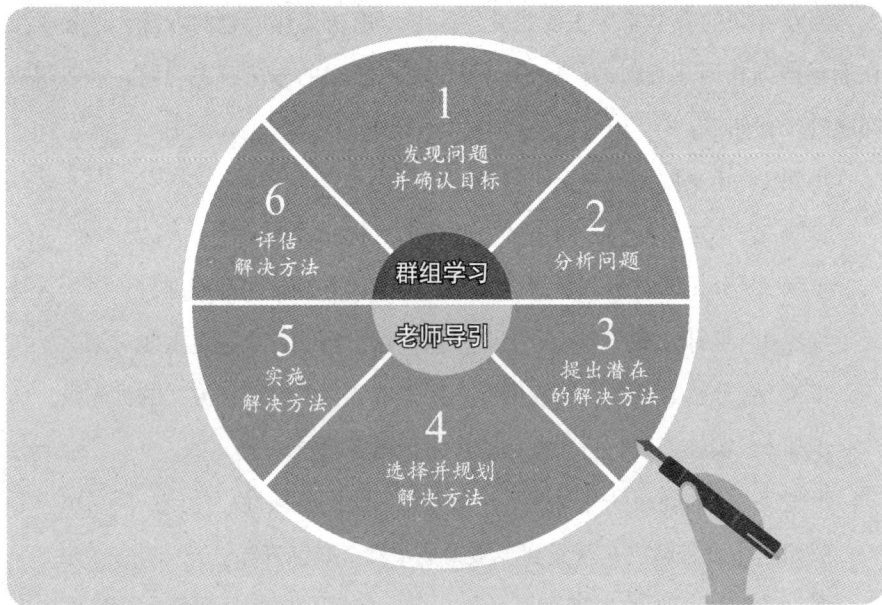

　　在解决问题的学习过程，学生经由群组学习及老师导引的方式，学习解决问题的方法，这种问题导向的教学策略其实可以提供以下三个层次的学习，其中第二及第三层次是将学习结果应用于不同问题情境不可或缺的学习。

　　·第一层次：学习如何解决问题，例如如何规划营销方案，解决公司的营销问题。

　　·第二层次：学习本身在解决问题过程中所扮演的角色，例如营销经理在解决公司营销问题中所扮演的角色。

　　·第三层次：学习过程中学习本身如何去解决问题，例如在营销的课程中，营销经理学习如何带领营销团队制定公司的营销策略。

　　一般而言，在企业中，问题导向的教学策略会比主题导向的教学策略来得有效，而根据问题形式及学习结果／产出，企业常用的问题导向教学策略至少可以区分成以下四种学习模式：1.问题为主学习；2.项目为主学习；3.案例为主学习；4.行动学习。这也是下一章讨论的重点。

第十二章
角色转换：
从教授到引导

老王因为绩效顾问工作太忙，于是这学期有几门课程请手下大将小魏帮忙上课。小魏年轻气盛，充满教学热忱，迫不及待就想展现身手，将他向老王学到的知识传授给学生。小魏盘算着想要讲授的内容太多了，为了追求教学的效率，就使用主题导向的教学策略，上课前花了很多的心思，将他的知识精华整理成课堂讲义，希望尽量在上课时间内能将讲义的内容讲完。

第一堂课的主题是"年轻人的四个大梦"，小魏站在讲台上便滔滔不绝地对台下的学生诉说，年轻人该如何像他一般，勇敢筑梦，踏实圆梦。不久后，却发现许多学生真的在勇敢"筑梦"，向周公请益，便问坐在第一排的张三："同学，为什么上课睡觉？"张三不好意思地回应："老师，我病了。"小魏接着问："哪里病了？"张三回："眼皮。"小魏又问："什么病？"张三不敢抬头地说："自闭症！"

小魏无奈地转向旁边另一位刚刚也在"筑梦"的李四，问道："难不成你也病了？"李四突然惊醒似的回答："是的！"小魏接着问："你是哪里病了？"李四答："肚子！"小魏又问："什么病？"小魏在听到"消化不良"后，讶异地追问："你吃了什么？怎么会消化不良？"李四吞吞吐吐地回应："因为老师你一上课就滔滔不绝地强喂我们太多消化不了的知识了！"

"翻转教室"教学法

小魏有点气馁地上完第一堂课后，便了解主题导向的教学策略对这群学生不管用，如果这样的教学方式持续下去，每个学生面对学习时，不是"自闭症"就是"消化不良"，在课堂上都只会"筑梦"，课堂后却不会"圆梦"，所以就想寻求新的教学策略，刚好近来好像到处都在推动"翻转教室"（flipped classroom）的教学策略。乍听之下，小魏认为教室若能翻转，学生上课必定无法打瞌睡，但是又不知道教室该如何"翻转"，于是就向自己的导师老王讨教。

小魏见到老王，立马就问："师父，近来翻转教学很盛行，你也会在教室翻滚吗？"老王听了扑哧一笑地回应："师父太老又太胖了，翻不动，但是倒地后圆胖的身体倒是会自滚，"继续说道："你讲的是'翻转教室'的策略与方法，翻转教室不是要老师在教室内翻来转去，也不是在教室翻箱倒柜，它只是要颠覆传统教学模式里师生的角色，把教室的主导权从老师手中还给学生。在翻转教室里，老师不再是'霸占'讲台或讲桌的主角，而是引导学生学习的'导演'，而学生变成教室里的主角，整个教室成为学生学习的舞台，是学生进行学习作业的场所。翻转的真正含义，是指将教室'知识讲授'的部分和学生回家做'家庭作业'的部分对调，实际做法是将'知识讲授'的部分制作成数字化学习的教材，当成'家庭作业'让学生在课外观看，而将有限的上课时间让学生用于讨论、练习或报告'家庭作业'的学习成果。"

其实"翻转教室"的教学模式对教学经验丰富的老王而言，又是旧酒装新瓶，就学习理论的演化来说，从行为学派（behaviorism）到认知学派（cognitivism），再到建构学派（constructivism），许多教育学家都强调，学习不只是记忆或行为的强化（reinforcement）而已，也不只是大脑中信息的处理，更是学习者主动建构知识的过程，最有效的学习是学习者从知识建构的过程中体会知识的意义。

就此观点而言，欧美的教育界很早就开始倡导以学习者为中心的教学策略，教学的重心从教师的"教"转为学生的"学"，强调学生才是教学的主体，学习是学生主动探索、发现、应用及内化知识的过程，教师不再是知识的传递者，而是学习者建构知识的引导者，而且学习的目的是应用知识解决生命及生活的问题。

因此，课堂上的学习不再以"知识讲授"为主，而是以学生讨论、练习、分享及报告等交互式教学活动为主，再者，学生的学习作业是以应用知识、解决问题为主，学生的学习测评不再是单一的纸笔测验，而是多元化的学习测评，特别是学生协同合作解决问题的成果及报告，才是学习评价的重点。

学习科技的进化对翻转教室起了推波助澜的作用，特别是数字化学习科技，促成学习的数字化，学习不再聚焦于教室学习（C-Learning），而是无所不在、无时不能，学生自己决定时间与地点，上网或下载数字化教材进行数字化学习，这也促成了慕课的风潮。

但是观察实际学习情形后却发现，完全由学生自主的数字化学习似乎也不管用，有些学习教材的内容如果只是录制教师讲授的"说话重点"，学生似乎更容易"上课生病"，因为缺乏教师的亲身督导，观看视频的时候，不仅容易让学习者自己"筑梦"，甚至有可能在老师的"催眠"下，学习者倒头呼呼大睡，而且很多教师也不太相信数字化测验或评价的结果。所以，许多教育专家开始倡导结合教室学习与数字化学习的混合学习（blended-learning），学生自己主导 E-Learning，但是要定期回到教室进行由教师主导的 C-Learning，例如由教师补充 E-Learning 的内容，或者在教师的监督指导下，进行考试或学习测评，如此看来，混合学习似乎是翻转教室的起源。

但是翻转教室的教学策略与混合学习有一项主要的差异，前者强调教师不得在教室里讲授知识，只能在旁引导学生进行学习作业，而学生作业所需的知识都可以在家自学，例如阅读书籍、浏览网站、观看影片、修习 E-Learning 或慕课课程，这些学习内容可以由教师指定，也可以由学生决定，这些自修的知识就是为有限的课堂时间做准备，以提升教室学习的成效。

问题导向的教学策略

欧美的教育界从 20 世纪 80 年代就开始推动以建构主义为主的教育改革，问题导向的教学策略也就成为主流，学校开始流行探究式学习（inquiry-based learning）、情境式学习（context-based learning）、体验式学习（experience-based learning）、问题为主学习（problem-based learning）等教学策略，而案例为主学习（case-based learning）、项目为主学习（protect-based learning）及行动学习（action learning）等教学策略则广泛地运用在企业培训课程，因为企业培训的目的往往在于提升员工解决工作问题的职能。

图一：问题导向的教学模式

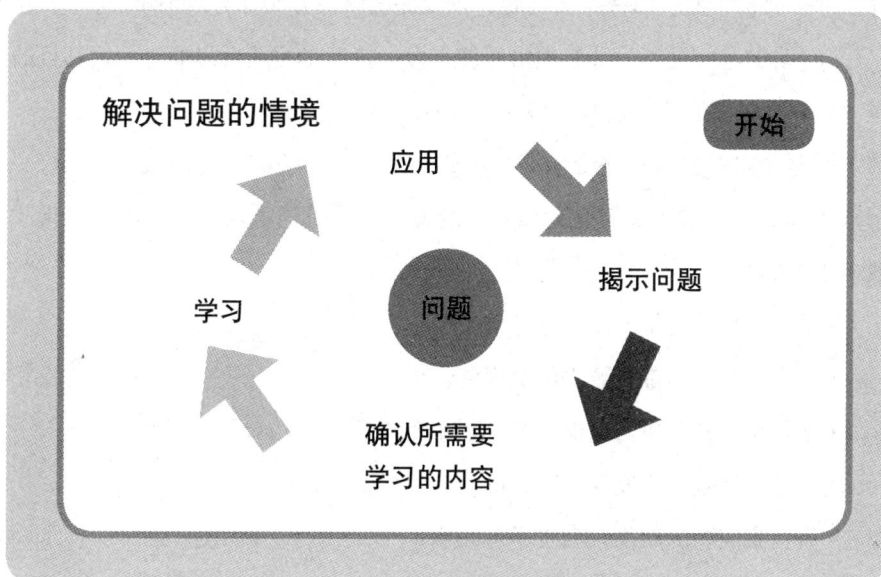

解决问题的情境

应用

开始

问题

揭示问题

学习

确认所需要
学习的内容

★ 资料来源：Woods（1994）

如上图一所示，问题导向的教学主要是将学习者置身于解决问题的学习情境中，教师一开始就宣告这门课程采取问题导向的教学策略，揭示学生要解决的问题，而学习的目的是学习解决问题的知识与技能，因此确认学生的学习内容，然后由教师主导及引导学习过程，协助学生学习及应用学习内容，提出或实施解决问题的方案，而解决问题的成果即是学生学习成果。一般而言，为强化问题导向的教学成效，学生会组成学习小组，以协同学习的方式，借由学生分工合作、共同解决问题，增加同侪学习的效果。以下为几种问题导向教学策略的定义：

· 问题导向型学习：在了解工作及解决问题的学习过程中，首先要学习面对及处理问题（Barrows and Tamblyn，1980）。

· 项目导向型学习：通常要求学生以项目方式去调查及阐释实际存在的问题，以及产出最后解决问题的方案。

· 个案导向型学习：是一种学习解决个案中实际问题的过程，学生通过实际演练、分析个案、解决个案问题，以及提出解决方案等方式来学习。

· 行动学习：是指一种必须由同侪支援，持续学习及反思的过程，其目的是要将一个解决真实问题的任务完成（McGill & Beaty，1995）。

问题导向的教学策略会依据问题的形式，以及解决问题的方式与结果，形成不同的学习过程及模式，如表一的说明，但是这类问题导向的学习模式具有下列的共通性：

· 学习都是从揭示一个问题开始。

· 所有学习内容都是要去解决问题。

· 学习是培养解决问题能力的过程。

· 问题最好是实际发生或存在的。

· 借真实问题的解决来激发学习动机。

· 评估问题与解决问题的过程是真实的依附关系。

· 解决问题的结果即学习的结果。

· 知识是经由自我主动学习所建构而成的。

· 学习通常是以小组学习方式进行。

- 教师通常扮演学习引导者或教练的角色。

所以，"问题设计"成为问题导向教学具有成效的关键因素，教学使用的问题会影响学生的学习素质，一个好的学习问题具有下列特质：

- 真实世界所发生的或实际存在的。
- 问题的解决需要跨领域的知识或技能。
- 问题的呈现有情境脉络可循。
- 没有单一的解决方案。
- 容易引发学生的讨论及争议。
- 开放且错综复杂，具有挑战性。
- 足以让学生了解团队分工合作去解决问题的好处。

表一：

教学策略	问题形式	结果／产出	例子
问题导向型学习	开放性问题	解决问题的报告	如何增进两岸经济关系的良性互动？
项目导向型学习	项目任务设定的问题	解决问题的项目报告或方案	按照报告的格式规划A公司的接班人计划
个案导向型学习	个案描述的问题	解决个案问题的方案报告	A公司个案的分析报告及营销方案
行动学习	行动学习计划的真实问题	行动方案实施结果及责任	导入质量系统的成效测评

问题导向教学法适用的时机

问题导向教学法的目标是培养学生解决问题的能力，学习批判性思考、团队合作、如何学习、实施应用等技能，因此被认为适合职场上的成人学习，然而问题导向教学法的学生学习动机、教师教学技巧、教学设计，以及教材准备比主题导向教学法的要求来得高，通常需要投入的教学资源也比较多，所以并不适用所有的职场课程与课程主题，否则预期的学习效益不彰，还会浪费教学资源。一般而言，适合采用问题导向教学法的课程如下：

1. 课程主题与目标学习者目前或未来会参与的工作有关，例如针对刚升任领导的员工所设计之领导力发展课程。

2. 目标学习者在职场的工作需要团队合作解决工作问题，而且认为可经由同学的不同观点对工作能力产生益处，通常学习小组成员有不同的分工领域，并借由彼此支援，相互学习和竞争，强化学习效益，例如针对营销领导所设计的营销策略课程。

3. 目标学习者需要实操演练的学习机会，形成学习的实质结果（方案或报告），希望借由学习成果的展现去验证学习的成效，例如针对信息部门领导所设计的信息系统导入课程。

问题导向型学习

问题导向型学习主要是以开放性的问题为起点，例如："如何解决组织的人力绩效问题？"问题本身看似简单，但是为解决问题，学生必须面对问题的内涵、解剖问题的结构并探究问题的成因，因此强调问题解构的能力，就如同西方谚语："问题定义好了，就是答案的一半。"而问题为导向型学习模式将学习分成以下四个阶段：

1. 问题发展：问题可由教师自行设定、师生共同设定，或学生集体设定，审视教学目标是否包含出题的能力，而出题也同时决定了学习的内容与过程。无论如何设定问题，所有学习者都可以在教师的带领下，重新界定问题的范畴，并决定解决问题的可用资源及渠道，而且问题必须具有一定程度的复杂度与挑战性。

2. 问题探索：由于问题能够引导学习者进行资料的搜集并促成所有学习

者的参与，学习者可以通过小组合作方式进行讨论，拟定解决问题的策略，进行资料的搜集，并探究问题成因。

3. 问题解析：小组成员将前一阶段所搜集到的资料进行分析与过滤，反复归纳整理，剖析问题的结构与关系，并归根究底，找出问题的症结及根源。

4. 问题解决：根据前一阶段所解析的问题结构及根本原因，提出解决问题的策略，并验证出正确的问题解决方案。

项目导向型学习

项目，也称计划，意指具有时间性的任务，以创造出独特的产品或服务。而这项任务通常由一群具有相互关联性的工作所组合而成，因为任务有资源及时间的限制，所以经常以项目管理的方式进行。

所以，项目导向型学习主要是以完成创作任务作为学习依据，而创作的成品就是学习成果，要解决的问题就是项目任务，举例而言，课程主题为"都市更新"的项目任务可以设计如下：

台北市的 A 区是一个人员混杂的区域，街道样貌是从清朝时期就留下来的，A 区的中心颇具观光吸引力，因为当地的住户要求所有车辆都不能开进区域中心，以维持此区域的道路安全，但也引起此区域商店老板们的抱怨，深恐消费者会因此限制而不容易来店消费。

根据以下要求，设计一个可行的区域更新计划：

· 处理现在的交通阻塞。

· 满足街道委员会的期望。

· 提升 A 区的经济功能。

· 改善 A 区的居住条件。

· 在合理的预算限制下进行。

项目导向型学习就是模拟职场上项目管理的模式，学习者必须以完成项目任务的方式学习如何解决问题，其学习过程如下：

- 学习者确定所要创作之方案的目的，以及与该方案有关的目标对象。
- 学习者以完成项目的方式，进行研究需求、设计方案、发展方案并进行项目管理。
- 学习者开始进行项目任务，并负责解决在形成方案的过程中会遇到的问题，直到完成项目。
- 最后学习者使用或发表创作的方案，最好能够有时间反思与评估方案的成效。

个案导向型学习

　　个案是根据真实发生过的情境或事件发展而成的描述性文本，通常以文字叙述的形态呈现，个案通常会试图以平衡多角度的观点呈现，在不违反个案机密协议的原则下，尽量揭露影响情境或事件发生的因素，包含了情境脉络、参与者与真实的状况。由于撰写个案需要相当特别的写作技巧，一般教师因为没有足够资源或未受过培训，比较无法自己撰写个案，所以在采用个案导向学习的教学法时，会向个案提供商申请授权使用适合课程主题的个案，例如哈佛商业评论出版商是全世界最大的商业教学个案提供商，其个案库包括所有商业主题的个案可供选购。个案为主学习的教学通常都先将个案发给学生阅读，然后在教师的引导下，进行个案解析，再由学生分组进行个案问题的解决，最后由小组分享或报告个案解决方案，个案为主学习的过程如下：

　　1. 了解个案

　　列出重要事实；定义问题。

　　2. 形塑问题

　　解释问题；做出合理假设；描述可能的原因。

3. 分析可能选项

制定问题解决的主题；设计数个选项；列出测评标准；进行选项分析。

4. 做出推荐

阐述被选出的选项细节；设计个案的解决方案。

5. 呈现与评估个案的解决方案

建立分析方案组成的关系；定义与描述关系；解释解决方案。

行动学习

行动学习的核心在于解决与学习者有切身关系的真实问题，将解决问题设定为行动学习计划，例如发展新的绩效评估系统。所以，学习者不仅要提出解决方案，更要将方案付诸行动，验证解决方案的成效，行动学习强调学习者的学习动力来自解决问题的压力，亦即学习者同时要承担解决问题的责任。行动学习的创始者 Reg Revans 最早将学习定义如下：

图二：

$$
\text{学习}\quad\text{Learning} = \text{程序}\quad\text{Programming} + \text{提问}\quad\text{Questioning}
$$

$$
L = P + Q
$$

后来行动学习的倡导者融入行动（action）及反思（reflection），将 Revans 的定义扩展为：

图三：

$$
\text{行动学习} = [\text{程序化知识（P）} + \text{有效发问（Q）} + \text{采取行动（A）}] \times \text{反思（R）}
$$

$$
AL = PR + QR + AR
$$

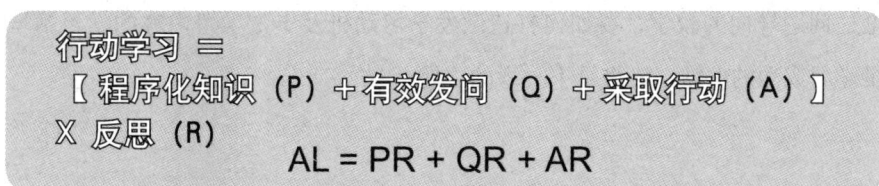

首先，一项好的行动学习计划必须对组织及个人都很重要，而绝非虚构的故事，而且计划越复杂，就越有价值；再者，计划必须是一群有权责的员

工在负责任的情况下才可以执行的，越是重要的行动学习计划就越能增加它的创造力。所以，好的行动学习具有下列特质：

·真实且重要的问题：学习是根据实际的任务设定的。

·小组成员的反思：从其他成员的反馈中也可能获得应用于实际问题解决的点子。

·个人承担的责任：小组成员依旧有责任解决他们自己的问题。

·行动导向：小组成员同时也关心小组实际执行的方案成效，而非只是单纯地找出理论上的解决方案。

行动学习的过程主要区分为计划及行动两大部分：

1. 计划

·组织一个行动学习小组。

·成立一个解决问题团队。

·确认组织可能进行的行动学习计划，以及小组要解决的问题。

2. 行动

·依据行动学习计划，每个成员必须带来一个自己工作上的实际的问题。

·与其他小组成员共商解决方案。

·制订方案的行动计划，并执行此行动计划。

如同上一章所提到的，教育者最重要的责任是设计促成主动学习的学习环境，特别是职场所需的职能经常改变，企业应该建构让员工可以不断学习与应用的环境。无论是教室学习或数字化学习，主题导向的教学或是本文论述问题导向的教学，要如何打造激发学习动机及丰富学习内容的学习情境是学习成功的关键，这将是下一章的主题。

第十三章

激发动机：

巧用"相对论"提升绩效

刚刚开始在研究所教书的小魏听了老王的解说后，知道什么是"翻转教室"的教学策略，也了解为什么主题导向的教学策略容易使学生上课"筑梦"或发生"眼睛自闭症"，便决定采取"翻转教室"的教学法。于是，小魏将精心整理的课堂讲授内容录制为"数字化学习录像带"，放在学校的数字化学习平台，方便学生于下课后自己找时间观看，并选择几本配合的参考书或一系列课程相关的网站，要求学生在每次上课前阅读指定的章节，而且在每一堂课都会安排小组作业，包括分享讨论、协同习作、制作简报与作业报告，还有课堂测验及学习测评，确实做到"老师教室讲授"和"学生家庭作业"完全"翻转"的教学模式。

　　小魏与学生在开始的几堂课对新的教学模式显得兴致勃勃，大家似乎也能热情配合参与，但是几堂课下来，小魏却发现越来越多的学生进行小组作业时又在"筑梦"或"生病"了。小魏不解，一天上课时走到一组学生旁，叫醒趴在桌上的小明，问道："你怎么了？为什么上课睡觉？"小明说："我难受……"小魏关切地说："哪里难受了？"小明淡定地回答："困得难受，只好趴在桌上。"小魏更加不解地追问："怎么会呢？你们小组不是在讨论分享'什么是绩效技术'和'如何成为绩效顾问'吗？你为什么会想睡觉呢？"

　　小明便回道："无聊啊！我们小组讨论的都是老师讲义或课本已有的内容，都是我已经知道的；而且我们这组就是有人没有事先阅读老师指定的内容，不知道我们讨论的内容，又爱乱发言；再者，我们这组有一个人不仅爱大声发言，还要大家只能听他发言。我能不觉得无聊吗？"小魏听了，就请小明上台报告"如何成为绩效顾问",想当众测试小明是否在替上课睡觉找借口。不料小明滔滔不绝地就将老师录制的内容背诵出来,小魏顿时觉得有点难堪,更没想到小明走回座位,坐下淡淡地说:"老师,让我再睡一下,你待会儿还有不懂的再叫醒我。"小魏似乎心有不甘,走到另外一组,好奇地问参与讨论很热烈的小英:"我看你蛮积极地参与讨论,中途还要求去厕所三次,你会觉得小组讨论无聊吗?"小英支吾地回应:"老师,小明说得没错,我也是觉得无聊到想睡觉,只好跟老师请求到厕所,洗了三次脸才没睡着。"

于是小魏只好又求教于老王,想了解个中原因,在小魏述说课堂发生的现象后,老王似乎就已经掌握学生上课觉得无聊的症结所在,直问小魏:"你是否有将教学情境化?"小魏搔头回答说:"上次老师指导我翻转教室及问题导向的教学策略,我也遵照老师的教导,采用翻转教室的教学法,但什么是情境化教学,你从没告诉我啊!"老王娓娓道来:"翻转教室教学法的主要目的是颠覆老师与学生在教学上的角色,但是任何有效的教学法必须连接学习动机、学习内容及应用学习内容的学习情境,促使学生理解学习的意义。你知道爱因斯坦的质能互换公式吧!"小魏点点头:"老师是说 $E=MC^2$ 吗?"老王继续:"是的,让我用同样的公式来解释情境化教学吧!"

质能互换公式:$E = MC^2$

质量与能量可以等价互换的概念起源于 1950 年 9 月,当时爱因斯坦写信给他的好友,提及自己刚完成的一项科学突破:"……质量为物体所含能量的直接表现……",而在寄到当时期刊《物理学年鉴》的论文中,爱因斯坦写道:"物体的质量,可视为其所含能量的一种衡量。"于是诞生了科学界最出名的公式:

$$E=MC^2$$

其中，E = 能 量 （energy）；M= 质 量 （mass）；C= 光 速 （velocity of light）。

借由光速 C 的连接，物体的能量 E 与其质量 M，原本两个截然不同的物理概念，就可以相通了。爱因斯坦如此描述："遵循狭义的相对论，质量与能量对一般人而言，虽然不是很熟悉的两个概念，其实是一体两面的，在此公式中，能量 E 等于质量 M 乘以光速 C 的二次方，证明微量的质量可以转换为巨大的能量，反之亦然。根据前述的公式，质量与能量实际是可以相等的，而这是在 1932 年时，Cockcroft 和 Walton 就已经实验证明的。"

另一种效能公式：E = MC1C2

套用质能互换公式，我发现了下列类似的公式可运用在学习设计：

$$E=MC1C2$$

其中，E= 效能（effectiveness），M= 动机（motivation），C1= 内容（content），C2= 情境（context）。

遵循此公式，效能与动机对一般人而言，虽然是很熟悉的两个概念，其实是一体两面的。以教育为例，在此公式中，教育效能 E 等于学习动机 M 乘以学习内容 C1，再乘以学习情境 C2，此公式代表微量的学习动机借由学习内容及学习情境的连接，可以转换为巨大的教育效能，反之亦然。

然而传统教育常用的主题导向教学策略所创造的学习效能，却是下列的公式：

$$e=mC1c2$$

亦即，因为主题导向的学习情境往往非常小（c2），有些甚至趋近于零，即使学习内容再多（C1），学习内容无法融合于学习情境，于是学习消化不良，学生不知如何应用学习内容，所以上课会有"筑梦"或"生病"的症状，同时大大地削减了学习动机，因此无法创造出巨大的学习效能（e）。

娱乐效能公式：$E = Mc_1C_2$

主题导向教学策略的问题在于过多的学习内容，过少的学习情境，造成学习动机低落，教育效能不高。但是套用同样公式于电玩游戏，却能创造如下列公式巨大的娱乐效能：

$$E = Mc_1C_2$$

其中，E= 娱乐效能（entertainment）；M= 电玩动机（motivation）；c_1= 电玩内容（content）；C_2= 电玩情境（context）。

任何娱乐效能高的电玩游戏都着重于电玩情境的设计与建构，以提升电玩者的电玩动机，由于电玩强调娱乐效能而非教育效能，所以电玩内容通常不是教育性内容，可以或需要学习的内容很少。反倒是许多畅销的电玩，却以色情或暴力为内容诉求，形成负面的学习内容，但电玩情境却是非常的逼真，大大地激发电玩动机，甚至因此产生巨大的负面娱乐效能（-E），造成电玩者沉溺上瘾的问题，最为极端的状况就是将电玩虚拟世界误以为是真实世界的社会不幸事件，使得社会大众普遍对电玩游戏存有负面印象。

何谓动机？

动机代表一个人做一件事的初衷，或继续做一件事的原因，而心理学则认为动机涉及行为的发端、方向、强度和持续性，就本章的效能公式而言，动机强调做一件事的目的，亦即动机在满足某种需求，马斯洛需求层级的动机理论提供了很好的解释。

除了生理需求层级（例如肚子饿了要吃东西，肠胃满了就要排泄），表一根据马斯洛的需求层级，列出学习动机及电玩动机。动机不仅提供给人们为什么学习及玩电玩的理由，而且内容及情境的设计必须以满足动机为基础，再者，内容及情境则会强化或减弱动机，因而影响教育及娱乐效能的高低。

表一：电玩动机及学习动机

需求层级	电玩动机	学习动机
自我实现	证明成就、自我挑战、超越别人	全新的技能及经验、自我挑战的成长
自尊	特殊权力、身份及角色	获得学位、别人的肯定及赞赏
爱与被爱	同一族群的归属感、建立虚拟社交关系	社交、建立人际网络
安全感	获得财物反馈、脱离现实世界、虚拟世界的角色扮演	公司命令、规定、处罚、奖励、晋升、加薪

什么是内容？

内容是沟通的信息，例如知识、情感或期望，根据图一的沟通理论，沟通是内容发送者将知识、思想和情感包装成信息，通过媒介，在个人或群体间传递，建立共识的过程，达到沟通的目的。而内容的有效性是根据信息发送者与接受者的动机及所处的情境而定，可以经由特别设计及包装，强化沟通的效能。

以学习为例，学习本身就是知识的沟通。教师（发送者）将本身的学识编码为学习内容（信息），通过教学媒体（媒介），例如数字化学习平台，将内容传递给学生（接受者），学生译码学习内容后，再将学习成果或问题反馈给教师，例如测验或发问，教师再根据学生反馈，重新编码为新的学习内容，通过教学媒体，传递给学生，如此循环及互动，形成交互式的学习模式（双向沟通）。

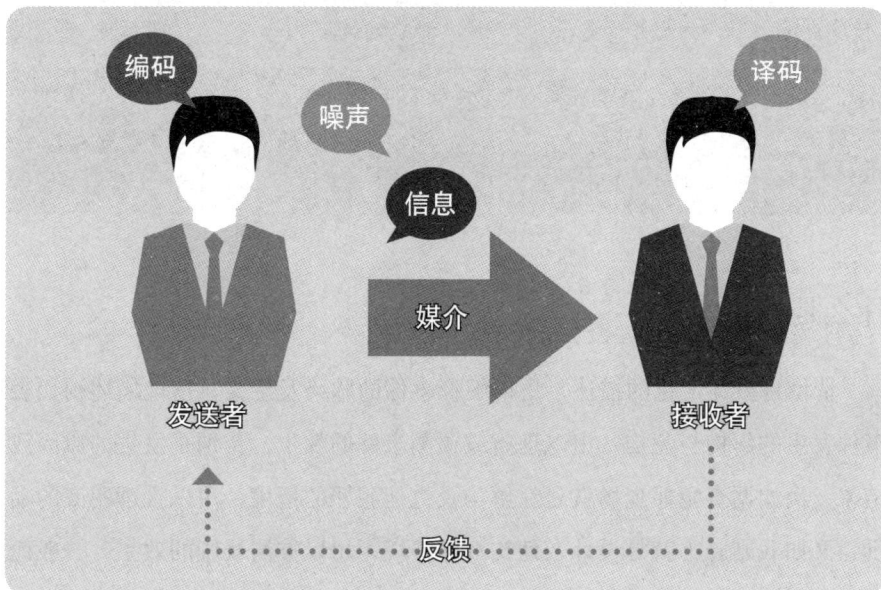

图一：沟通理论

成人学习内容主要包含专业知识及学习策略，专业知识为执行某专业工作所需要的领域内容，例如，具体的概念、理论、方法或洞见，而学习策略就是学习如何学习的方法。专业知识可以区分为 know-what、know-how 及 know-why，下表描述这几种专业知识的不同：

表二：三种不同的专业知识

	know-what	know-how	know-why
焦点	领域事实、理论、概念	解决问题的认知程序、方法与技巧	问题解决的原因与目的
关于	某事	执行	运用、推论及理解
学习途径	吸收	实验和实作	建构

	know-what	know-how	know-why
情境应用	无关情境	特定的情境	跨情境
例子	什么是"教练式领导"？ （教练理论）	在A公司的企业文化，如何成为教练式领导者？	为什么在A公司要建立教练式领导文化？

什么是情境？

情境是事件发生的描述，用以解释事件的脉络及意义，情境描述则代表事件发生的解构与建构，用以理解或预测事件的发生，特别是发生的原因或结果，例如调查犯罪现场就是在解构及重建犯罪的情境，用以推理犯案的动机，又如戏剧脚本就是设计及建构戏剧情境，用以推测戏剧的效果。一般而言，情境可以下图中目的为核心的5W1H来描述，并以表三所举电玩情境及学习情境来说明下图：

图二：情境描述的5W1H

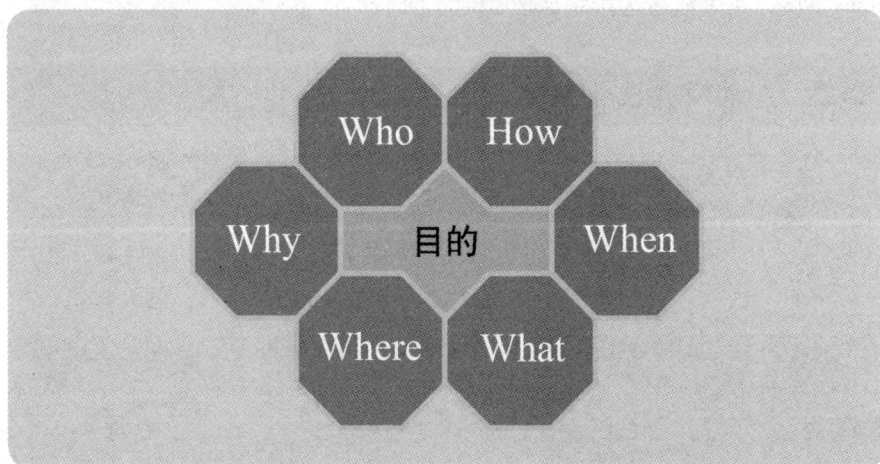

表三：情境描述			
	说明	电玩情境	学习情境
目的	事件发生的目的或结果	自我挑战和娱乐效果	有意义的学习
Who	什么人让它发生？	虚拟世界的角色扮演（情感、人格、角色）	学习者的特质及学习任务的角色扮演
Why	发生的原因	游戏目标（分数、持有的宝物、体力、难易度、任务、人气指数）	学习任务的目标
Where	发生的地点	逼真的虚拟世界	学习任务的地点
What	发生什么事？	游戏过程的结果与反馈	学习任务的结果及反馈
When	发生的时间	虚拟世界的时间表现、互动时机	学习任务发生的时间
How	它如何发生？	电玩游戏规则及过关	学习任务的规则及安排

情境化学习的重要性

主题导向教学策略的最大弱点为很大的学习内容（大 C1），却是很小的学习情境（小 c2）；而电玩游戏设计最强的地方就是电玩情境（大 C2），可是往往因为负面的学习内容（-C1），如色情或暴力，造成负面的娱乐效能（-E）而招人疑虑。好的学习情境可以加强学习动机，也可以让学习者通过实施和应用，将他们所学的学习内容转移到不同的应用情境，但是多数学习课程的设计往往抽离了应用情境，造成学习者失去学习动力并降低学习内容的意义，因此设计学习情境成为教学设计中很重要的一部分，渐而发展成为"情境化学习"（contextual learning）的教学模式。

情境化学习是根据近代社会认知学所发展出来的教学模式，其最基本的假设就是学习者必须在真实情境下或是模拟真实情境下进行学习，如此学习所获得的知识才是真实且可应用的，任何知识的获取都是在特定社会情境及活动脉络下，经过学习者的解构及建构，才可以内化成为自己的知识。举例而言，教导企业领导成为教练式领导者，应不是在课堂讲授教练式领导的理论，而是要设计模拟企业的情境，让学生可以在此情境下，实际演练教练技巧及方法，并通过演练，理解教练式领导理论，以及为何需要教练式领导。

而前一章所提到的问题导向教学策略就提供学习情境化的起始点，教师可以将学习问题定位在一个情境中，例如讲师可以运用个案导向型学习法，将 A 公司原本命令式领导文化所产生的问题写成个案情境，引导学生借由情境中的资料，发现问题、诊断问题、提出解决方案、演练解决方案，检讨解决方案，以此让学习者能够真正内化解决问题的方案。

基于以上的论述，我们可以将设计电玩情境的技巧与方法运用在学习情境的设计上，让 C1 与 C2 一样大，产生光速般的综合效果，变成下列"寓乐于教"的效能公式，形成质能互换公式般的效应，达成有意义与有乐趣相结合的学习效能：

$$E = MC1C2 = MC^2$$

其中，E= 寓乐于教（edutainment）；M= 学习动机（motivation）；C1= 学习内容（content）；C2= 电玩情境（context）；假设 C1 与 C2 一样大。

体验式学习

有些人称以上寓乐于教的教学模式为游戏式学习（game-based learning），有些人将以上的公式运用在体验式学习（experiential learning）中，目的都是通过更富趣味性的学习情境，提升学习动机及学习效能，而将学习情境趣味化的 5W1H 基本原则如下：

- 目的：寓乐于教的学习。

- Why：令学习者看到并追求他们的学习目标。

- Who：让学习者扮演特定的角色，彰显学习者的特色。

- Where：提供逼真的学习环境，在其中能够实践真实的学习任务。

- What：提供学习者关于学习成果实时而适当的反馈。

- When：在适当的时间，提供与其他学习者或科技的互动。

- How：在学习任务中嵌入选择、发现、惊奇、挑战。

体验式学习已被验证为有效的企业培训，相较于教室内去情境化的教学模式，体验式学习更能激发员工的学习动力，产生更佳的学习效果。以下以我个人曾经带领的创新团队体验营为例，说明如何将此课程情境化，达到寓乐于教的效果：

1. 课程目的

经由两天一夜的运动挑战、团队活动与分组竞赛，积累团队合作解决创意游戏问题的经验；并借由团队经验分享，检讨与深化团队解决问题的创新方法与能力。

2. 学习目标（Why）

运动挑战及游戏闯关活动皆以分组竞赛的模式进行，每次竞赛都记录每组的竞赛结果及得分，以达成目标的结果决定奖惩。例如以第一天竞赛总得分决定第一晚下榻房间的等级，从四人一帐的户外露营帐篷到两人两床的温泉套房都有。

3. 角色扮演（Who）

此课程的目标学员为担负绩效成败，督导工作的领导；负责项目工作，需要规划、协调、执行的工作者。每组都会由不同单位、不同职务的同仁混合组成，并由该组成员选出组长。每次竞赛活动，由组长依据竞赛任务指定不同成员扮演不同角色，合作完成任务。

4. 任务设计（How）

第一天骑乘 30~40 公里的分组自行车竞赛挑战，要求小组以最短的时间全体抵达终点，并在沿途进行闯关游戏夺取分数；第二天进行泛舟竞赛挑战，各组以前一天自行车竞赛获得的分数购买泛舟装备，以抵达泛舟终点的顺序决定名次，依名次给予不等的奖励。借由两天的学习活动挑战团队和学员个人的意志力及创意解决问题的能力，闯关活动中充满乐趣及惊奇，达到了育乐并重的效果。

5. 任务时间安排（When）

下表列出第一天活动的时间（9:30–21:15），每一单元的学习任务都是以团队进行，学员必须频繁互动，借由不同时机的互动产生反馈。

6. 学习环境（Where）

两天的体验课程在花莲实境进行，第一天在 193 号县道骑自行车，第二天在秀姑峦溪泛舟，沿途选择合适的地点进行闯关活动。

时间	分钟	学习单元
09:30–10:00	30	单元一：报到
10:00–11:00	60	单元二：形塑团队及学习任务说明
11:00–11:30	30	单元三：暖身活动及肺活量培训竞赛
11:30–12:30	60	单元四：抵达月眉，参与第一关"勇渡硫黄河"、寻宝及午餐
12:30–14:30	120	骑车，由月眉前往米栈

时间	分钟	学习单元
14:30-15:30	60	单元五：抵达米栈，参与第二关"天罗地网"、寻宝并补充水分
15:30-17:00	90	骑车，由米栈前往剑英大桥
17:00-17:30	30	单元六：抵达终点，拍照，统计成绩
17:30-18:10	40	搭车前往餐厅
18:10-19:10	60	晚餐
19:10-20:45	95	单元七：团体分享，公布成绩与分配房间
20:45-21:15	30	搭车前往旅馆，就寝

7. 学习活动结果与反馈（What）

每一学习单元都有活动引导员记录学习活动并提供活动结果及反馈，包括发生什么事，小组及个人的表现如何，接下来要做什么，成就或处罚。而且当天活动结束后，由讲师带领进行检讨与分享，请各小组分享一天活动的观察、体验、心得与想法，并由讲师及学员提供反馈及意见。

体验式学习课程将学员置身于真实或仿真的学习情境，以体验及分享活动为课程核心，使学员借由亲身参与及实作，体验及反思课程所设计的学习内容，是寓乐于教效能公式的最佳写照。由于体验式学习通常极富挑战性及趣味性，除非学员真的生病，不然是不会有上课无聊或睡觉的问题发生的。

由于小魏从来没有体验过体验式学习，于是老王决定带小魏去观摩学习创新团队体验营课程。在第一天自行车活动结束后，老王请小魏分享他的观摩心得，小魏竟热泪盈眶地说："我真的很感动，这是我当老师以来，第一次看到所有学员都睁开眼睛，没有一个学员有'眼睛自闭症'，而且我发现学员经常泪流不止，因为他们不是累哭了，就是笑哭了！"小魏显然"体验"到了体验式学习的效能！

第十四章
在职培训：
让员工边做边学

前一章介绍了学习效能公式：$E = MC1C2 = MC^2$。

由此公式，小魏了解学习情境设计与学习内容一样重要，假设 C1 与 C2 可以一样大，就能产生如爱因斯坦质能互换公式中庞大的学习能量。所以小魏在之后的教学设计，都会尽量连接学习动机、学习内容及应用学习内容的学习情境，促成学生理解学习的意义，提升学习效能。

小魏又因为参加老王带领的"创新团队体验营"课程，见识了"体验式学习"的效能，也体会到老王发明学习效能公式的魔法，于是就设计了一堂泛舟课程，培养学生团队合作、冒险犯难、勇于突破困难的学习态度，上网查询及学习如何泛舟才不会翻舟的技巧。在一个风和日丽的清晨，小魏班上一行 30 人就搭上游览车，兴致勃勃地启程前往花莲的秀姑峦溪进行泛舟体验式学习。

在抵达目的地后，突然有位学生问道："老师，要穿上救生衣吗？"小魏立即回应："是的，救生衣可以保护你落水后不会沉入水底。"又有学生继续问："有必要戴头盔吗？"小魏回答道："一定要，因为那会保护你落水后头部的安全。"还是有学生问道："老师，可以不要换防滑鞋吗？"但是小魏还是坚持："不行，水里很容易滑跤，防滑鞋也是保护你的安全！"一切就绪后，小魏努力地指挥着同学："现在坐在左边的同学用多点力划，因为我们要避免前面左边的湍流！""现在两边的学生一起用力划，我们要加速通过这段急流。"小魏继续高喊着："不行！不行！所有的桨都收起来，抓紧船边的缆绳，让船自己随波逐流，自然通过。"小魏依然卖力地指挥着。如此经历了近半个钟头，突然有位泛舟公司的救生员上车，对着小魏大声提醒："老师，你们可以下车了，我们已经将舟艇及划桨准备好，可以开始泛舟了。"

又有一天，老王因为身体不舒服，请小魏到一家电玩设计公司，代替老王上"游戏式学习课程设计"的课程，却发现大部分学生在上课时间打电玩，于是问了其中一位学生："你知道我们在做什么吗？""知道，我们在上课啊！"学生不经意地回答。小魏又问："那你在做什么？""哦，我在做在职培训啊！"小魏不解地回应："是吗？我看你是在打电玩！""不是啊！上次王博士来上课时，告诉我们最好的培训方式是在职培训，所以我们公司现在流行随时随地可以进行的在职培训，我刚才只是以现在最畅销的网络电玩，验证老师的上课内容是否正确而已。"小魏又不甘地说："你不知道老师上课很辛苦吗？为何不专心听讲？"学生仍不经意地回答："老师，其实你不用那么辛苦讲课了，我昨天已从谷歌和 YouTube 找到并下载了你今天要讲的课程内容，并且还是以高画质（HD）影音加动画呈现的喔！"

由于小魏并不知道在职培训，在课堂上一下不知如何反驳，只好回去再请教老王，到底什么是在职培训？以后遇到类似的状况到底该如何处理？当然，老王听了小魏的描述和问题后，又开始不厌其烦地解说在职培训的源起，以及在职培训的学习时机、需求与方法。

什么是员工在职培训？

望文思义，"员工在职培训"（on the job training，OJT）就是员工在工作时所受到的培训，有别于"非在职"（off the job）培训，在此"在职"意谓培训发生在工作时间与工作现场，而且是由组织为员工安排的，若不是组织安排或提供的培训，却是发生在工作时间及现场，则称为"非正式学习"（informal learning）。因为在职培训的时机是员工在工作时遇到问题，员工的学习动机来自解决工作问题，而工作现场就是最真实的学习情境，所以在职培训非常符合学习效能公式，被视为最有效的职场学习。值得一提的是，"培训"一词是从课程提供者的角度称之，若由接受者角度，则称为"学习"，所以本章中培训与学习有时会互用。

图一：不同的培训种类

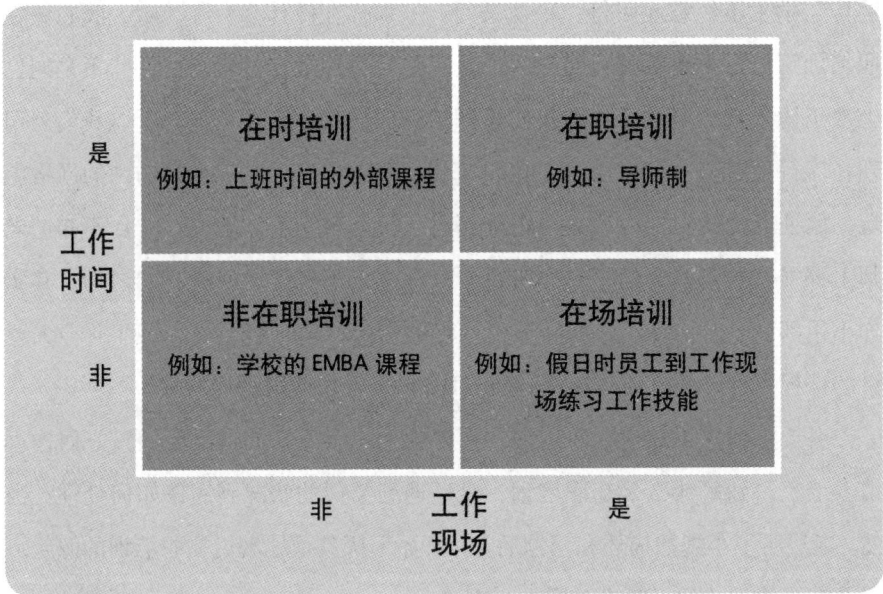

		非　工作现场　是
工作时间　是	**在时培训** 例如：上班时间的外部课程	**在职培训** 例如：导师制
非	**非在职培训** 例如：学校的 EMBA 课程	**在场培训** 例如：假日时员工到工作现场练习工作技能

按照上述的定义，即使在工作时间参加在组织内部或在组织外面举办的培训课程，因为不在工作现场，并不属于在职培训；又如在假日期间，员工到工作现场自我练习操作机器，因为不是由组织安排的培训，且不是在工作时间，亦不属于在职培训；但是如果是组织要求员工"加班"，在非工作时间参加在工作现场的培训，就属于在职培训。

不同于上述图一中其他的培训种类，在职培训强调员工是在工作时间与工作现场接受培训，但是培训的时机与情境才是在职培训的核心。所谓时机，指的是员工在执行工作时遇到问题，产生学习需求，需要增进工作职能，学习的目的是解决实际的工作问题；所谓情境，就是代表工作现场，如学习效能公式所示，学习的内容马上可以应用在解决问题的情境中，才是有意义的学习。所以，在职培训的真正含义为结合工作与学习，达到"学用合一""学以致用"，而且可以减少或消除其他"去情境化"培训常发生"培训移转不佳"的问题，即"学非所用"或"知易行难"的问题。最好的在职培训时机，是在工作进行中，遇到问题的当下，就提供实时的培训，员工可以马上应用所学，解决当下正遇到的工作问题，这种"即学即用"的在职培训又称为"绩效支援"（performance support）。

在职培训的源起

在职培训从人类有"工作"的概念时就开始有了，纵使在早期自耕自生的农业社会，晚辈的农耕知识与技能都是在农田跟着有经验的前辈学习而来，这种"在职"、一对一、直接教导的模式，由懂得如何把工作做好的"师傅"带着"学徒"，"学徒"贴身跟着"师傅"将工作做好。如此，某项工作的知识与技能便能一代一代地传授下去，衍生成后来的"师徒制"模式，也成为现代在职培训的起源。

"师徒制"起源于中世纪在欧洲盛行的手工艺传承模式，原先是学徒为学习手工艺技能如铸剑、制鞋、烹饪等，直接到手工艺的工坊（workshop）或住在师傅家里跟着师傅边做边学，工作现场就是教学场所，徒弟努力地"做中学、学中做"，以期早日"出师"，可以领正式的工资。

由于早期的工坊规模很小，师徒教学多采取一对一或一对少的个别模式，后来同业公会或行会组织（guild）越来越多，且越来越大，这种师徒传承模式逐渐变成有组织、有制度的教学模式，扩展为工艺学校或技职学校。

时至今日，师徒制已成为技职教育的代名词，以及技职学生的就业渠道。为了替企业培养基层员工，学校与企业结合，提供给学生学用合一的培训机会，学生一方面在学校接受正规教育；另一方面，学生以给薪的"学徒"

身份到"师傅"企业接受在职培训，借由企业的工作现场及企业"师傅"的教导，培训学生毕业后立即可用的实务技能，并协助学生取得国家认可的技能执照。这些在职培训的课程是现代技职教育的重心，学生的在职培训成绩合格后，往往就直接进入"师傅"企业，成为正式的员工。

在许多技职教育发达的国家，如德国、瑞士及澳大利亚，师徒制成为技职教育的核心与特色，也是产学合作培养产业人力的最佳方式，因此由国家政策规范师徒制的实施，甚至由国家成立专职机构推动师徒制。

为解决"学用落差""毕业即失业"的问题，即使在非技职体系的高等教育院校，也会要求或安排学生在毕业前，以实习的方式到职场进行"在职培训"，期望学生在正式就业前，就获取职场所需的工作职能及经验。

在职培训的学习时机、需求与方法

现代的在职培训源自于工坊的师徒制，再衍生成在职培训不同的模式与方法，但这些模式与方法的核心仍旧沿袭着师徒制的教学方式。举传统蛋糕坊的师徒制为例，当一位完全没有制作蛋糕经验的学徒要学习如何制作各式蛋糕时，第一步就是观察及模仿师傅如何制作蛋糕，而师傅便会以示范与解说制作蛋糕的步骤，要求徒弟一步一步跟着制作。在学徒知道制作蛋糕的步骤后，学徒就可以练习。而练习的过程，师傅会提供实时反馈指正或引导学徒。在制作蛋糕的过程中，学徒若有问题，可以提出来与师傅讨论，也可以与师傅一起动脑，找到更好的蛋糕制作方式；或者在学习制造蛋糕的过程，遇到力有未逮之处，也可以借由同侪的协助或师傅的支援，将蛋糕制作完成；甚至在制作蛋糕后，师傅与学徒可以检讨学徒制作蛋糕的优缺点及可以改进之处。有些师傅会将蛋糕制作的配料及步骤写成食谱，以便学徒可以按照食谱自行练习或制作蛋糕。而蛋糕师傅的养成，不仅需要在蛋糕坊跟着师傅学得制作蛋糕的知识与技能，也需要独立制作蛋糕的完整经验，甚至在不同蛋糕坊磨炼，经历不同的师傅与情境，累积不同的经验。下表一列出以师徒制为主的各种培训时机、需求与方法。

表一：在职培训如何发生？

时机	需求	如何培训
不会工作	模仿	示范与解说
不熟悉工作	练习	练习题目与解答
确认工作做得正确或更好	实时反馈	指正、引导与示范
找出更好的工作方式	讨论	提问、分享与脑力激荡
工作后，确认工作如何做得更好	检讨	提问与反思
不会做或不熟悉工作	按表操作	提供手册与实时引导
需要别人协助完成工作	工作协助	提供支撑／支援
准备下一个工作的完整职能	工作经验	提供经验

不同的在职培训模式

依照本章的定义，在职培训除了源自师徒制的模式外，还包含下列模式：

1. 工作指导（mentoring）

2. 教练引导（coaching）

3. 工作伙伴（buddy system）

4. 质管圈／工作圈（quality control circle/working circle）

5. 轮岗（job rotation）

6. 特别任务（special assignment）

7. 读书会（book club）

8. 工作辅助（job aids）

以下分别就这八种在职培训模式进行说明：

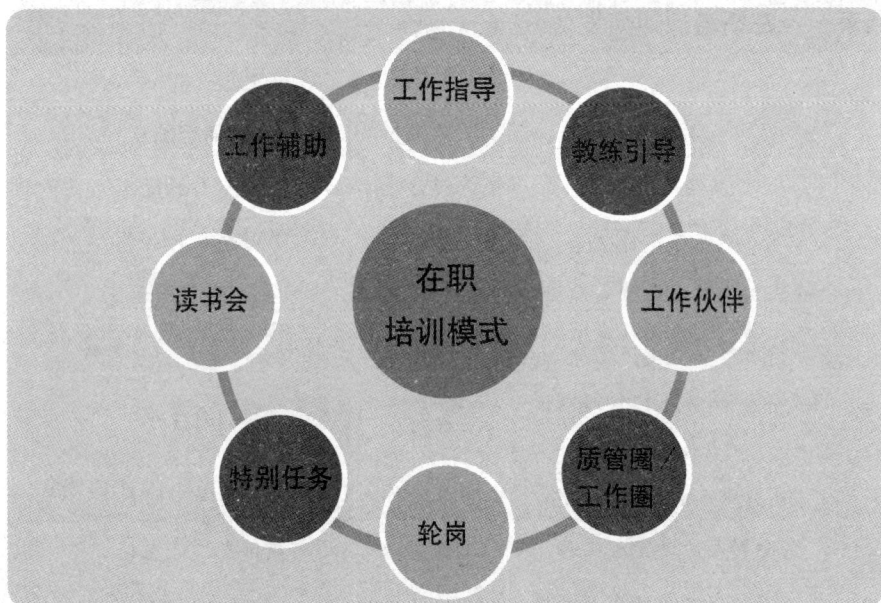

工作指导

教练引导

工作辅助

工作伙伴

读书会

在职
培训模式

特别任务

质管圈／
工作圈

轮岗

1. 工作指导

工作指导又称导师制，基本上就是"师徒制"的衍生，差别在于被指导者（又称"后进者"）的身份是组织的正式员工，而非"师徒制"的学生身份。工作指导意指在工作范畴或专业领域上有一位比较资深的前辈愿意以导师身份，为后进者提供工作上的指导。

通常导师的任务，如同师傅，是就后进者在工作经验或能力不足之处，以自身的经验与能力提供学习与成长的机会，甚至愿意与后进者分享自己的人脉网络。好的导师不仅能够指导后进者在专业能力的增进，还能启发与提携后进者在职业生涯上更上一层楼。

2. 教练引导

教练扮演的角色如同专业运动员的个人教练般，或许在专业能力不及追随者，又称客户，但却能协助客户认清自己的缺点，发挥自己的优点，以自己的能力，完成任务，达成目标。

一般而言，教练的任务是协助客户面对挑战，跳脱既有的思考及行为框架，认清自己，勇于自我突破，采取负责及有效的行动，达成自己所承诺的目标。相较于导师或师傅，教练既不会教导客户专业知识与技能，亦不会提供给客户工作问题的解决方案，而是借由教练引导，协助客户找到解决工作问题的方案，并由客户自己制定行动方案且承诺解决问题。

3. 工作伙伴

工作伙伴制比较类似军队中新兵与老兵的战友关系，通常是新进员工进入职场后，由于不熟悉工作场合及工作文化，由组织配对同一单位的"学长"为工作伙伴，协助新进员工适应工作环境及文化，并提供工作执行及工作心理的支援，协助新进员工完成工作。

一般而言，工作伙伴与新进员工是同辈关系，不如导师负有教导后进者工作能力的任务，更不会为新进员工解决工作问题，但是会协助新进员工找到工作的解决方案。

4. 质管圈／工作圈

质管圈（QCC）的概念与做法源自于工厂的全面质量管理（TQM），原来是由一群在同一工作场所的员工，针对生产流程、设备及结果自发性地聚集成一个团体，在领班的带领下，分享及讨论生产质量管控的问题与解决之道。因为这种分享与讨论的模式本身就有相互学习的作用，于是日本石川专馨博士于1962年将这种模式制度化，形成程序性的质管活动，并运用质管七大手法，特别是 PDCA（plan、do、check、act）的质管方法，由质管圈的参与成员共同解决工作现场、管理及文化层面等所发生的质管问题，因此质管圈逐渐演变成基层工作及工作现场的在职培训。而工作圈（WC）则是政府在政府政策的规划与执行中推动 PDCA 方法，借用质管圈的概念与做法发展而来的。

5. 轮岗

轮岗是一种以发展员工专业能力为目的的学习策略，而非因为人事安排而调任员工的职务，通常轮岗者是组织欲培养的人才，如列入接班人计划的领导。轮岗指的是员工借由同一组织的职务转换，以在职培训的模式，获取某专业领域或转换职务的工作经验，在员工完成轮岗的学习任务后，员工还是要回到原来的职位。但有时组织会有计划地将轮岗者连续转换几个职务，历练不同的职务，累积足够的专业能力与经验后，就升任为单位领导。

6. 特别任务

特别任务如同轮岗，也是属于组织提供在职培训的学习策略，着重于人力发展的功能，但不同于轮岗，特别任务将特定员工有计划地分配到特定且短期的任务团队，以全职或兼职的方式参与组织内或组织外的特别任务，借由团队合力完成特别任务，而学习"特别"职能，累积"特别"经验，尤其是"跨领域"或"跨功能"的职能或经验。如同轮岗，特别任务完成后，仍然要回到原先的全职工作。

7. 读书会

读书会通常是由一群职务相似及工作地点相近的员工组成。总部的经营团队，会针对组织发生的问题设定阅读主题，例如"如何创新"，每位成员必须在规定时间内阅读完毕经指定与主题相关的书籍，然后约定时间在读书会引导员的带领下，分享成员阅读心得，并就组织的问题讨论和寻求书籍中可用的解决之道。

8. 工作辅助

工作辅助就是员工在执行工作时，随手可得的可以协助员工完成工作或将工作做得更好的辅助工具，例如操作手册、工作提示、检查清单、工作流程图或工作表格等。工作辅助是在员工学习或练习工作技能时能发挥作用，即使是员工在执行工作的当下，忘记或不熟悉某些步骤，经由工作辅助的提示及导引，仍然可以无误地完成工作，所以工作辅助也可以发挥实时绩效支援（real time performance support）的功能。

现在的工作辅助通常是以计算机辅助的方式呈现，例如许多组织都会制作组织特有的PPT简报样板，员工只要找出样板，按照样板设定好的格式及提示，就可以制作出符合组织要求的精美简报。又如现在的工作软件，只要按下"求助"键，计算机就会弹出与目前操作步骤相关的辅助画面或指示，引导使用者成功操作软件。

不同在职培训模式的比较

各种在职培训模式因为培训的主要目的、主要方法、实施过程、培训提供者及受训者皆不同，有其各自的优缺点，组织必须根据需求及资源审慎规划与实施，下表列出不同模式的比较：

表二：不同在职培训模式的比较

模式	主要目的	主要方法	时程	提供者	受训者
师徒制	学习工作技能	示范与解说；练习与解答；指正或示范。	以新人工作技能所需的培训时间而定	师傅	学徒
工作指导	解决工作问题	示范与解说；练习与解答；指正或示范。	每一次工作指导时间由双方自行订定	导师	被指导者
教练引导	达成工作目标	提问与脑力激荡；提问与反思；提供支撑/支援。	每一次教练时间由双方自行订定，每一期程的教练关系通常维持半年到一年	教练	追随者
工作伙伴	完成工作	提问或脑力激荡；提供支撑/支援。	每一次新进员工遇到工作问题到解决问题的时间	工作伙伴	新进员工

模式	主要目的	主要方法	时程	提供者	受训者
质管圈／工作圈	解决工作问题	提问、脑力激荡示范与解说	通常每次从20分钟到一小时，频率由质管圈订定	领班或引导员	质管圈成员
轮岗	累积工作经验	提供经验	视轮调职务内容而定，通常为一到两年	工作领导	缺乏某项工作经验者
特别任务	累积工作经验	提供经验	视完成特别任务的时间而定	特别任务领导	缺乏某项工作经验者
读书会	解决工作问题	分享、提问与反思	通常每次从半小时到两小时，频率由读书会确定	引导员及读书会分享者	读书会成员
工作辅助	完成工作	示范与解说；提供手册；实时引导	工作遇到问题到解决问题	工作辅助如操作手册、工具、图表等	遇到工作问题者

实施在职培训的挑战

上述不同的在职培训模式有其不同的学习方式、学习重心及优缺点，在职培训的应用者应视需求和目的而决定采取哪一种模式。然而，在考量培训资源投资回报率的同时，在职培训往往会遭遇下列三个挑战：

1. 培训重要还是工作重要？

在职培训的核心在于工作的当下，提供给员工即学即用的学习机会，达成学以致用的目的。但是在工作进行的过程中，若是因为要满足员工的学习需求，必须打断工作流程的连贯性，往往会影响到工作效率。

举例而言，许多师徒制最常遇到的状况，就是学徒在练习工作时遇到困难，师傅要先放下本身正在进行的工作，而花时间去教导学徒；或者学徒因为不会或不熟悉工作的执行流程，学习的过程中总出差错，不小心损坏工作使用的机器设备或者破坏原本运作正常的工作流程，师傅又得出面帮学徒

"擦屁股"（比喻收拾烂摊子）。对于领导而言，这样的培训投资，是否值得，往往变成"To go or not to go"的两难。

2. 谁愿意担任在职培训提供者？

由于在职培训强调职场的学用合一，在职培训提供者，如师傅、导师、教练、工作伙伴或领导，最好是内部培养，由组织内部娴熟工作的资深员工担任，但是因为要处理上述工作优先还是学习优先的问题，而影响资深员工的意愿。而且，许多资深员工会担心新进员工的工作能力超越自己，职务会被取代，因此不愿意因教导后进者而失去工作保障。

再者，纵使有意愿，并不是所有的资深员工都适合成为在职培训提供者，除了本身的意愿，好的在职培训提供者需要具备好老师的特质，例如热忱、耐心、奉献、关怀及助人，而且也需要接受在职培训提供者的技能培训，例如教学、引导、聆听、教练、反馈、反思、脑力激荡等技巧。

然而，这些要求与培训对有心成为在职培训提供者的资深员工都是额外的付出，除非组织提供额外的诱因或激励，在职培训提供者往往变成是一份"吃力不讨好"的非自愿性工作。若由组织以指派的方式要求组织的资深员工担任，但缺乏支持的配套措施，提供在职培训反而会变成"应付"的工作。

3. 如何测评在职培训的成效？

任何培训都应以策略性投资组织人力发展的立场来测评培训成效，但是相较于其他教室培训的模式，在职培训的成效测评不仅不同，而且较为复杂。就理论观点而言，由于在职培训的核心是即学即用，学习的成效就可以立竿见影，所以在职培训的成果应该比传统的教室培训有效，培训成效的测评马上跳到克伯屈（Kirkpatrick）的第三层次测评——应用层次，亦即测评学员是否有将学习成果应用到工作上。

但是在职培训的资源投入及复杂性比教室培训来得高，所以容易导致在职培训的投资报酬率测评显得更不明确。首先，由于组织必须投入相当的资源，遴选与培养合适的资深员工成为内部在职培训提供者，而且组织也要投资额外的诱因及激励措施来维持在职培训的持续运作。即使为节省内部在职培训提供者的费用，改为聘请外部在职培训提供者的方式，例如为高层领导聘请外部教练，但是一方面由于聘请外部提供者往往费用较高，另一方面因为外部提供者对组织不熟悉，在职培训的内容及方式是否切合内部需求，变成成效测评的另一个不确定因素。

再者，在职培训因为是在工作时间及工作现场进行的，往往为了提供在职培训，组织员工及培训提供者必须中断正在执行的工作，这又会造成工作效率的损失，形成另外必须考量的培训成本及机会成本。

做好在职培训的建议

理论上，在职培训的成效会优于其他不是在职的培训，实际上，碍于上述实施在职培训的困难，许多组织对于在职培训或其成效却发生"知易行难"或"窒碍难行"的结果，特别是在领导风格保守、本位主义盛行的组织，很难建立与实施在职培训的机制。

以我个人担任绩效顾问的经验为例，多家高科技企业明知急需培养"跨领域""多功能"的人才，但是并没有提供"轮岗"的机制或者空有机制，员工却不愿意接受轮调。主因有二，第一，在讲究工作绩效的组织文化，员工担心一旦轮调到新的职务，其绩效表现马上变得不好；第二，轮调完毕后，可能由于组织派系的缘故，不仅没有升迁的机会，而且再也回不到原来的职务。类似的问题也容易发生在特别任务的在职培训。所以组织规划在职培训，必须有全盘的考量，应该着重于下列组织及员工的绩效因素：

1. 领导团队的全力支持

在职培训属于高风险、高报酬的人才投资，理论容易，但实务困难，由于在职培训的成效好坏受人性因素影响较大，所以从规划到实施，一定要取得组织领导者的全力支持，除了认同在职培训外，领导者也应该成为在职培训提供者，亲身参与，以身作则，做到领导者支持的承诺。例如，通用电气（GE）前执行长杰克·韦尔奇，为了塑造通用电气教练式领导的文化，本身不仅聘请教练，也担任其他高层领导的教练，更以教练式领导的风格带领经营团队的高层领导。

2. 策略性构建

组织应该根据人才需求，选择合适的在职培训模式，而且每一种模式的资源投入不一，组织也需要"量力而为"，构建"投资回报率"最高的在职培训模式。例如基层员工流动率高的大企业，可以选择合适的学校以师徒制模式建立"建教合作"关系，培养新进人员立即可用的能力，而质管圈模式也比较适合基层工作场所。又如规模比较小的新创组织，工作伙伴及工作指导会是比较合适的在职培训，而非需要功能职务比较多的轮岗。

3. 提供额外诱因或激励

好的在职培训提供者是在职培训成功的关键因素，如果提供者只是志愿性的角色，通常提供者会将其视为"行有余力，则以为之"的顺序，平常工作顺利时，才会愿意投入时间及精力，协助与教导"受训者"解决工作问题。但是提供者若遇到自身工作表现的问题时，通常会将提供在职培训视为额外负担，而以自己的工作表现为优先级，变成"心有余而力不足"的状况，无法执行好在职培训。从我担任绩效顾问的经验中，我发现许多原先排定的工作指导或教练的时间，因为导师、教练甚至"受训者"的工作状况而须一延再延，错失在职培训即学即用的时机。所以，组织不宜将在职培训提供者规划为志愿性的工作，更不宜规划为强迫性的工作，而是以额外的诱因及激励（例如，由组织最高领导者公开表扬优秀的在职培训提供者），让有心提供在职培训者看到及体会到对本身的好处，如此提供者才会认真以对。

4. 与工作绩效考核连接

组织让员工愿意认真对待一项工作最有效的方法之一，就是考核其工作绩效，并将工作绩效与工作报酬及福利连接在一起。在职培训强调"学中做、做中学"，若能将工作绩效与学习连接起来，会是实施在职培训的最大动力。就在职培训提供者的立场而言，若将受训者的学习绩效列入提供者的工作绩效中，提供者便会将提供在职培训视为其工作的一部分努力为之。而就在职培训"受训者"的立场而言，若将在职培训的学习绩效，列入受训者的工作绩效中，受训者也会努力学习，当在职培训的双方都能认真执行，才会大大地提升在职培训的成效及投资回报率，因此实施在职培训重要的诀窍就是能够连接在职培训的工作绩效与学习绩效。

5. 数字化智慧化在职培训

由于在职培训提供者左右培训质量与成效，特别容易受到人为因素的影响，例如提供者当时的心情好坏就会严重影响培训质量，所以在职培训可以将操作性技能及工作辅助数字化，成为数字化学习系统或电子绩效支持系统（electronic performance support system，EPSS），或者将专家知识人工智能化，发展为知识库或专家系统，这些系统加上智能型的操作界面，例如以语音控制系统的输出和输入，或者系统会视使用情境或时机而出现不同的界面，因此在职培训成为实时学习系统，在职培训可以随时随地出现，而且符合实时即用的目的，更可以因为系统自动化而免除人为因素的工作及学习干扰。

后记

因为小魏坚持事前学习泛舟技巧，加上当日泛舟发生的状况都不是小魏所预期的，造成小魏"学用落差""学非所用"的处境，使得由小魏带领的泛舟团队，连连翻舟，是当天四组泛舟团队中最晚抵达终点的一组。领导由小魏泛舟的例子可以得知，课堂讲授的工作知识与技能往往与实际应用有落差，在职培训通常是职场最有效的学习模式。

第十五章
非正式学习：
实现员工的自我提升

担任企业培训讲师的小魏在听完老王对在职培训的讲解后，明白了在职培训之所以有效，是因为员工在工作时，遇到工作问题的当下，就可以学习及应用解决问题的知识与技能。如此"即学即用"，不仅马上可以验证学习内容的有效性，而且立即发挥员工学习的效益，相较于其他非在职培训方法，更能有效克服因为学习情境与应用情境不同所产生的"培训移转"问题，亦即如何应用课堂所学于不同实务工作的问题。

　　同时老王也提醒小魏，由于任何模式的在职培训都需要投入相当的组织资源，并不适用于所有的员工学习，组织必须依据其可用的资源，以及对受训员工的需求及目标，进行严谨的规划、执行、追踪及测评，才能达成在职培训、学用合一的目的。若是在教室进行的一般教学，则可以套用 $E=MC^2$ 的学习效能公式，以及运用问题导向的教学策略，达到情境化学习的效果，减少"学非所用"的问题。

　　小魏谨记老王的教导，运用学习效能公式及问题导向的教学策略设计其课程，并以翻转教室的教学模式上课，果然上课打瞌睡的同学越来越少，但却意外地发现上课玩手机的同学越来越多，甚至某些同学在台上做报告时，台下几乎所有的同学都在低头玩手机。有一次小魏便问在玩手机的小芬："小新在台上做报告，为什么你要玩手机？"小芬回答道："老师，我听不懂小新的报告，所以上网查资料。"小魏又问了小朱："为什么玩手机？"小朱则无奈地回应："老师，小新的报告很无聊，若是不能玩手机，全班恐怕都要呼呼大睡了！"

上课是否可以玩手机？

由于上课玩手机或平板电脑似乎已成课堂的常态，讲师没有明文禁止，学生又常以要查上课相关资料为理由，使用者有增无减，小魏即使觉得不妥，也无计可施，于是小魏决定在期末考出一道申论题《上课时可不可以玩手机？》，并允许学生带手机及平板电脑在考场上网查资料。在发下考卷后，就发现班上所有的学生拿起手机和平板电脑开始奋力玩。

- 小明马上将题目传到脸书，没想到 30 分钟之内获得超过 3000 个赞，还有网友成立了"上课可以玩手机"的粉丝团，但就是没有网友留言，表达上课是否可以玩手机的意见。

- 不同于小明，小英将题目传到"MBA 同学会"的 LINE 群组，小英及班上几位同为校友的手机顿时此起彼落，响个不停，群组聊天室贴满了各式各样的贴图表情，有的是哭脸贴图，有的是装可爱的贴图，有的是伸大拇指的贴图，最多的是哈哈大笑、倒地不起的贴图。

- 小廷似乎对小魏的考题不太领情，于是将题目传到 PTT 八卦版求援，果然问题马上被嘘到爆，立即就有大批网军开始人肉起底，到底是哪个白痴老师出了这样"不符合潮流"的题目？当然，小魏及老王的身家背景很快地被公之于世，而且小魏的未婚妻小美因为是美女，照片还上了 PTT 表特版（Beauty）。

- 而小张由于对网站比较熟悉，到百度文库找答案，将题目键入搜寻栏后，马上出现几百篇作者为同一人的博士论文《手机对学生上课的影响》，并提供下载，但是下载费用一份从 1 元到 100 元人民币都有。

- 考试时间结束，小魏的电邮信箱突然出现一封新邮件，发信人为一家民意调查公司，信件写着："尊敬的提问者，我们已经为你的提问进行网络民意调查，做成一份 300 页的调查报告，仅收费 6000 元人民币，若有兴趣，请以'支付宝'支付费用，你便可立即下载阅读……"

考完后，小魏开始阅卷，同学的回答无意外几乎一面倒地赞成上课可以玩手机，理由洋洋洒洒，提到次数最多、最主要的理由包含：

- 上课无聊时不会打瞌睡。
- 上课不懂可以马上查资料。
- 可以练习使用手机的功能。
- 可以随时与外界取得联系。
- 可以用手机做笔记。
- 可以把上课的活动或讲义拍下来。
- 可以下载最新的手机软件，不会落伍。
- 可以马上知道社会发生的新闻。
- 紧急事件发生时，可以马上联络处理。

令小魏觉得讶异的是，班上几位上课认真、不玩手机的同学竟也赞同，只是要求上课必须将手机调为静音模式，避免妨碍其他听课的学生。于是小魏又不解地向老王讨教："你上课时，有学生玩手机或平板电脑吗？"姜果然是老的辣，老王一听便说："当然有，而且你禁止不了，也没必要禁止！""可是学生上课玩手机或平板电脑难道不会影响自己或别人上课吗？连我当老师都觉得不受尊重！"小魏急着反驳。

老王不疾不徐："其实上课玩手机与上课睡觉基本的原因皆是学生上课觉得无聊，如果觉得上课有趣、有收获，就应该不会想玩手机，除非是老师刻意安排。"小魏还是不解地回应："刻意安排？禁止都来不及了，怎么还有老师会刻意安排？"老王进一步道出："你知道吗？美国劳动统计局曾经统计过，70%的员工学习是非正式学习！""不知道，也没听过非正式学习！它跟上课玩手机或平板电脑又有什么关系？"小魏回应。"好吧！让我先从非正式学习开始讲起，再解释手机或平板电脑等现代科技对职场学习的影响及重要性。"于是老王又开始对小魏说教。

什么是正式学习与非正式学习？

A君、B君、C君与D君同为公司培训部门的同事，抛开任何的科技因素或方式，请读者先辨别下列事件是否为与工作有关的学习：

- A君早上起床后，边吃早餐，边看报纸，特别是有关创新科技的消息。

- B君在开车前往公司的途中，车里听着新闻广播网，正报道最近热门的领导力。

- C君在地铁车厢内挂上耳机，听着《如何设计数字化学习课程》的有声电子书。

- D君坐在公交车上，手上捧着 iPad，一页一页地滑着最新一期的《商业周刊》电子版。

- A君到了公司后，发现今天安排甲培训公司的总经理来公司做简报，决定参加。

- B君在自己的办公室隔间内，探头问隔壁先进办公室的D君，今天办公室的"气候"如何？

- C君打电话给培训总监的秘书，询问可否先拿到甲培训公司总经理的简报资料阅读？

- C君在阅读简报资料的同时，想到一个新的课程点子。

- D君由于对数字化学习有兴趣，上 YouTube 看了一段介绍数字化学习新趋势的影片。

- C君中午与同事一起在会议室吃便当时，顺便讨论自己想到的新点子。

- 下午参加甲培训公司总经理的简报时，D君问了许多有关数字化学习的问题。

- 简报完毕后，一群同事一起上厕所，B君顺口问了旁边的A君对甲培训公司的印象如何？

- 培训总监的秘书通知所有培训部门的同事，在明天上班前交不超过一页的简报心得报告。

- 在茶水间倒茶时，资浅的 D 君问了资深的 A 君许多公司如何做培训的问题。

- 回到自己的办公室隔间，D 君开始上网搜寻 A 君告诉他有关"教学设计"的资料。

- 同时间，所有培训部门的同事开始上网搜集甲培训公司的资料，用 Word 撰写培训总监所要求的心得报告。

- 下班后，D 君担心自己的心得报告写得不符合要求，于是打电话给 B 君，请 B 君评论他的报告。

如果各位对以上所有的事件认定为"学习"，那么上网查询任何资料是否可称为学习？与别人讨论或沟通任何事情是否也是学习？每天所看、所听、所言、所为是否也都是学习？如果以上的事件是与职场相关的学习，那么这些学习与其他的职场学习有何不同？

从广泛的定义而言，学习是获取新的知识或技能，如此，的确人类每天的所看、所听、所言、所为都是学习，似乎一天只要醒着的时候都是在学习。而每一个人从出生后，因为身心发展的需要，所有的言行举动都与学习有关。从幼儿园开始，进入"正规教育体制"的学校进行学习，而学校的学习是系统性及结构性的安排，什么时候在什么地方要学什么，这些学习不仅有所规定，还要有所测评，学习的结果要有所记录，并给予证明，这就是所谓的"正式学习"。

学校毕业后，进入职场，为了工作需要，这种有系统的学习安排，转交由组织根据员工的学习需求，规划、设计、发展与实施员工学习，成为职场的正式学习，简称为"职场学习"，又称为"培训与发展"，包含上一章所阐述的"在职培训"。所以，职场的正式学习就是组织正式安排，事先有规划、有目标，事后有评价的学习，主要的正式学习是参加培训部门安排及举办的培训课程。

相较于正式学习，"非正式学习"就是所有未经过事先规划、没有设定学习目标的学习，美国劳动统计局将非正式学习定义为"组织日常运作的组成，即那些即兴发生、没有规划的教学活动"；而《非正式学习》一书的作者杰·克罗斯则将非正式学习定义为"员工通过非官方、非约定、临时发生的方法学习将工作做好"。

由于非正式学习具有"不刻意安排"的特性，学习者往往是"即兴地"临场、临时学习，而在"不知不觉"中达到学习的效果，所以非正式学习又被归类于或等同于"自发性学习"（spontaneous learning）或"偶发性学习"（incidental learning）。

正式学习与非正式学习

通常职场学习是因为要满足工作的需求，例如老板交代要完成一件没有经验的任务，或者工作的内容发生变化，员工必须运用任何学习方法及渠道，去获取工作新知与技能。而组织提供的正式学习往往会"缓不济急"或"学非所用"，所以员工经常在没有预期学习需求，没有事先刻意安排的情况下，必须"现学现卖"，就需要用尽任何办法，通过任何可用的"非正式渠道"，获取工作需要的新知与技能。

即使是"贵为人师"的我，也必须是"求知若渴"，每天要密集地"非正式学习"，大量吸收书籍、期刊、电视及网络的新知，以备上课的"不时之需"，否则我的学生就容易沦为正式学习的牺牲者。

但是在现在强调员工必须"持续学习"的职场，如何区分正式学习与非正式学习呢？知名学习专家杰·克罗斯将正式学习与非正式学习比喻为"固定行程的公交车"与"自由行的脚踏车"，做了下表的比较：

表一：正式学习与非正式学习

	正式学习	非正式学习
比喻	固定行程的公交车	自由行的脚踏车
主导者	司机决定行程	骑士决定行程
路径	乘客根据公交车行程搭乘	骑士随性决定目的地、时间、速度与路径
结果	完成度及搭乘证明	持续性尝试与修改
例子	课程	上网查询新知

虽然我个人认为杰·克罗斯的比喻对理解正式学习与非正式学习的差异很有帮助，但是否为非正式学习应该以学习者的立场来定义，即使路上有许多固定行程的公交车，如果乘客只是随兴地搭来搭去，没有目的地，没有事先规划自己的行程，这也是非正式学习。

再者，现代职场的员工学习应该是无时不有、无所不在，正式学习与非正式学习不应该是"非黑即白"的区隔，也已经没有一条清楚的界线。任何职场学习的设计应该是结合正式学习与非正式学习的特性，举例而言，现在流行的"翻转教室教学法"正是结合课堂正式学习及课外非正式学习的最佳写照。下表列出正式学习与非正式学习的特性比较：

表二：正式学习与非正式学习的特性比较

	正式学习 ⟷ 非正式学习	
事件	事先规划	未事先规划
主导	教师	学习者
态度	被动	主动
流程	有结构	没结构

	正式学习 ←————→ 非正式学习	
活动	明显外现	模糊隐含
内容	事先设计	实时需求
时间／地点	特定	不清楚
目标	事先设定	随性
结果	特意	无意

非正式学习的重要性

根据学者雷布尔德的研究指出，许多组织发现一个员工有 85%~90% 的工作知识是在实际工作中获得的，只有 10%~15% 的工作知识是经由正式的培训获得的；而美国商务部的一项调查也说明，至少 80% 的员工学习是在工作职场发生，而不是在培训教室发生的。

商业顾问公司 Atos KPMG Consulting 的调查（如下图一）则显示，超过 75% 的员工学习是属于非正式学习，例如通过社交网络（30%）与工作经验（45%）的方式获得工作新知与技能。

图一：员工学习不同方式的重要性

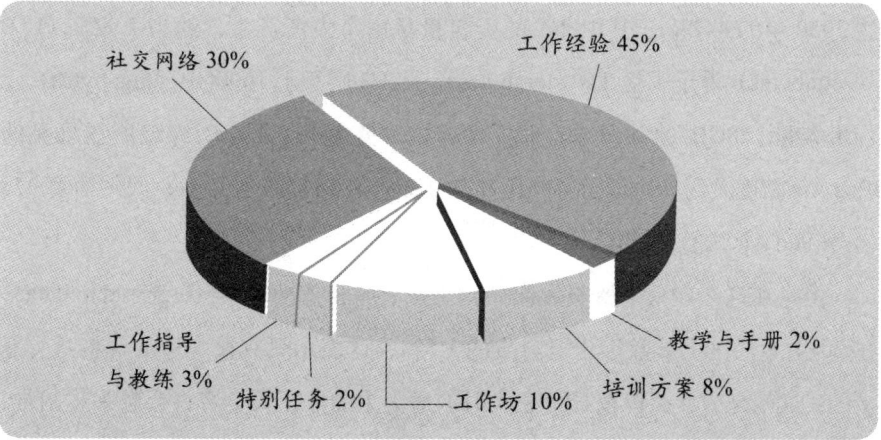

社交网络 30%

工作经验 45%

工作指导与教练 3%

特别任务 2%

工作坊 10%

培训方案 8%

教学与手册 2%

177

非正式学习的重要性也显现在员工的学习成本上，非正式学习最普遍的方式是搜寻工作需要的信息。著名的商业情报公司 IDC 对公司员工的一项调查却显示，知识工作者最大的学习成本就是信息搜寻，知识工作者将 15%~30% 的工作时间花在搜寻特定的信息，但是成功的搜寻却占不到 50% 的时间，对于《财富》500 强的公司而言，没有结果的信息搜寻花掉公司 600 亿~850 亿美元之间的直接成本，以及大概两倍的机会成本。

在现今信息爆炸的时代，每个人每天都生活在被信息疯狂轰炸的环境中，不得安宁，许多人因而产生"信息焦虑症"或染上"信息嗜毒病"，不管任何场合、任何时候，都是人手一机，不是在搜寻信息、浏览信息，就是收发信息，也不管这些信息是否对个人有任何意义。

早在互联网开始兴起的 20 世纪 90 年代，"《纽约时报》一周的信息量可能超过 18 世纪一个人一生可能接触到的信息总量""美国每天有超过 3000 本新书出版""英文词汇的总数大约是莎士比亚时代的 5 倍"。而在现今手机及行动网络盛行的年代，"人类每天手机传输的传统短信数量早已经超越全球人口总数""2015 年成长至 7 亿个活跃用户的 WhatsApp，每天则要经手 300 亿条信息"，这些信息的流量还不包括其他用户数超过 LINE 及 WhatsApp 的社群网站，例如脸书及 YouTube。

而根据 IDC 的预测，全球资料量将从 2013 年的 4.4ZB 急速成长 10 倍，达 2020 年的 44ZB，其中 2/3 的资料量是由个人所产生，约为 2.9ZB。1ZB（zettabytes）等于 1 亿 TB（terabytes），1TB 则等于 1000GB（gigabytes），若用容量 128GB 的 iPad Air 平板计算机堆叠起来，4.4ZB 容量所需堆叠的 iPad Air 高度大约是地球至月亮距离的 2/3（约 253700 公里），大约需要 378 亿台 iPad Air 堆叠的高度。

但是在这么庞大的资料大海中，真正具有价值的资料（high-value data）在 2014 年只占全部数字化资料量的 1.5%，这表示只有很少量的资料是有意义的。这就是为什么以搜寻信息实时沟通为主的非正式学习将会越来越困难，非正式学习的成本将会越来越高。这也是为什么组织需要善用创新资通讯科技，以降低非正式学习的成本并提升非正式学习的效益。所以老王一开始就主张："上课无法也没必要禁止学生玩手机或平板电脑"，而且更要刻意安排学生使用手机或平板电脑来强化学习效益。

非正式学习的问题

从管理的角度来看，员工的非正式学习成本非常高，而且通常是隐性成本，亦即在管理账目上看不到它的存在，更无法像正式学习去测评学习效益。管理学上最经典的名言"没有测评，就没有管理"（No measurement, no management.）就点出非正式学习的最大问题所在！

除了无法算计学习成本外，由于非正式学习通常是员工随兴自在地发生，而且经常是发生在工作的当下，却又不像在职培训般有事先规划，根据需求，设定学习目标，设计学习内容及方式，既没有与个人发展计划（individual development plan, IDP）连接，也没有与组织策略或目标衔接，组织没有记录，亦无法追踪，更别说测评其学习效果。

也因为组织没有测评及记录学习效果，员工自发性的非正式学习缺乏持续学习的组织诱因，员工容易发生"名为学习，实为自娱"的不当行为，这些不当行为甚至造成组织网络被黑，机密资料被盗取，有时网络病毒等威胁还会造成组织系统及员工计算机运营瘫痪等问题。

举例而言，许多组织允许员工在工作时间上网，原本是方便员工内外沟通及工作需要的信息搜寻等非正式学习任务，但却发现员工经常把"方便当随便"，上班时间上网沟通私事，甚至讨论八卦，浏览不当网站，因而影响到工作绩效或学习绩效。例如我就曾于单位领导任内，"捉到"员工上班时间利用软件与别的单位同事谈情说爱，虽然两人修成正果，但是那位员工当年的工作考核却不尽理想。相信许多担任领导或讲师的读者，之所以会考虑上班或上课时间禁止玩手机或平板电脑，主要就是担心同事或同学会"手滑分心"，影响工作绩效或学习绩效吧！

　　非正式学习是员工获取工作知识与技能最重要及最主要的学习方式，而网络科技及行动科技是非正式学习最重要及最主要的学习工具与渠道。再者，快速创新的网络科技和行动科技促使非正式学习多样化及普及化，科技化的非正式学习成为不可抵挡的趋势洪流，但是非正式学习的特性也造成高学习成本、无法测评效益、不当使用科技等重要问题。举例而言，许多组织常有"只要我们建造了它，他们就会来"（If we build it, they will come.）的现象，开发了一大堆的数字化学习课程放在网上，却没有任何规划，就期待员工会来学习，即使每个数字化学习课程都有学习目标，内容也有结构，但是数字化学习若只是让员工自己随兴地去浏览，最终的结果往往是"痴痴地等待"，形成"浪费学习资源、无法测评效益"的非正式学习问题。

　　为了创造职场上非正式学习的真正价值，领导者应该思考如何"转学习成本为工作效益"及"化科技阻力为学习动力"。就此，下一章将会说明如何善用当今的"E"化科技，如LINE、YouTube或脸书，整合正式学习与非正式学习，达到"正非兼修"及"正非并备"的目的，我称之为"Enformal Learning"。

第十六章
信息技术：
将非正式学习正式化

经过恩师老王的开导，小魏了解学生上课玩手机很难禁止，也理解学生上课玩手机的原因就如同上课睡觉般，如果不是学生无心于学习，就是老师上课无趣，所以还是得从老师本身的教学策略与方法改进，强化学生的学习动机。小魏虽然不断地精进自己的教学技巧，学生上课玩手机或睡觉的状况亦获得大幅改善，但总是有少数几个学生就是"本性难移"，小魏又觉得学生上课玩手机还是会干扰到老师及其他学生的上课情绪，于是设定了一条规定，"我的课堂上不允许玩手机，实在不想听的人可以趴在桌上休息"。

　　某天上课时，小魏发现学习动机一直不高的小瓜竟然在玩手机，于是上前盘问："你难道不知道上课的规定吗？"小瓜回答："老师，我知道啊，只是我有一个坏习惯，睡觉前不玩手机，睡不着觉！"小魏收起小瓜的手机，无意中看到他的联络人名单里有个人叫"笨瓜"，小魏还以为是小瓜替自己取的代号，好奇地拨了过去，没想到竟然是小瓜父亲接的电话，一时情急，便说："小瓜说他若不玩手机，睡不着觉，是否属实？"小瓜父亲竟然回应："没错啊，没什么好大惊小怪的，我们家每一个人都有睡觉前一定要玩手机的习惯，而且现在有很多可以帮助入眠的 App 游戏喔！老师若需要，可以介绍给你。"小魏听了，一时又不知如何回应，只好说声"谢谢"连忙挂断电话。

　　想到老王曾提及手机及平板电脑已经是现代非正式学习的必备工具，有些老师甚至会刻意安排学生玩手机或平板电脑来进行学习，于是赶紧跑去找老王，讨教该如何将学生玩手机及平板电脑的现象融入教学，于是老王开始讲述他的独门绝活"Enformal Learning"。

什么是"Enformal"Learning?

在上一章曾经提到，非正式学习是职场员工最重要及最主要学习方式，而网络科技及行动科技，如手机及平板电脑，是非正式学习最重要及最主要的学习工具，但是非正式学习具有高学习成本、无法测评效益、不当使用科技等重要问题，所以组织应当善用当今的"E"化科技，整合正式学习与非正式学习，成为 Enformal Learning，降低学习成本，提升学习成效。

简而言之，Enformal Learning 是以"En"（促使的意思）取代"In"（非正式的意思），促使非正式学习（Informal Learning）为正式学习（Formal Learning）。从数字化学习（E-Learning）的观点来说，Enformal Learning 则代表创新的 E-Learning 模式。

不同于图一的传统 E-learning，主要是将正式学习的学习内容电子化（E化），又称为数字化，所以 E-learning 也称为数字化学习。而 Enformal Learning 则如图二所示，主要是 E 化非正式学习为正式学习，也就是通过电子化工具（E-Tools），达到结合非正式学习与正式学习优势的目的，在现今流行的混合学习或翻转教室中都可以融入 Enformal Learning。

图一：传统 E-Learning

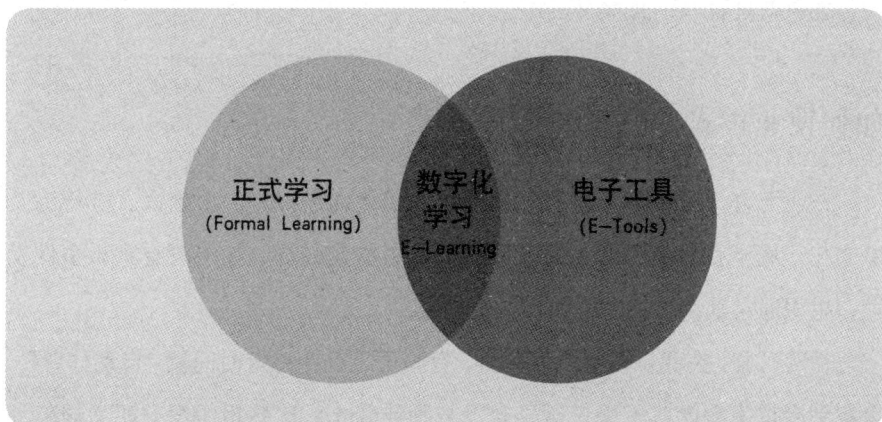

正式学习
(Formal Learning)

数字化学习
E-Learning

电子工具
(E-Tools)

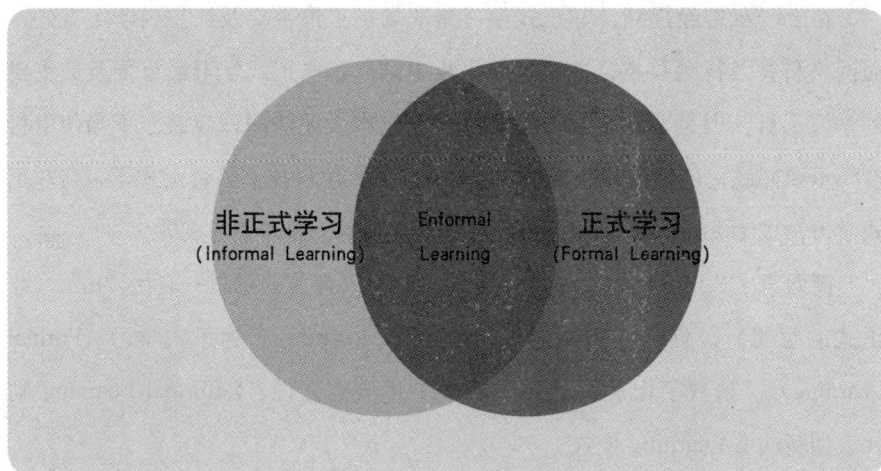

图二：Enformal Learning

非正式学习
(Informal Learning)

Enformal
Learning

正式学习
(Formal Learning)

职场的正式学习是组织正式安排，事先有规划、有目标、有结构，事后有测评、有检讨的学习，目前最主要的正式学习是培训部门安排及举办的培训课程，然而一项调查指出，这种课程式的正式学习，只占职场员工所有学习的 18% 而已，而且学习效果不及职场上"即学即用"的非正式学习。但是非正式学习因为没有事先规划及事后测评，例如员工上网实时搜寻工作问题的方案，组织无法追踪员工学习的发生与成效，往往学习成本很高却不自知，改善之道就是将非正式学习正式化。

如何使非正式学习正式化？

一般而言，组织都会存在一些没有正式化的潜规则、潜制度、潜行为及潜文化，属于在组织中存在却没有规范的事物或言行，如果没有重大事件发生，组织通常默许它们的继续存在及发生。

举例而言，在我以前的工作场所，有些员工会在特定时间就"自动休息"，聚集到会议室喝咖啡闲聊，领导并没鼓励或禁止。这些组织没有明文规范却发生的事物或言行就称为非正式事件，也因为如此，这些事件的发生也就没有记录，没有测评，无法得知对组织的真正影响。如果组织认为这些非正式的事物或言行值得鼓励，便会以下列方式予以正式化：

1. 确认

首先组织会先确认非正式事物或言行的确存在，并确定是值得鼓励的。例如，确认员工聚在一起喝咖啡聊天是非正式学习的一部分。

2. 规划

将非正式的事物或言行制定为有目标、有结构性及可以衡量结果的规范。例如，将某间会议室重新装潢为"动脑会议室"，并提供免费咖啡，且设定每星期五下午三点到五点为部门脑力激荡时间，员工可根据自己的工作状况决定参加与否，由专人带领，针对工作问题进行"动脑会议"。

3. 公布

将规范公告周知给所有适用的员工。例如，将"动脑会议"的使用规则，及星期五下午的"动脑会议"进行方式及主题公告给部门的所有员工知道。

4. 鼓励

对于遵守规范且产生效益的员工给予奖励。例如，对于参加"动脑会议"产生具体贡献的员工，提供适当的奖励，发放提案奖金。

5. 连接

将规范的事物或言行变成工作的一部分，并连接到员工的工作绩效考核。例如，可以规定每位员工一年至少要参加几场"动脑会议"，并将"动脑会议"的成果列为绩效的一部分，增加员工参与的诱因。

6. 测评

测评规范产生的结果及其对组织的影响。例如，每月及每季检讨"动脑会议室"的使用状况，检视"动脑会议"的产出及成果，并提出改善方案，提升会议室的使用效率及"动脑会议"的成效。

图三：

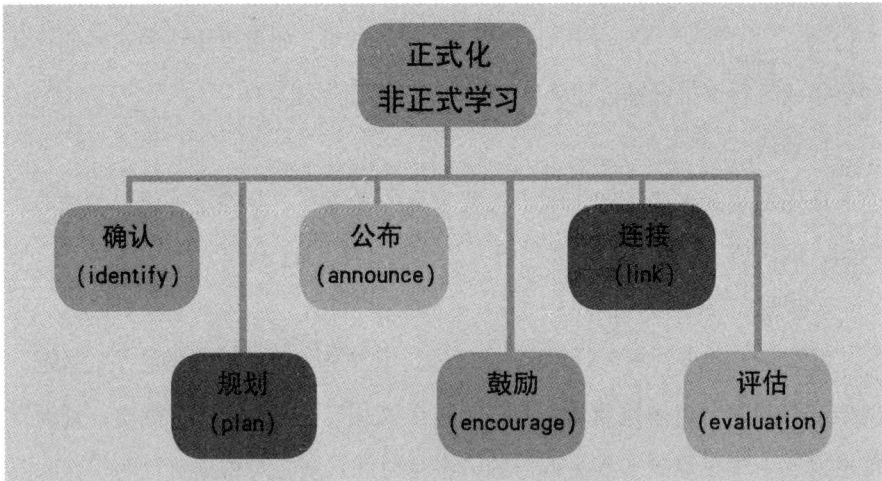

Enformal Learning 成功的关键在于将员工所熟悉的非正式学习转化为在职培训（OJT）的模式，也就是结合员工习惯的工作模式与即学即用的学习模式，成为有规划、有结构、有记录与有评价的正式学习。

举例而言，一位新进员工习惯向一位资深员工讨教工作问题，而这位资深员工只要有空，也乐于协助，领导就可以将他们配对为在职培训的工作指导模式，运用上述方式将原本非正式的"教学关系"正式化，变成在职培训的正式学习。就此而言，领导可依下列程序，有效协助员工"正式化"他们的非正式学习：

1. 确定员工的工作职务与任务。例如，新任项目经理要启动一项跨部门营销计划。

2. 找出与工作绩效连接的关键职能，例如项目管理的能力。

3. 进行初期绩效设定时，根据员工的工作绩效目标与关键职能，制定个人发展计划。例如，强化项目管理的能力，6 月底前取得项目管理师认证。

4. 依照个人发展计划，由员工与领导讨论合适的学习方案（包含课程与在职培训）。例如，参加项目管理的认证课程、加入项目管理协会，以及阅读项目管理的指定书目。

5. 每次进行期中绩效面谈时，检视学习方案的结果，并列为绩效考核的一部分。例如，6 月的期中绩效面谈，检视项目经理是否通过项目管理师认证。

6. 进行期末绩效考核时，以工作绩效来衡量每一个学习方案的成效。例如，以项目计划的成果来测评个人发展计划中学习方案是否有效。

如何运用科技，建构"Enformal"学习环境？

除此之外，组织可以利用网络科技，例如社群网站、及实时沟通软件，建构无时不可、无所不在的 "Enformal"学习环境，让员工随时随地都可以上网搜寻及撷取有助于学习的知识，并利用信息分享网站分享有用的学习知识。

即使在教室里，只要不是老师一直讲课，单向灌输负载过重的信息给学生，若能有效运用问题导向的教学策略，善用 E 化的教学工具，懂得引导学生使用手机及平板电脑进行有意义的学习，就不用担心学生课堂玩手机或平板电脑来打发上课无趣的时间。

我根据多年的教学经验，整理出下列"ABCDEF"的法则，协助各位运用 E 科技，促成 Enformal Learning，提升员工的学习成效：

• 方便使用（access）

使员工方便使用网络信息搜寻工具或社群分享网站等非正式学习的机会。例如，允许员工使用谷歌搜寻工作问题的答案，或者使用脸书分享学习心得。

• 混合（blend）

在正式的学习方案中整合非正式学习的机会，促使非正式学习融入正式学习。例如，正式课程的作业，要求员工搜寻及观看与课程主题相关的 YouTube 视频短片，并撰写心得报告。

·情境化（contextualize）

运用 E 化工具，将非正式学习情境化为目标导向或问题解决的学习活动。例如，借由脸书本身具有数字化营销的功能，要求学员运用脸书的资料来研究数字化营销。

·数字化（digitize）

将非正式学习的传统学习资源数字化。例如，录制员工的工作流程与方法的数字化学习影片，并放在组织的数字化学习网站，以便员工撷取使用。

·嵌入工作（embed）

将非正式学习的任务或内容嵌入员工的工作任务中。例如，要求国际业务部的员工每天早上要听 ICRT 的英文新闻，并进行在线测验。

·制度化（formalize）

将非正式学习列入员工的个人发展计划。例如，餐饮集团要求旗下的每个分店的店长每年要到至少 50 家餐厅用餐，并以手机观察、记录并撰写报告，上传到公司的知识分享网站，列入考核。

新兴的网络科技

在互联网的浪潮下，网络涌现许多非正式学习的机会与工具，例如博客（blog）、维基（wiki）与内容源（RSS）等，这些新兴的网络工具将巨幅冲击人类学习的模式与习惯，也将重大改变 Enformal Learning 的概念与实施。

相较于传统的学习模式或数字化学习，着重于"学习是知识传递的过程"，我个人认为网络科技对职场学习最大的影响为"学习是知识共创的过程"，而互联网使得知识共创的理念得以实践，让 Enformal Learning 成为另一波挡不住的浪潮。现今重要的网络工具列举于下：

·博客：任何网络的使用者都可以成为知识的提供者，拥有自己的专栏，称为博客（blogger），为网络提供文字、图片、声音或视频等创作，借此和有兴趣的网络读者分享与交流自己的知识。例如，我也拥有自己的博客"老王爱说效"，平时会在这个平台撰写有关人力绩效的文章（博客"老王爱说效"网址为 http：//wfk-hpt.blogspot.tw/）。

•维基：维基开发者坎宁安（Cunningham）将维基定义为"一种允许一群使用者利用简单的文字描述来建立和串联一组网页的社群计算系统"，意即维基是一种共同著作系统，网络的一群知识贡献者可以通过维基自由撰写及编辑网页内容，因此维基成为知识共创的工具，而维基网页的贡献者自然构成了一个知识社群，借由维基来交流彼此的知识。例如，维基百科（Wikipedia）是现今世界最大的知识共创平台。

•内容源（RSS 或 Atom）：内容源是一种网络资料交换的共通格式，博客或新闻网站可以借由内容源将更新的内容主动地传递给订阅者，进行阅读。例如，若各位对我博客的内容有兴趣，便可订阅我博客的内容源。

•参与评论与评分（digg）：digg 是网络文章的筛选机制，不同于新闻网站，任何新闻视频或文章的著作者都可以将其著作投到 digg.com 网站，由网民进行投票，称之为 digg。当一个著作获得足够多的票数后，便会移到首页，让网络读者浏览阅读，否则便会在特定的天数后被删除，借此机制筛选出最受关注及最有价值的著作。

•美味书签（Delicious）：Delicious 原名为 del.icio.us，是免费的社群服务网站，借由 Delicious 网站，网络使用者可以将自己收集的网络内容书签（Bookmark）或"最爱"（Favorite）放到 Delicious 分享及连接，甚至一群使用者可以将自己的书签共同整理与编辑成共享及共存的书签清单，借此共创有价值的书签知识。

•社群网络服务（SNS）：社群网络服务（social networking services）主要是将一群拥有相同兴趣与活动的网络使用者，通过网络及社交功能串连成在线的虚拟社群。多数的社群网站，例如脸书或谷歌，都会提供多种让用户分享交流的社交工具，像电子邮件、社团群组、动态报道、聊天室、影音分享、相簿、博客等，这种以人为中心的网络连接，相较于传统以网页内容为主的网络连接，形成互联网新型的知识网络。

·微博：相较于传统博客，微博是一种允许使用者实时发布及更新简短信息的精简版博客，微博的创始者推特开始将字数限制为 140 字，但是随着互联网科技的快速发展，这些简短信息可以以很多方式传送，包括短信、实时信息、电子信件或网页，也可以传送多媒体信息，例如图片或影音短片。

·基于位置服务（LBS）：LBS 的全名为 location-based services，意为 LBS 网站提供的网络服务主要是以使用者所在的位置为基础，所以有人称之为适地性服务。LBS 通常是通过电信无线网络或全球定位系统（GPS）来确认使用者的所在位置，而将与位置有关的信息，例如当地气候、观光景点或餐饮地点，直接推送给使用者，或者利用地理坐标对信息进行合理的筛选及讨论。进阶的 LBS 可以与社群网络服务连接，形成以位置为中心的知识网络。举例而言，一群对野柳地质有兴趣的研究学者，可以借由 LBS 的功能记录野柳不同实地的地质信息，再将实地拍摄的照片或短片，上传到社团群组，共同讨论不同地质之间的差异。

·实时通讯（IM）：实时通讯，顾名思义，就是两人或多人可以通过网络马上交换信息，信息的形式从早期只有文字信息到现在的多媒体信息，包含档案、语音与视频。而且实时通讯软件也从早期只能在有网络连接的个人计算机上使用，到现在各式各样的行动 App，例如 LINE 或 Whatsapp，不仅随时随地可以使用，而且广及全世界的使用者人数都是几亿的规模，成为目前在信息交换或知识交流上使用率最高的网络工具。

·创作共享：创作共享（creative commons）简称为"创用"（CC），源于现有著作权法的使用限制，依据各国现行的著作权法，著作的使用权利全部保留给著作权人，任何"合理使用"之外的著作使用，除非事先取得著作权人的授权，否则不得进行，意在保护著作权人的智慧财产。但是这样的保护对于有意扩散著作使用、欢迎别人复制甚至修改其著作的著作人，反而造成困扰，于是衍生出创作共享的授权模式。创用主要是针对愿意有条件释放著作权保护之作品所设计的公众授权模式。任何人在著作权人所设定的授权条件下，都可以自由使用创用授权的著作。创用授权模式对于知识应该是无偿使用，或者知识的价值来自共创及共享的知识贡献者，在现有著作权法的限制下开启了另一道门。

Enformal Learning 的案例

运用网络科技结合工作、学习及创新的 Enformal Learning 会是未来职场学习的趋势，甚至成为组织不可或缺的创新学习平台，其实这种强调"知识分享与共创"的 Enformal Learning 在现今的职场不仅逐渐成形，而且已展现成效。以下用 IBM 所举办的 innovation jam（创新脑力大激荡）为例，说明 Enformal Learning 的威力。

IBM 从 2001 年开始，尝试让员工在会议室不设定目标进行脑力激荡，只谈员工自己对未来世界的展望，称为 Jam 会议。Jam 一词原本是指一群各有专精乐器但互不相识的人聚在一起，在没有经过彩排的情况下进行爵士乐的即兴演奏，考验彼此的默契，共同学习及发挥爵士乐演奏的创意，创造出新的乐曲及风格。

IBM 发现以未来期望作为主题的 Jam 效果不错，于是在 2003 年举办第一次通过网络的在线 InnovationJam，让全球员工针对 IBM 的价值观进行 Jam，员工发想出 9300 个点子，经过整理，定义出 IBM 价值观的新方向："创新为要、成就客户、诚信负责"。

继于 2004 年进行如何实践新价值观的在线 InnovationJam，由于效果还是高出预期甚多，所以 IBM 于 2006 年举办有史以来规模最大的在线 InnovationJam，IBM 首先设定好四大未来议题：到达目的地（going places）、维护健康（staying health）、更好的地球（abetter planet）与金融商务（finance

& commerce），结合超过 15 万名员工、客户及来自 104 个国家 67 家企业的相关机构共襄盛举，要求参与者在 72 小时内提出想法及点子，短短三天内，一共收集了逾 46000 个点子，IBM 在两年之内投资 1 亿美元于 InnovationJam 产生的最好点子，创造出 10 个新创事业。

对许多知道 IBM InnovationJam 的人来说，InnovationJam 是一种有效的创新机制及平台，而就职场学习的观点而言，InnovationJam 是有效运用科技的 Enformal Learning，完全符合"有规划、有结构、有记录与有测评"的正式学习模式。

虽然 InnovationJam 只有短短的三天，IBM 却能经由这样"知识分享与共创"的学习模式，促使逾 15 万的参与者，有效地通过脑力激荡的方式，学习创新，贡献创意，了解 IBM 对未来议题的发展方向与想法，这种结合工作、创新与学习的 Enformal Learning，其投资报酬率绝对远超过三天的传统培训课程。

当然，IBM 不是第一个运用科技进行 Enformal Learning 的组织，更不是最后一个。通过网络科技结合正式学习与非正式学习的 Enformal Learning 已成为潮流，也是整合学习、工作与创新的基石。再者，网络科技不断精进更迭，领导应该懂得如何运用新兴的网络科技打造"创新即学习、学习即工作、工作即创新"的知识共创平台，进而建构随时随地可以共享与共创知识的"知识型组织"。

第十七章
永续发展：
创建知识型组织

小魏刚拿到博士学位，被邀请讲学。一天趁闲游览附近风景，他雇了一艘小船游河，看着船夫卖力地摇桨，兴起与船夫聊天的意致，劈头就问："你的最高学历是什么？"船夫依旧使劲地划桨回答："我中学毕业后就出来当船夫，一直到现在。"

小魏听到竟不经意地说："你大学没毕业，就已经浪费掉生命的一半，所以只能靠劳力营生，若如此下去，会浪费掉你全部的生命。"船夫客气地回问："那你是做什么的啊？"小魏露出读书人的骄傲，回答："我刚拿到博士，一方面在学校教书，另一方面在当顾问……"还未说完，瞬间天空雷雨交加，河水暴涨，船里竟然开始漏水，眼看就要沉没了。小魏很紧张地问船夫该怎么办，船夫就问小魏说："你都读完博士了，学过游泳吗？"小魏慌张地答："没有学过！"船夫露出笑意回应："教授啊，不会游泳，你的生命已失去一半。你现在如果不跪地求我救你，那你就要失去生命的全部了。"顿时，小魏就跪下拜托船夫救他。

又有一天，小魏在登机前看到非常稚嫩的机长，就问收机票的空乘："那机长看起来很年轻，行吗？"空乘回答："没问题，他虽然才刚考到飞行员执照，但是有个航空工程的博士学位，飞行知识很丰富。"飞机才起飞30分钟后，突然就折返机场降落，小魏好奇地问空乘："刚才究竟发生了什么事？"空乘回答："没事，刚才机长发现几个问题，他不熟悉，所以决定换个机长。"飞机在停机坪停留约20分钟，换了个年纪比较大，看起来经验老到的机长，再度起飞。没想到，才飞到标准高度后，又折返回机场降落，小魏于是问空乘："刚才又发生了什么事？"空乘回答："喔！因为在起飞后，机长发现左边的引擎出现怪声，不敢飞了，于是折返机场。"小魏紧张地又问："你们把引擎修好了吗？"空乘还是神色若定地回答："喔！没有！我们决定换一位比较不怕死、敢飞的机长上来。"

回台湾后，小魏向老王叙述这两次"死里逃生"的经验，并羞愧自己的学识无用，老王笑着回答："许多博士都有这种自以为学富五车的傲气，不过天生我材必有用，无须看轻别人的知识。"老王接着说："知识有很多种类型，举例而言，第一位机长有的是学识，第二位机长有的是见识，但是都比不上第三位机长的胆识！"

老王又说："书到用时方恨少，学然后知不足啊！书本读到的知识多是死知识，知识要活用才是真知识。"小魏立即接应："是啊！老师，你的知识比我们多许多倍，可是我发现你经常对自己的知识有疑问呢！"老王回应："我的知识虽然比你们的多，但是我接触到的无用知识也比你们多，而且我所拥有的个人知识是所谓的'内隐知识'，有错都不知道，这正是我必须常常怀疑自己知识的原因。"小魏又搔着头问："学识、见识与胆识有什么区别啊？什么又是内隐知识？"

于是老王开始阐述，在现今知识型社会有不同的知识、特质及限制，人们应该随时自我提醒，在工作场合如何转化个人知识为对组织有用的知识，并通过知识管理的手段，建立知识型组织，以提升组织创新的成效。

知识的特质与分类

首先，知识是在某特定应用上创造价值的信息，而信息是经过情境化或是整理过且赋予特定意义的资料。但是在现今信息爆炸的时代，如何找寻与产生有用的知识，进而加以利用，为组织创造机会及价值，便成为知识工作者最重要的任务。知识工作者的专业知识可区分为"知道的"（know-what）、"会做的"（know-how）及"愿意做的"（know-why）。

know-what 为领域事实、理论、概念；know-how 为解决问题的认知程序、方法与技巧；know-why 为问题解决的原因与目的。这三种知识可换称为"学识"(knowledge in theory)、"见识"(knowledge in action)、"胆识"(knowledge in decision)。

"识"不是只是知道而已，而是内化的洞悉及理解，除了知道，更要做到。举领导力为例，真正的领导者应该具备领导学识、见识与胆识，学识容易学习，见识可以磨炼及累积，但是领导力的胆识除了要学习及磨炼外，是一种人格特质的外显，不是短期可以培训出来的。

表一：劳动型工作与知识型工作

	劳动型工作	知识型工作
工作目的	工作重复性的极佳化	解决问题
例子	机器操作员	研发工程师
主要能力	体力	脑力
工作流程	步骤式程序	非线性程序
技能领域	单一	多重
工作自主性	低	高
工作范畴	特定	模糊不定
工作类别	固定重复	项目式
工作箴言	努力地工作	聪明地工作
创新重点	减少变化（错误）	探索新方案
主要学习模式	移转模式	社群模式

其实已故的管理学大师彼得·德鲁克早在 1960 年末期就已经提出知识工作者和知识型社会的概念，在其著作《后资本社会》（*Post Capitalist Society*）

中曾如此描述："在知识社会中，基本的经济资源，亦是生产来源，不再是资本、天然资源或劳力，而是知识。知识社会的领导群体为知识工作者，他们拥有生产来源及生产工具。知识工作者拥有知识，而且带着知识到任何他们要去的地方。"

在知识型社会里，知识工作者取代劳动工作者成为社会的主流，拥有社会发展的主要经济资源。同样地，在知识型经济里，知识是主要的经济资源，知识工作者本身同时拥有生产来源及工具。而在知识型组织里，知识工作者的工作形态及特征与劳动工作者呈现明显的对比，如表一所示。

在知识型组织里，知识工作者扮演组织成长及发展的主导角色，但这并不代表劳动工作者就会消失，只是劳动工作者的数量会减少，而且劳动工作者需要成长或转型为知识工作者，必要的劳动工作则会外包给比较有效率的劳动公司，或者机器人会取代劳工从事劳动工作。但是，知识成为无形的经济资源及工具，与传统的有形经济资源或工具非常不一样，所以知识工作者的工作形态及特征也与传统工作者非常不一样，使得知识型组织的管理和发展模式与传统的组织也不相同。知识成为经济资源的特质如下：

1.不可移动性（sticky）：任何人没有办法从知识工作者的身上将知识取走，不像其他的有形资产可以轻易地被移动或搬走。

2.易漏的（leaky）：组织很难阻止知识从大门溜走或被偷走，知识工作者若离开，脑袋里的知识也跟着离开了。

3.神秘性（tricky）：知识是无形的资产，很难捉摸其形态，更难衡量其真正的价值。

4.低成本（low-entry-cost）：当主要资产为知识时，组织不需要雄厚的厂房、设备、资金才能进入市场竞争。

5.高报酬（high-return）：知识的价值不定，但是应用得当可以产生相当大的杠杆作用，知识的投资回报率是相当高的。

6. 长期性（long-term）：通常知识工作者的知识是长期累积而成的，也往往需要长时间才能回报。

7. 稀少（scarce）：知识工作者及其所拥有的知识可能到处都有，但是能应用而产生价值的知识很难且很少被发现。

8. 无敌对的（non-rival）：同样的知识可以同时被许多人运用而产生新的价值，但是没有人会觉得自己的知识被剥夺了。

9. 高风险（risky）：知识的市场价值经常是极端起伏不定的，也容易被抄袭及盗用，对知识的投资往往是高风险、高报酬率。

10. 有繁殖力（generative）：当知识与别人分享时，它是可以繁殖更多知识，而不是消耗掉。

11. 没有固定价格（no fixed price）：知识的价值难以衡量，无法有公定标准，完全是由愿意出价的买家来决定。

由于无形的知识资源具有上述特质，因此知识的流动性及价值变动性很高，而使得组织难以掌握或控制知识，特别是存在于个人脑袋里的知识，组织因而在投资、运用及管理知识上变得非常困难，衍生出个人知识的几个问题：

- 对组织具有高价值的知识通常仅藏于少数人的脑袋里，而属于个人资产，例如经验丰富的专家或领导者。
- 人类的脑袋都有其容量与记忆的限制，每位知识工作者所拥有的知识在个人脑袋里都是有限及片段的组合。
- 个人知识若没有转化为组织知识，储存于组织记忆中，便无法分享与传承给组织内其他知识工作者。
- 个人知识若无法分享或传承，组织的其他成员便无法知道他们可以使用或学习的知识，形成知识的浪费。
- 组织成员的流动造成知识的流失，亦即当知识工作者离开组织时，也同时带走他们拥有的个人知识。

- 最后也是最重要的，如果个人知识是个人创造价值的工具，若无特别的方法或诱因，个人是没有分享意愿的。

上述个人知识的问题特别容易显现在内隐知识（tacit knowledge）上，内隐知识为迈克·波兰尼（Michael Polanyi）于 1958 年在哲学领域提出的概念，通常是指不能通过语言、文字、图表或符号明确表述的个人知识。内隐知识往往是借由经验或行动累积而成，经由人们身体的感官或者直觉、领悟所获得的知识，因此是与特定的情境相结合，会依托在特定情境中存在。举例而言，如果有人问你如何学会骑脚踏车，相信你难以描述，更难以将骑脚踏车的过程步骤化，而只能说："当你坐上脚踏车后，你就会骑了。"内隐知识之所以是内隐，是因为它存在一种特性，波兰尼描述为"我们所知道的通常超过我们所能表达的"。也因为如此，内隐知识也具有下列的问题：

- 它是内化而没外显的知识。
- 它因为很难表达，因而难以沟通。
- 它因为没有外显，因而很难获得。
- 它因为很难沟通，因而很难去检讨。
- 它因为很难检讨，因而可能有错误而不知道。
- 它因为很难区分对错，因而很难去改变。

知识的转换

由于内隐的个人知识容易为组织制造上述的许多问题，因此组织希望借由各种知识管理的手段将内隐的个人知识转化为外显的组织知识。外显知识（explicit knowledge）是可以明确阐述而表达出来的知识，例如技术资料、法则或程序，因而可以被编码及保存在媒体（教科书、期刊、影音内容或软件）上，成为组织记忆的一部分，而变成组织知识及智慧资产，方便组织知识的创造、捕捉、转化、分享与使用，这便是所谓的"知识管理"。而在所有的知识管理模式中，最著名的当属"知识创造"模式。日本学者野中（Nonaka）与竹内（Takeuchi）于1995年在其《创新求胜》（*Knowledge Creating Company*）一书中，强调组织内部知识创造的过程就是"内隐知识"和"外显知识"交互作用的结果，发表了如下图一所示的模式，在此模式中，组织内部的知识转换有四种方式：

图一：知识创造是内隐知识与外显知识相互转换的过程

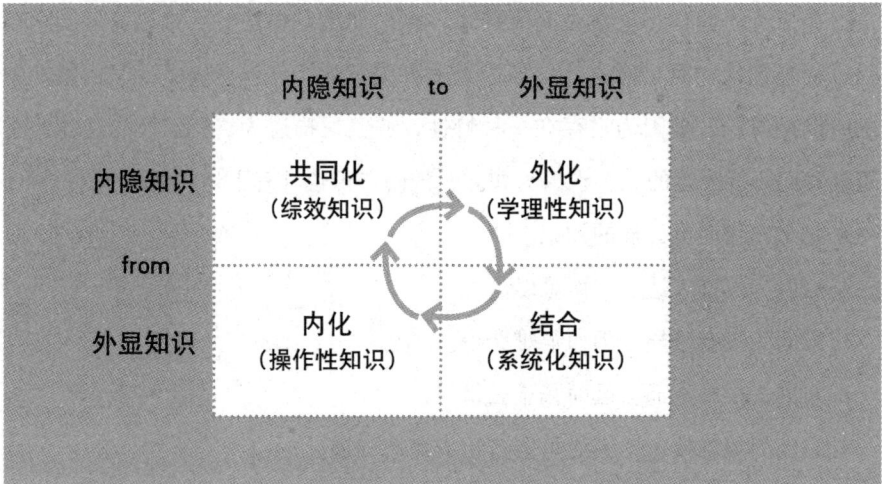

1. 共同化（socialization）：通过共享经验产生新的内显知识的过程，这种过程通常发生在同事合作共事或相互学习中，甚至是职场师徒制的场所，一般而言，通过共同化的方式会令拥有知识的工作者产生"共鸣知识"，或称之为"综效知识"。

2. 外化（externalization）：将内隐知识表达或编码为外显知识的过程，这种过程通常发生在组织想将个人知识加以捕捉、记录与转化为可保存在组织知识库的场合，由于内隐知识转换为外显知识，知识便成为"观念性"或"学理性"知识，可以方便分享或学习。

3. 结合（combination）：将外显知识组合成更复杂、更系统化之外显知识的过程，这种过程通常发生在组织想通过系统化的方式，将保存在组织知识库的知识，经过整理、分析、研究与推论而产生新的外显知识时，所以称之为"系统化知识"。

4. 内化（internalization）：将外显知识转化为内隐知识的过程，这种内化过程通常发生在职场上的体验学习中，知识工作者通过不断地模拟练习或亲身体验将概念性知识内化成可以自己实行的内隐知识，所以称之为"操作性知识"。

知识型的职场模式

传统的职场模式如图二是将知识工作者的工作、学习与创新分开，意即工作是在工作场所如办公室进行，学习是由培训部门规划与安排在学习场所里进行，通常是在教室，而创新则是研发或企划部门的事，不属于一般工作者的工作领域。这样的职场模式也将组织知识切割及存放在如图三的三个组织场所：组织记忆（知识库）、学习场所与工作场所，造成组织知识无法整合、应用与创新。

图二：传统的职场模式

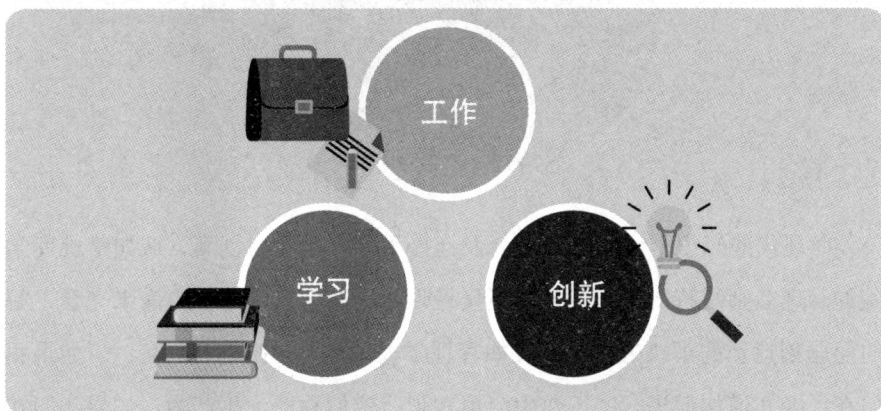

图三：组织的三个知识场所

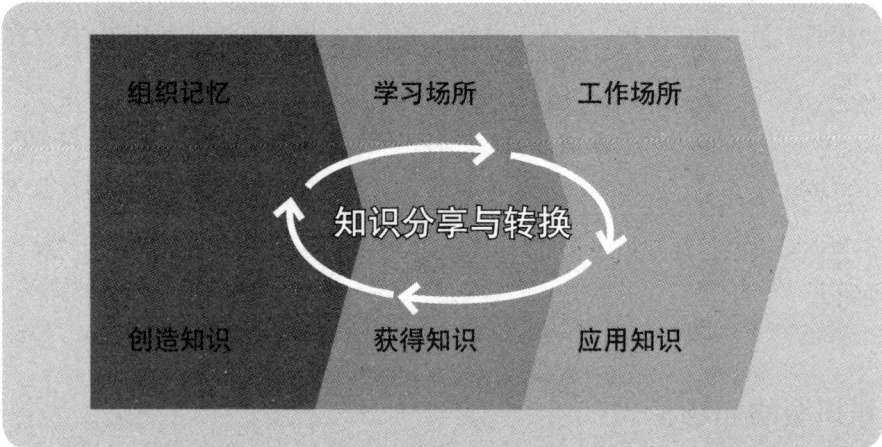

组织记忆　　学习场所　　工作场所

知识分享与转换

创造知识　　获得知识　　应用知识

图四：知识型职场的模式

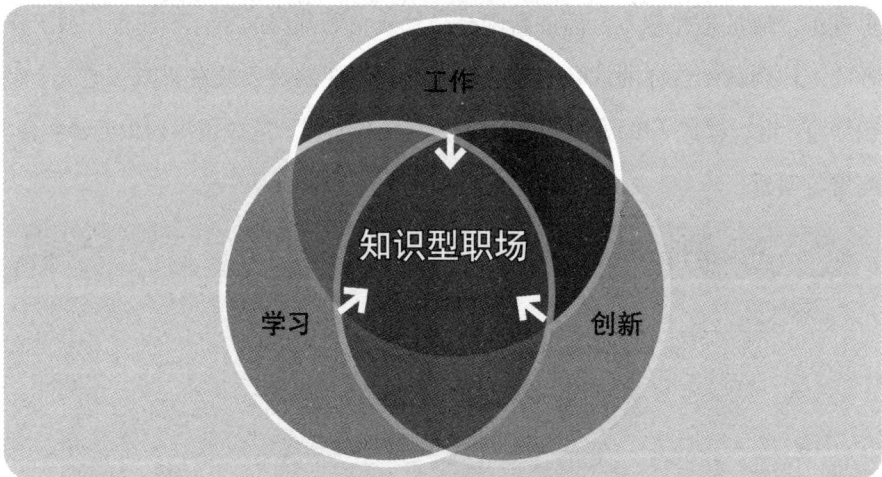

工作

知识型职场

学习　　创新

　　而现代的知识型组织必须整合及连接工作、学习与创新，诚如哈佛商学院的管理名师坎特所说："学习不只是吸收既有信息，还要为尚未完全了解的问题创造新的解决方案"，又如管理学大师彼得·德鲁克所言："如果我们在已经知道如何进行的工作中应用知识，我们称此为生产力；如果我们在新鲜且不同的工作中应用知识，我们称此为创新。"如果组织能够构建知识分享与转换的方法与环境，就能将原本分开的三个知识场所整合与连接为如图四的知识型职场，并形成如图五的知识循环模式。

知识型组织的知识循环

在知识型组织，最重要的知识资源为解决工作问题的方案与经验，这些通常是由组织内的资深工作者或专家所拥有的个人内隐知识，若没转化及保存在组织的知识库，将无法分享及传承给资浅或其他的工作者。

所以，打造知识型组织的第一步即建立以组织问题为中心的知识循环，整合与连接学习、工作与创新所需要的三个知识场所。

- 学习场所：知识工作者获得具有解决工作问题所需要的知识。
- 工作场所：知识工作者应用既有知识解决工作问题。
- 创新场所：知识工作者因为解决新的工作问题而创造新知识。

通过知识工作者的学习、工作与创新等知识循环，组织可以将知识有系统地运用，从"提供知识→获取知识→应用知识→转化知识→创造知识"等步骤，将知识管理的功能发挥得淋漓尽致。组织也可以借由知识循环以知识分享与转换的方式，将知识型组织的三个知识场所，包括组织记忆、学习场所与工作场所串联在一起，达成知识工作者创造知识、获得知识及应用知识的目的。

如图六所示，保存在知识库（组织记忆）的外显知识可以通过系统化的整理、分析与结合等方式产生新的知识，再储存回知识库；而知识工作者可以搜寻与撷取知识库的外显知识，通过学习、尝试与练习等方式，内化为个人的内隐知识；当知识工作者在工作场所应用自己的内隐知识，与其他工作者合作解决组织共同的工作问题，彼此的内隐知识会激荡及综合成新的内隐知识；然后组织以记录、编辑与编码等方式将知识工作者的内隐知识外化为新的外显知识，并保存于组织的知识库内。

图五：知识型组织的知识循环模式

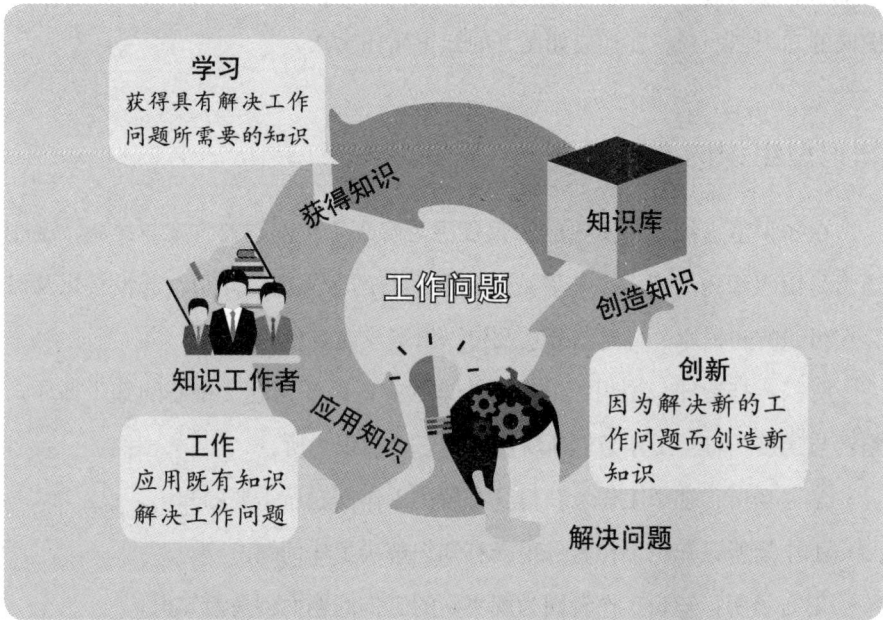

学习
获得具有解决工作问题所需要的知识

获得知识

知识库

工作问题

创造知识

知识工作者

创新
因为解决新的工作问题而创造新知识

应用知识

工作
应用既有知识解决工作问题

解决问题

图六：三个场所的知识转化

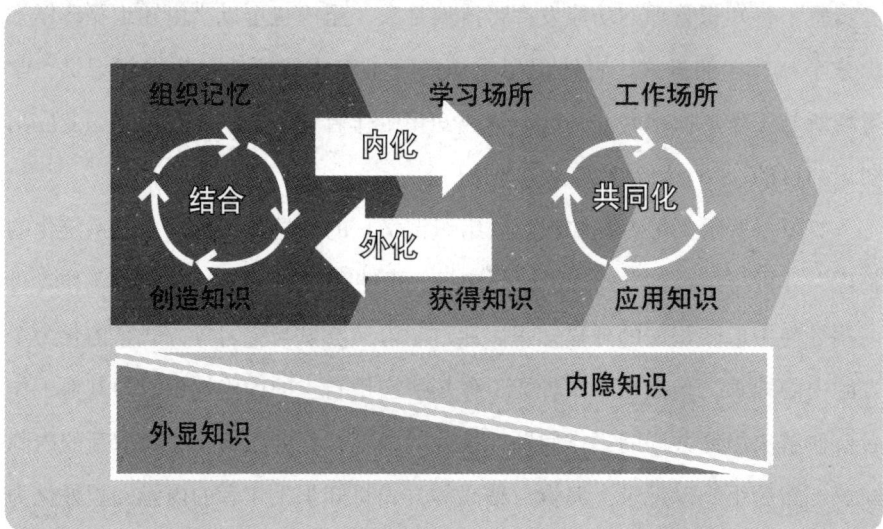

组织记忆　　学习场所　　工作场所

内化

结合　　　　共同化

外化

创造知识　　获得知识　　应用知识

内隐知识

外显知识

知识型组织的案例

从 1997~1999 年间，总部位于美国印第安纳波利斯（Indianapolis, IN）的礼来制药公司为顺应制药业的激烈竞争及缩短开发新药的时效，由一群礼来内部及外部绩效顾问组成知识管理团队，希望以知识管理的手段与方式提升研发新药部门的生产力与创新成效。

当时我是礼来制药的外部顾问，而执行计划的主要理论基础正是图五与图六的知识循环与转化模式，计划名称为 SPIN（scientists' professional innovation network），目的是把礼来的新药研发部门打造成为真正的知识型组织。

图七： SPIN 知识库的平台桌面

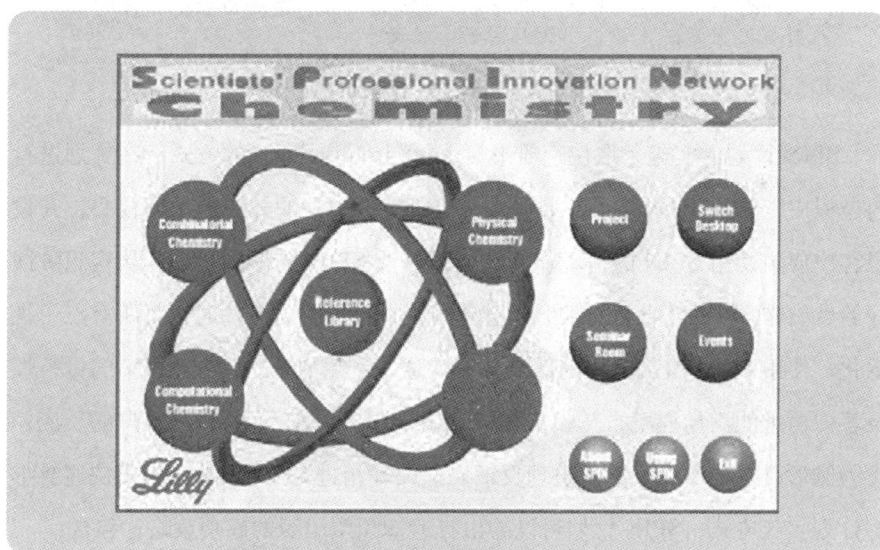

SPIN 计划一开始就先建构横跨三个知识场所的知识库雏形，此处图七显示进入 SPIN 知识库的平台桌面，而建构知识库的目的是用以发掘与测试打造知识型组织所需要的组织策略与程序。表二则列出知识库的内容。

表二：SPIN 计划的三个知识场所

工作场所	学习场所	创新场所
• 网页连接	• 在线课程	• 有能力分享制药研究的知识
• 工具	• 在线讨论	• 分享研究文件
• 文献参考	• 在线教练	• 特别兴趣小组
• 目标化合物库	• 实验过程的录像及展示	• 最佳实务
• 人事信息	• 制药发现／发展的案例研究	• 学习到的教训
• 实验记录簿	• 研讨会或研究发表的行事历	• 转换为不同研究群组的平台桌面
• 工作辅助		
• 文件模板／样板		
• 关键绩效指标		

整合性，可定制化的公用或私用平台桌面

SPIN 计划的实施采取快速雏形（rapid prototyping）的方式，在计划进行的过程中，SPIN 团队以客户组织（新药研发部门）的知识需求为核心，并设想客户成员使用 SPIN 的情境作为建构及修改 SPIN 雏形的基础，从构想阶段开始就制作 SPIN 最原始的雏形，甚至团队在进行脑力激荡时也将所有点子视觉化，便于 SPIN 团队进行内部及外部沟通，利用雏形去测试 SPIN 的可行性及客户需求的满足程度，并收集测试 SPIN 雏形的反应，特别是客户的反应，作为雏形改进的反馈，然后整理反馈以修改并精进 SPIN 雏形。借由快速雏形的计划实施方式，SPIN 计划得以导出打造知识型组织的成功策略，包含：

• 提供知识工作者练习与验证知识的学习场所，以协助知识工作者获得知识并内化为个人知识。

• 结合学习场所与工作场所，促使知识工作者能够"做中学、学中做"以及"即学即用、学用合一"。

- 针对知识工作者的知识需求，提供弹性的平台，使得知识工作者可以不受时空限制获取需要的知识，解决工作问题。
- 针对解决问题的方案，提供给知识工作者讨论的空间，建立提问、反思及反馈的对话机制。
- 将知识工作者解决工作问题的方案与经验，记录及编码成可保存在知识库，以便其他工作者搜寻与撷取，达到知识分享的目的。
- 组织必须建立持续更新知识的机制，不断地根据组织创新的需求，更新个人及组织解决问题的知识。
- 最后也是最重要的，组织必须从人事制度、组织文化、工作环境与工作流程上，提供给知识工作者分享与转换知识的诱因与奖励。

管理大师德鲁克很早以前就预测，未来能够主导企业发展的是知识型员工，能够永续发展的企业必定是结合工作、学习与创新的知识型组织，上述 SPIN 计划的经验正可以提供给企业领导如何打造知识型组织的策略思维与方法！

第十八章
"企业大学"：
培养你需要的人才

小魏加入老王的绩效顾问团队已经有一阵子，也参与过许多绩效诊断与顾问的计划。他发现众多组织仍不重视员工训培，对员工培训的投入及规划普遍欠缺，即使许多资源雄厚的大企业，对员工培训也缺乏扎根式及系统性的想法与做法。

　　就像有一次小魏到一家大型工厂参观，发现几部机器因故障而停机，员工只能加班使用剩下的机器赶工。小魏一问为什么机器会故障，才知道工厂因为旺季雇用没经过完全培训的临时工，把机器操作到坏掉；小魏又问为什么不修理故障的机器，才知道大家都在加班赶工，忙得没有时间去管故障的机器；小魏再问什么时候才会送修机器，工厂经理回应必须等到淡季，师傅比较有空的时候；但是真正到了淡季，因为不会使用到故障的机器，所以又没有送修！等到下次订单满载的时候，员工却又得加班赶工，又得雇用临时工，又得弄坏了几部机器！

　　这样恶性循环的故事听起来像是个笑话，但类似情况在许多组织比比皆是。例如，某业务单位的领导慨叹现有的业务人员多数能力不足，必须加强销售及顾客服务的教育培训，于是商请培训部门筹办。没想到培训部门规划好培训方案送请总经理批准，但总经理却嫌业务部门绩效不好，没有获利，哪还有闲钱办员工培训？小魏终于明白原来许多组织及领导将人才视为最重要的资产，往往只不过是口舌服务（lip service）罢了，并没真正采取行动，付诸实现。小魏将他的发现求教于老王，希望下次若发现类似的状况可以提出有效的解决方案。于是老王就开始解释为什么企业的培训单位功能不足，以及如何以"企业大学"（corporate university）的模式建立扎根式及系统性的人才发展机制。

企业的培训功能不足

传统培训部门是回应组织执行策略所需的功能角色，培训部门领导也定位自己为功能幕僚，培训部门也只是深藏在人资单位下的小团队。我就曾发现一个年营业额超过 20 亿元的大型公司，培训部门的编制竟然只有三个人。

大部分的培训部门也因此只能被动地接受其他部门的委托，办理培训课程而已。而员工大多则认为培训部门的工作就是办理员工培训而已，培训目的在于提升员工所需要的工作技能，培训方式以讲师在课堂讲授为大宗，课前较少测评员工个人的技能需求，课后也没有测评工作上是否可以运用，或是提升工作绩效，因此培训课程的有效性多凭员工的"自由心证"，久而久之，形成"办或不办，是个疑问"的普遍印象，组织或领导也会产生"没有必要，不必多花钱"的认知。

员工培训往往是组织提升人力绩效最直接且最常使用的方式，但前提是要有完善的需求分析与方案规划，并且要针对员工的技能需求及学习特性因材施教，在对的时间以对的方式培训对的人，才会真正发挥培训成效，产生领导希望的培训绩效！但是组织为了节省已经拮据的培训费用，往往是以"大杂烩"的模式举办培训课程，所有的培训对象不加区分地混杂在一起，提供一样的课程内容，也难怪在课堂上发现经常有学员"眼睛自闭症"或"内容消化不良"的问题。

培训中心转型为企业大学

企业面对外部激烈竞争与持续转变的市场趋势，更加突显人才发展与能力转型的重要性。当组织需要变革、人才需要转型，带动人才发展的教育培训单位也必须有所革新，因为传统教育培训部门或企业培训中心已无法满足企业在激烈竞争下的人才发展需求。

为了加速变革与转型，有些企业成立企业大学，重新定位企业培训中心的角色扮演，赋予它更重要的内涵与任务，以提升企业的整体竞争力。当培训部门转型为企业大学，达成企业策略目标与推动组织变革成为工作重点，员工培训的角色转化为策略发展的角色，企业大学将成为责任中心或利润中心的一级单位，企业大学的负责人因此必须成为企业策略的参与者。

然而，许多企业大学仅有虚名，并没有实际运作。许多企业对外宣称成立企业大学，彰显公司重视人才培育，达到招聘人才、留任员工与建立正面企业形象的目的。但是教育培训单位只是借用企业大学之名，却仍扮演传统教育培训的角色功能，并未能扮演达成组织策略目标的角色。举例而言，有些国有企业，就曾将其培训中心（或培训所）改名为企业大学，或在培训中心下设立 ×× 学院，然而组织的编制、章程或使命都有改变，"挂羊头，卖狗肉"的结果当然是不会成功的！美国企业大学的研究专家迈斯特（1998）的调查指出企业大学运作经常面临以下障碍：

- 缺乏高层领导者对企业大学的承诺与支持，故推动不易。
- 中、高层教育培训管理者对企业大学的策略、模式不了解。
- 中层管理者或事业单位对企业大学缺乏了解，导致口头支持，缺乏行动督促员工实际参与学习。
- 企业大学的领导者未能将企业大学与企业经营目标连接。
- 员工对于企业大学的服务范围、角色、定义不清楚。
- 企业大学的价值未能彰显，致使企业大学推行不易。

什么是企业大学？

艾伦（2002）在其《企业大学指南》一书中定义企业大学的本质是长期性的人才养成与教育，通过人才培育与组织学习成为企业达成使命的策略工具。企业大学的角色是达成企业策略目标与组织变革，成为经营者的策略伙伴，推动企业转型，建立组织文化，培养组织接班人，或是对外建立伙伴关系的桥梁。

人才发展的目的是储备企业转型与创新的人才，强化工作绩效，将人才考核与绩效晋升联结。通常企业大学必须依附于企业运营总部，亦即，企业大学的管理机制及领导单位是运营总部的一环，在组织架构上是策略单位而非单纯的功能单位。

回溯企业大学的沿革，早在1914年，通用汽车即开办企业学校（corporate school）的培训课程，用以提升员工的工作技能。1955年全球第一所企业大学——通用电气克劳顿的领导力发展中心（General Electric's Crotonville Leadership Development Center）正式成立，将企业大学定位为企业的一级单位，但是企业大学早期的功能仍以提供培训方案为主。

20世纪80年代～90年代经由彼得·圣吉（Peter Senge）的倡导，美国企业认识到系统化思考与跨功能终身学习的做法为保持技术先进与全球竞争力的良方，这股思维带动美国企业成为学习型组织的风潮，引导企业重新思考企业的哲学与价值观，作为员工能力发展的依据。

到了20世纪90年代，不同的产业发展出不同的学习模式，企业大学的角色转变，为企业每个职系（job family）提供企业策略相关的学习方案，企业大学同时肩负形塑组织文化的功能，增加培养软性技能的学习活动，例如领导力、创意思考与问题分析解决的能力。

越来越多的企业将其培训中心改名为企业大学，借此传达企业对人才发展的重视。同时有些跨国企业运用企业大学之名，营销该公司的教育培训方案并建立教育培训品牌，例如，摩托罗拉大学（MU, Motorola University）成立营销六标准差学习方案，通用电气的克劳顿则建立领导力发展的世界品牌。

成立企业大学的目的

当企业要将培训中心转型为企业大学时思考的关键问题是："为什么需要企业大学？"企业大学的目的是帮助企业达成使命，每个组织成立都有企业使命，但是却有很多种不同的方法达成企业使命，成立企业大学只是其中一个选项。

1. 成立企业大学有几项先决条件。

2. 企业大学的做法能够帮助组织达成企业使命。

3. 员工人数必须达到一定的规模或特定的人数。

企业大学适用于高度知识密集的企业，仰赖人才所具备的知识与诀窍。如果企业规模太小，无法形成经济规模，或是高度仰仗自动化生产的企业，则不适合发展企业大学。

有些成功的企业大学，也会转换服务目标与角色，扩展他们的服务对象，从企业内部员工转为集团员工、供应商、顾客或其他策略伙伴，为其提供学习服务，借以建立合作伙伴关系。欧美的企业大学由具有规模的企业自己出资成立，服务的对象为内部员工集团员工、供应商、顾客或其他策略伙伴。

反观台湾中小企业较多，因为中小企业碍于资源有限与员工人数较少，无法形成经济规模，是否有机会以企业大学方式达成企业的策略目的呢？何荣桂（2000）提出中小企业可以借由联合方式共同推动成立企业大学，其研究发现中小企业较为认同大学院校辅导、整合、协助中小企业成立，由中小企业共同分担经费，提供生动活泼的教材，结合更多的资源培训员工。

企业大学与培训中心的区别

企业大学与培训中心最大的区别为"培训不是企业大学的唯一目的"（Grenzer, 2006）。企业大学同时肩负协助企业达成使命的策略角色，具有企业总部的概念，组织层级高，为实体的单位，并非虚拟的组织。

国外学者福莱斯纳（1997）详细指出企业大学扮演三种策略角色的内涵：

1. 加强与维持行为：企业大学的首要任务是提供反映组织文化及价值的培训方案，巩固组织文化的正统性。

2. 变革管理：这项任务是介绍与传达组织变革的缘由，因此培训方案与活动设计必须引导与形塑变革的策略推行。

3. 驱动与形塑组织：这是最深具挑战的任务，企业领导人必须视企业大学为形塑企业方向与未来的力量，培训方案必须引导领导、员工共同探索新的情境与未来发展的可能。

企业大学除了培训之外，还具备更多的功能，有效扮演价值观沟通、员工职涯发展与领导力开发的角色。对内需要获得企业领导人与高层领导的支持，对外也需获得大学及内容提供者等策略联盟伙伴的支援，协助发展专业，并应用科技联结与管理内外部学习资源。

为了引导组织变革、沟通组织文化与改善绩效落差，除了培训之外，企业大学还会使用其他介入方法，包括绩效反馈、工作环境改善、工作流程设计、激励措施、绩效考核、工作教导、教练引导、师徒制等多种方式，通过企业大学的活动连接组织发展策略，针对特定的目标、事业单位与人员重新建构这些介入方法。培训中心与企业大学的差异比较请见表一。

表一：培训中心与企业大学的差异 (Mahmood & Minhas, 2011)

	企业大学	培训中心	培训方案
功能	具备职涯发展的学习功能，包括价值观、技能与领导力发展	针对目标学习者的价值观与技能推行系统化的学习功能，亦包括领导力发展	针对经济与技术需求推行中短期的培训方案

	企业大学	培训中心	培训方案
权力来源	被高层领导与管理阶层高度支持	被管理阶层高度支持，不同的事业单位会提出不同的学习需求	被事业单位及运营单位领导支持
策略联盟	获得大学及内容提供者等策略联盟伙伴的有力支援，协助发展专业	获得专家及内容提供者等策略联盟伙伴的支援，包括特定主题重复举办的课程	获得专家及内容提供者等中等阶层的策略联盟伙伴的支援，包括委外课程提供
科技	科技应用范畴较大，包括企业大学入口网站，连线至外部专家及学习内容管理系统	科技应用范畴中等，包括内容与学习管理系统	适度应用科技，包括学习管理系统

企业大学的功能

多数企业大学会提供员工多样的学习课程，这也是企业大学最基本的功能；其次是部分企业大学负责管理职能发展，提供管理职能相关培训，这些培训聚焦在特定的能力与任务，协助经理人成为更有效能的管理者；最后，有些企业大学提供高层领导领导力培训，内容包括领导知识与技能，为企业培育未来的领导人与接班人。

为了达成企业大学的功能，必须从事学习设计、执行与评估培训发展机会等工作。通常会采用表二活动发挥企业大学的功能：

表二：企业大学的不同功能	
人才培训 ▶ 需求分析 ▶ 设计与执行培训课程 ▶ 新人培训 ▶ 提供学位专业 ▶ 开发与播送数字化学习课程 ▶ 评估与监测培训课程	**人才发展** ▶ 高阶教练 ▶ 工作教导 ▶ 接班人计划 ▶ 职业生涯规划 ▶ 订定企业人才发展策略
营销运营 ▶ 内、外部营销 ▶ 供应商关系管理 ▶ 企业大学关系管理 ▶ 对外经营培训方案 ▶ 提供人才顾问服务	**组织发展** ▶ 研究与发展 ▶ 文化改造 ▶ 知识管理 ▶ 提供数字化绩效评核系统 ▶ 管理信息图书 ▶ 采用新科技

当然，并非所有的企业大学都会推行上述的活动，企业大学会根据企业使命与发展策略调整功能，采用符合企业策略与达成策略目标的活动。

企业大学典范：通用电气领导力发展中心

通用电气从事组织学习和能力开发超过 60 年，20 世纪 50 年代在纽约的克劳顿（Crotonville）成立企业大学，并在当地买下一所私立学院的校园，改制为其基地，是美国历史最悠久的企业大学。

由于通用电气企业大学的重点在于领导力发展，后来为纪念前 CEO 杰克·韦尔奇对通用电气的贡献，现以"韦尔奇领导力发展中心"为名。我在 2006 年到通用电气企业大学受训时，通用电气全球学习计划再加上公司其他培训项目，每年的预算有 10 亿美元，而且是通用电气所有策略单位唯一不问经营绩效的单位。

早期管理课程长达 13 周，现在最长课程为 3 周，主要对象为通用电气栽培的专业员工。通用电气推行"通用电气全球学习（GE global learning）"计划。这个计划分为三个子计划，第一个子计划是"领导力"；第二是"技能"，这是职能导向的子计划，其中包括金融技能、市场营销技能等；第三个子计划是"企业"，传授企业和行业所需的专业知识。通用电气涉足的行业广泛，从航空工业到卫生保健业，再到金融服务业，因此必须讲授每个行业的专业知识。

通用电气全球有 29 万名员工，一半是专业人士，其他为工厂作业人员。克劳顿学院的服务顾客为 15 万名专业人士（非工厂员工），这 15 万人一半在美国以外的地区工作。以领导力开发计划为例，领导力开发计划的使命是激励、联结和培养今天及明天的领导者，通用电气通过员工在克劳顿的培训发展完成此目标。

为服务散布在各地的员工，规划随选即用的课程，员工可以通过自己的计算机每周 7 天、每天 24 小时学习这些课程，课程教材都经过教学内容提供商授权使用。随选即用的课程是领导力开发的学习基础，下一步由必要的领导力技能构成，克劳顿学院提供 13 种每个员工每天都会用到的领导力技能培训，包括表达技巧、项目管理技能、一般财务知识等。这些课程是由克劳顿的教职员负责管理，为确保课程的质量与完整性，克劳顿会培训及认证讲师，通过"师资培训"（TTT, train the trainer）的方式提供给全球各地的企业。

再下一步的领导力发展课程称为"基石课程（cornerstone courses）"。员工需要亲自到通用电气教学设施的所在地学习，这些课程持续一周，基石课程有四项关键课程包括领导力基础课程，此课程针对入职的一到三年的员工设计，还有领导力开发课程、新经理人发展课程及经理人进阶课程。这些课程跨越职业生涯 10 年的时间，员工每隔一年或者每隔三年就能学习一门课程。

克劳顿学院亦提供高层领导培训课程，时间持续三周，都是在克劳顿讲授，包括经理人发展课程（manager development course，简称 MDC）、企业管理课（business management course，简称 BMC）以及高层领导发展课程（executive development course，简称 EDC）。自 20 世纪 60 年代开始，通用电气就开始提供名为 MDC、BMC 和 EDC 的教学课程，因此是很有历史，也是公司内部的知名品牌。

通用电气统计每年有 5 万到 6 万名员工参与随选即用学习课程，参加必要技能课程的 35000 人中，大约有 9000 人会亲自到通用电气公司教学设施所在地学习相关课程。这些学习的设施所在地遍及纽约的克劳顿、德国的慕尼黑或者中国的上海等地。通用电气利用在中国上海、德国慕尼黑和印度班加罗尔设有全球研发中心的优势，因此经常在这些地方执行教学计划，讲授许多克劳顿的领导力课程。

许多企业大学的案例显示，将培训中心转型为企业大学绝对不是改换名称而已，而是全盘扭转对企业人才养成的策略思维及行动，若事前没有周全的规划，以及企业最高领导者的全力支持，任何企业大学的努力恐难竟其功。对企业规模无论大小的领导而言，企业大学的最重要的启示是任何培训方案必须配合企业发展策略，才能真正产生培训绩效！

第十九章
策略与考量：
如何成功设立企业大学

小魏听了上次老王对企业大学的解释之后，还是对企业大学的功能有所质疑，特别是台湾的大学因为过度扩召，大学毕业生供过于求，求职困难，薪资倒退，加上少子化，许多大学都招不满学生，面临生存危机，有几所学校甚至倒闭关门，教授也跟着失业。一天小魏想进一步理解企业为什么要成立企业大学，大学是否有机会转型为企业大学。但这次一反往常，由老王先说故事为开端的方式，反倒由小魏先向老王说了一个他听到的有关大学的笑话。

　　小明从大学毕业至今已过半年，还在谋求人生的第一份工作，但是由于背负助学贷款的压力，只能不放弃地持续努力。某日在台北东区某个地铁站的入口，不巧撞到一位不断鞠躬作揖的乞丐，乞丐急忙抓住小明的手求道："善良的年轻人行行好，我大学毕业一年了还找不到工作，请赏个钱让我可以吃饭？"小明听到乞丐如此说，也连忙回应："抱歉！大哥，我大学毕业至今已半年，也找不到工作。"说完便匆忙摆脱乞丐去搭地铁。

　　没想到小明在地铁出口，一不小心又踢到另一位跪着且不断磕头的乞丐，嘴里喊着："善心的人们拜托你们赏个钱，我大学毕业已两年，还找不到工作，我已经两天没饭吃了。"小明听了不禁悲从中来，流泪自语："怎么现在大学生都找不到工作呢？"就如此暗自神伤地在骑楼下走着一段路，竟被躺在骑楼旁的身躯所绊到，小明跟跄了一下，马上回神看了瘦骨嶙峋的躺者，急着问道："你还好吧？"躺者抬起依旧年轻的脸庞颤抖地说："还好，不过可否给我一点钱？我研究所毕业至今已经三年，还找不到工作，所以只能流浪街头，我已经睡在这里两天了。"小明只好从口袋掏出一张又皱又卷的百元钞，丢给流浪汉，便掩面哭泣着跑开。

小明就这么跑到骑楼的尽头，发现角落有一个由厚纸板搭成的简陋帐篷，旁边杂物散置一地，帐篷里躺着一个被运动外套覆盖的身躯。小明趋近一瞧，运动外套竟和他当年大一新生的系服一模一样，面上还印着同系系名与标识。此时躺着的流浪汉似乎听到杂音，起身向外一探，小明一看到流浪汉熟悉的面孔，马上号啕大哭，上前紧抱着流浪汉喊道："教授，怎么会是你？！"

老王听了小魏的笑话，并没有开口大笑，反而心情沉重地对小魏说："你我现在都在大学任教，如果不努力、不成长，虽然不至于丢职而变成流浪街头的流浪汉，却可能成为流浪各校兼职的流浪教授！"又继续说道："经营一所大学原本就不容易，经营一所企业大学更难。"接着老王开始解释并非每一个企业都需要或都适合设立企业大学，企业必须根据企业使命与发展策略决定为什么要设立企业大学，设立什么样类型的企业大学，以及如何设立企业大学。更重要的是，企业该如何评估企业大学的绩效，以确保企业大学的设立是否达成策略目的，还有该如何调整企业大学的经营模式。

设立企业大学的考量

做任何事要产生绩效首重选择对的事，也就是要先分析与评估需求，所以企业要设立企业大学的首要关键，就是要问："为什么要成立企业大学？"如前一章所叙，传统企业培训部门往往是附属在人力资源管理下的一个功能部门，培训方案难以与企业策略直接连接，已无法满足企业在激烈竞争下的人才发展需求，因此培训部门升级为企业大学或新设立企业大学成为企业提升培训绩效的选项。

如果就满足企业人才发展需求的角度而言，企业提供人才培训方案可以区分为两种；第一类着重于提升员工的技术或专业能力，因此可以把工作做对、做好、做得更有效率，通常这类方案以各式技术培训课程为主；另一类则着重于配合员工的职涯规划与企业的人才管理系统，以量身定做的各式发展方案，包含培训课程，协助员工发挥更大潜力，能够更上一层楼，可以做对的工作，做得更有效果，通常这类方案以个人发展计划（individual development plan）为主，例如轮调、教练或行动学习课程。

另一方面，企业所提供的培训方案可以由各部门或中央来主导，通常提升技术或专业能力的功能性课程可以由各功能部门来规划与执行。例如营销部门可以针对部门员工所需要的营销能力提供营销专业的课程；而攸关企业文化与价值理念的课程，例如新人培训，以及配合企业接班人计划（succession plan）的领导力／管理课程则适合由中央主导；另外一个决定因素是可用资源，一般而言，中央主导的培训方案获得的资源会比部门主导的较为充裕。

根据以上所述，企业在评估是否设立企业大学时，可以"培训重点"与"统筹单位"两个面向来判断，如图一所示，如果企业的人才需求主要来自策略性的领导与管理人才，适宜由中央统筹，并由中央提供资源，就可以考虑设立企业大学。这里所谓的中央单位，是指企业总部下的策略单位，企业大学的负责人是经营团队的成员，参与企业经营的策略规划，直接对企业的最高负责人报告，而不是看其职称而已。

举例而言，众所周知，通用电气集团的企业大学不是"通用电气大学"，而是"韦尔奇领导力发展中心"，他们不只是提供领导力课程而已，而且中心领导的主要职称是"首席学习官"（chief learning officer, CLO）。

如果企业目前最需要的策略性人才是某技术领域的人才，例如广告企业的广告人才，就可以设立由企业总部所统筹的"技术学院"。广达集团所设立的"广达学院"，主要是培养集团所需要的技术研发人才，其院长一度是由集团的研发部长所兼任。

如果一个培训单位扮演的只是配合性的功能角色，无论其单位名称是否为"××大学"或"××学院"，实质就不是企业大学，而是人力发展部门或培训部门。举例而言，"政府人力发展中心"并不是"行政部"的"政府人力大学"，即使中心的任务已不再限于提供培训课程，但是由于其组织定位，主要仍是一个功能性部门，是执行人事总处所赋予的任务。再以技术培训部门为例，虽然有些企业将其培训部门改称为企业大学，但其本质仍是执行培训任务为主的功能部门，而非策略单位。例如"中华电信"赋予其培训所另一个名称"'中华电信'企业大学"，下设好几个电信领域的"技术学院"，但其组织定位、资源配置与功能任务依旧，所以无法达成企业大学应有的策略性目的。

图一：设立企业大学的考量：培训重点与统筹单位

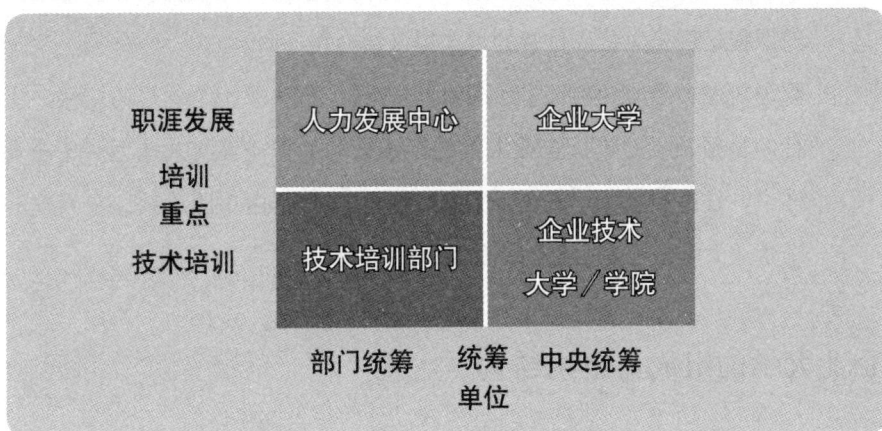

设立企业大学的原因

当然，企业思考是否设立企业大学要考量的因素非常多，除了上述人才需求因素外，最重要的另一项因素就是可用资源，包含人力、物力、时间与资金，而最关键的资源是企业领导的承诺与支持。

可用资源基本上就决定什么是可行的企业大学形态与结构，所以企业也要思考通过企业大学"要做"什么事情，与"不要做"什么事情，才能达成设立企业大学的策略目的。设立企业大学必须根据企业需求，考量以下几点因素：

- 初期的策略性功能：包括企业大学的主要角色与任务，这些角色与任务如何满足企业的人才需求，以及对企业做出的贡献。例如企业大学初期的重点是在培训领导人才，还是企业所急需的技术人才？

- 企业大学的组织形态：包括哪些是实体，哪些是虚拟的策略选择，以及哪些预算使用在自行开发制作的方案，哪些预算用于外部购买或外包制作的方案。例如是否要将企业的数字化学习系统的设置与维护外包出去，还是自行设置与维护？

- 资金来源：包含哪些资金是来自内部编列的经费，哪些属于对外运营的收入，内外部资金的分配比率与企业贡献的合理性。例如企业大学的课程是否要免费或付费的方式提供给合作厂商？

- 管理机制：管理机制意指企业大学隶属于企业哪一个单位与层级，上行的呈报领导是谁，企业大学的组织设计如何能够有效地运行于企业体中，发挥企业大学的策略性作用。例如是否由集团总部出资设立一个企业大学，还是由集团下的每一个事业群成立一个企业大学？

企业大学的组成与组织结构

设立一所企业大学除了要考量上述众多且复杂的内外部因素外，企业大学的组织架构则是决定企业大学如何运作的关键，这就端视企业对企业大学的组织定位而定。企业大学的组织规模大小通常与企业规模相关。规模大的企业，企业大学通常为独立单位，而且为一级单位，直接向企业最高层报告。

虽然有些学者（何荣桂，2000）也将隶属于人力资源处、人事处或行政管理单位之下规模小的培训部门，且其服务范围仍以企业为主者，归类为企业大学，但本文不将这些培训部门视为企业大学或涉入讨论。

常见企业大学的组织架构是参考一般大学的做法，依需求设定不同的学院，并有所谓校长、院长与行政部门领导负责处理企业大学的运行，而由企业大学统整企业所有的教育培训活动，麦当劳的"汉堡大学"与百安居集团（B&Q）的"百安居大学"即属于这一类型。

企业大学本身是企业的策略单位，组织架构应该视其扮演的角色与功能而定，就此而言，美国学者建议企业大学有八项组成要素包括：

1. 领导者支持

2. 成立委员会

3. 联结策略联盟伙伴

4. 提供学习途径

5. 发展专业

6. 支援功能

7. 设置设施

8. 运用学习科技

这八项要素也指出企业大学应该具有的功能部门及部门任务。以下说明各项组成要素的内容：

1. 领导者支持：领导者公开表达强烈的支持，甚至亲身参与，提供员工学习诱因与编列预算。

2. 成立委员会：委员会成员来自内部讲师、内部专家与外部讲师，承诺以全部或部分时间投入企业大学工作。

3. 联结策略联盟伙伴：结合大学与内容科技方案的提供者。

4. 提供学习途径：给每位学习者提供连接个人职涯发展与升迁的学习途径。

5. 发展专业：发展内容坚实专业，每个新的学习方案能够与专业整合。

6. 支援功能：可运行的支援功能；能够促进专业与内容发展。

7. 设置设施：实体设施能够强化学习效果。

8. 运用学习科技：部门教室提供虚拟科技，包括影像与学习管理系统。

设立企业大学的准则

企业为了持续创新，提升竞争力，选择设立企业大学，惠勒（2001）提出设立企业大学的七项准则，作为培训部门转型企业大学或成立新企业大学之规划与设计的参考。各项准则同时涵盖多个问题，协助企业领导者与企业大学规划人员思考如何设立企业大学：

1.运营原则：必须确认组织与人才发展的基本假设，以及根据什么哲学与价值运营企业大学。例如：企业的哲学与价值观主张，提供培训的目的是帮助我们的顾客更成功。

2.治理：成立企业大学是由谁提议？由谁同意此项策略？谁是决定资金来源、规模、内容与员工的人？例如：以上决策是由公司领导者决定，或是由事业单位决定。

3.策略方向：企业大学的可能策略方向包括聚焦员工的职能发展、关注经营议题、倡议变革管理，以及推动顾客与供应商教育等策略方向。

4.规模：谁是顾客与利害关系人？内容聚焦之处？如何决定规模？是否分阶段提供内容？提供内容的程度？

5.结构与系统：企业大学由哪些功能组成？是中央集权还是分权管理？是否有合作网络或策略联盟单位？与事业单位的关系是什么？使用何种学习管理系统（LMS, learning management system)？是否运用网络或新科技传递学习内容？培训发展系统是采用职能基础模式，或是需求分析模式，抑或是结合两者？

6.资金来源：企业大学是否需要营利？由母公司提供资金或是向事业单位收费？是否开放非公司员工参与？

7.员工与技能：谁负责传递学习方案给企业大学？由公司聘用员工运作或是委外？企业大学的员工是否是教学设计与简报的专家？企业大学员工的技能定义是什么？

企业大学的测评指标

因为企业大学是企业的策略单位，当企业经营的环境与使命改变时，企业大学也应随之改变，所以企业大学设立后，企业应该定期测评企业大学的经营成效，并根据测评结果调整企业大学的使命、角色、结构与任务。但是该如何测评企业大学的成效？企业大学顾问公司（The Corporate University Exchange）提出四种测评企业大学的成效指标，包括"财务指标""顾客满意""内部流程"与"经营绩效"，四项指标的详细内容请参见表一。

表一：企业大学测评指标（转引自 Simsek，2005）

财务指标	顾客满意
・学员数量、教室使用数量、开课天数 ・每位学员成本 ・收入来自企业自有资金的百分比 ・收入来自外部单位的百分比	・内部员工的满意程度与留任 ・内部事业单位领导的满意程度 ・外部顾客的满意程度与留任
内部流程	**经营绩效**
・外部供应商管理流程 ・开发新课程的周期 ・企业大学员工的管理技能 ・课程报名流程的效率 ・企业大学讲师认证 ・企业大学员工创新测评	・帮助企业进入新市场 ・帮助企业落实新的事业 ・新产品销售 ・提升市场占有率 ・员工生产力 ・减少成本支出

大学与企业大学的结合

而针对中小企业内部培训资源缺乏的问题，以及许多大学面临生存危机的问题，产官学研各界莫不积极思考解决之道，学者何荣桂（2000）就提出中小企业可以借由联合方式共同推动成立企业大学，由中小企业共同分担经费，委托合作的大学辅导、整合、协助中小企业成立联合企业大学，并借助大学的教学资源，结合更多中小企业的培训资源，共同培训结盟企业的员工。

企业成立企业大学原本就需要外部学习资源的协助，所有著名的企业大学多少都有与大学或大学教授个别合作，提供培训方案给内外部顾客。但是合作的关键在于大学能否以企业员工的需求为中心，为企业提供更有弹性、更实务导向的培训服务。

国外研究显示企业大学与传统大学主要结盟合作模式，是由传统大学提供培训、认证与研究的培训服务给企业大学。例如，英国电信与兰卡斯特大学和诺丁汉大学合作；英国BAE系统公司分别与剑桥大学、克兰菲尔德大学、谢菲尔德大学、南安普顿大学、兰卡斯特大学以及诺丁汉大学等合作（Prince & Beaver, 2001）。而企业大学由于要精简日常运营成本，往往在师资、课程与内容的提供会与大学合作，通常大学也会根据企业大学的特定需求，定制化设计及提供培训课程，并由大学授予学分或学位。

企业与大学的合作成为带动传统大学成长的动力之一，帮助传统大学了解企业学习与持续教育的需求，拉近学术与企业实务工作的距离，大学积极地与企业合作，也驱使企业将学习资源外包与缩减人力资源部门人数。

企业大学典范：摩托罗拉大学

摩托罗拉曾经是全球电信业的霸主，后来企业因为经营不善而分崩离析，但是摩托罗拉所设立的企业大学至今仍是企业大学模式的典范，而摩托罗拉大学则已转型为摩托罗拉对外提供培训方案的一个事业单位。

摩托罗拉大学创立于 1974 年，成立的任务是对公司管理者与技术干部传授研究发展、企业经营、科学管理的专业知识。20 世纪 80 年代，摩托罗拉大学推出六标准差质量管理流程的理念与标准，在全球掀起质量管理热潮。到了 21 世纪，摩托罗拉大学的顾问咨询与教育培训除了服务公司内部员工，也对外提供给顾客、供应商与合作伙伴。

摩托罗拉大学采取学院式组织架构，涵盖经营管理的重要环节，五大专业学院包括：领导力和管理学院、营销学院、质量学院、供应链学院和工程学院，清楚划分专业与职能，作为规划课程与培训项目的依据。

经营上采取"学院化设置，企业化经营"的理念，建立完整的讲师管理，有效地分配讲师资源。

摩托罗拉大学的讲师来自公司内部、国内外学术机构与学校，其中 50% 的专家拥有博士学位，30% 为硕士。讲师除了能够讲授，还能够提供顾问咨询，特别是软件认证、六标准差培训顾问与质量管理。这些讲师在摩托罗拉长期从事管理与技术工作，是具备实务经验的专家。

2006 年，摩托罗拉大学建立 CRM 系统，将五大学院资源有效整合，也与国际知名大学教育机构、研究中心与顾问公司合作，不断更新知识结构与管理理念。摩托罗拉大学内部也成立课程设计团队，协助五大学院根据顾客需求及市场状况更新与调整内容。

摩托罗拉大学也是最早大量运用学习科技的企业大学。例如，摩托罗拉大学是第一家应用虚拟实境于生产制造培训的企业大学。摩托罗拉大学通过虚拟实境实验室培训生产线员工，并以虚拟的模块化设施取代真实的设备，虚拟实境实验室能够经由摩托罗拉公司内部网络联结，或是通过 CDROM 学习。另外，摩托罗拉大学也是最早应用网络科技于数字化学习，并设置在线大学（online university）的企业。

成立企业大学最大的意义是将企业的培训部门提升为策略性单位，因而改变企业对培育人才的看法与做法。当然并非所有的企业都适合成立企业大学，再者，成立企业大学也必须存在适当的时机与条件。本章即提供企业领导测评成立企业大学的关键因素与条件，无论成立企业大学与否，更重要的是领导可以借以测评组织的培训方案是否可以达成策略性目的。

第二十章

未雨绸缪：

提前设立接班人计划

小魏担任绩效顾问的一家企业老板，正值壮年，却因工作超时过劳，突然引发急性中风，被送到医院急救，至今仍躺在病房受人照顾，无法言语及行动。公司顿失领导中心，所有员工与领导不知所措，因为大家平常都以老板马首是瞻，而老板也都事必躬亲，所有的运营与业务状况都由老板一手掌握，所以没人知道老板在做什么或想做什么，因而不敢自作主张，公司陷于停摆的状态，只能默默为老板祈福与等待，盼望老板早日苏醒归来。小魏于是将此状况报告给老王。

由于老王在产业担任企业顾问与高层领导教练多年，小魏的案例对老王来说已不新鲜。老王深知许多企业发展的最大障碍就是企业老板本身，曾有研究指出，组织绩效的变异有 22% 来自 CEO。一个企业的起落往往决定于老板的"身心健全"，可谓"成也老板，败也老板！"举例而言，被誉为台湾产业发展唯一希望的企业，其董事长已年过八十岁，最近才宣布要退休交棒。据说在这个企业，最忌讳的话题之一是提及董事长的年龄，只能说他是全球最资深的董事长。在他宣布退休前，他参与的一场论坛中，有记者问及他对公司接班人的想法，他提到接班人最重要的是要维持公司的价值观，至于判断力与洞见力，希望找到最好、最有经验的人，他也开玩笑地说："如果要找最好、最有经验的人，也不会比我更好！"

老王无意批评这位自信满满的董事长，也知道这位董事长对其接班人已有计划地在进行。但"天有不测风云，人有旦夕祸福"，若将公司的未来全押在老板一个人身上，毕竟对公司永续经营的风险过高。而类似老王以上所述的董事长不在少数，因为本身仍充满经营企业的信心与责任感，因此没有积极布局接班人，但是一位没有认真运作接班人计划的老板，结果不仅会危及组织的存续，也会危及老板自己本身的存续。老王接着讲了一个笑话：

一位局长在其位贪赃枉法已久，心总觉不安，于是想趁尚未出事前"归隐山林"，准备在五个副手中选一位接班人，但是举棋不定。局长老婆出了个主意，可以考验五位副手，谁的忠诚度最高就选谁。局长深以为然，就给五位副手分别发了相同短信："东窗事发，我现在有危险，请速来救我！"短信发出后，局长在家久等却不见回音。忽然有人敲门，心喜总算有人来了，一打开门，却见检察人员开口："你被捕了，你有四个副手已投案揭发你，另有一人自杀了！"

接班人计划的起源

一般而言，一个稍具规模的传统组织，其人力结构通常呈现金字塔的形状，越在金字塔底部的员工，职务越低，人数越多。但是就绩效产生的分布，却呈现倒金字塔的形状，职务越高，虽然人数越少，对其绩效要求越高，所产生的绩效亦需越高，所以在人力资源管理领域上，盛行所谓的 80/20 法则，80% 的组织绩效是由 20% 的员工所创造的。纵使在"知识员工"密集的组织中，职务的高低不见得与绩效产出成正比，但其人力与绩效分布也是离 80/20 法则不远。

以通用电气公司为例，高绩效领导位于其人力金字塔的顶端，约占其人力的 5%，而一般领导与高绩效员工约占其人力的 15%~20%，一般员工者则占其 60%~70% 的人力，剩下 5%~10% 的人力则属于无绩效或低绩效的员工，这些对企业绩效没有贡献或极少贡献的员工基本上是需要汰换，以保留空间给能产生绩效的新进人力，如此才能促进企业持续的成长与创新。

这些高绩效的员工及领导，才是组织最重要的资产，而冠以"人才"之名，组织不仅要想办法争取，更要想办法培育与留用，因为这些能够创造高价值的人才离开组织，对组织就是资源的流失。若被竞争对手延揽而去，对组织便形成双重损失。而组织领导人才的意外离开，更会为组织带来巨大的冲击，因为他们熟悉组织的运作模式，而且拥有组织相当的人脉资源与无形资产，若投入"敌营"，就产生直接"头对头"（head to head）的竞争，所以接班人计划专注的对象是组织的领导人才，特别是组织的高层领导（executives）。

图一：稍具规模组织之典型人力分布结构

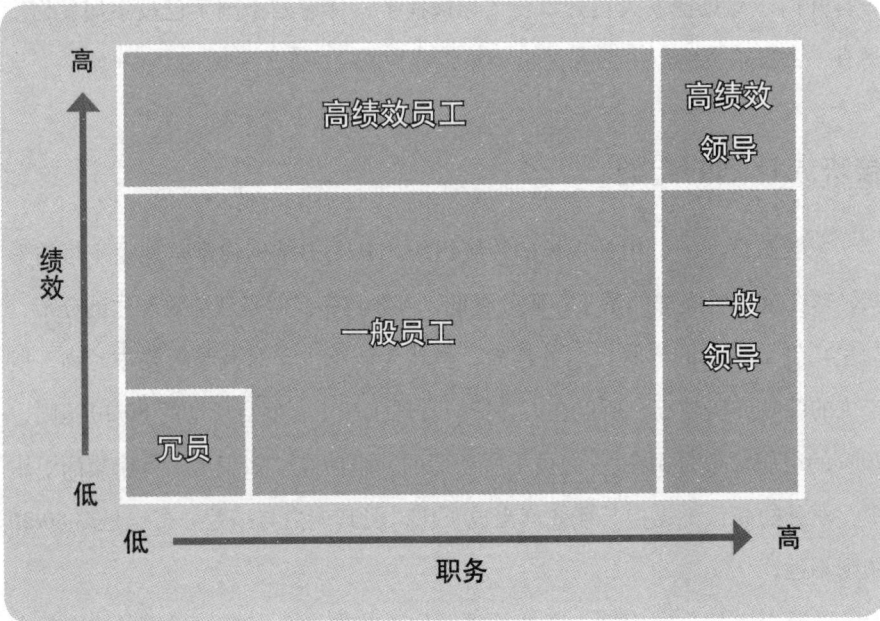

什么接班人计划如此重要？

组织的领导者对员工而言，往往是工作满意度、工作承诺与留在组织效命最重要的关键因素。曾有调查指出，超过2/3的员工，特别是高绩效员工，离开组织的主要原因与其领导有关。根据一份来自全球44个国家、横跨17个产业、223名大企业资深领导的调查，研究结果揭露：拥有与组织成长挑战相符的领导力发展系统的组织，相较于那些没有适当的领导力发展系统的企业，通常拥有较强劲的财务绩效表现；而且能有效地评估个人领导力发展需求的企业，增加营业额与净利的可能性明显较高。

领导人才是组织最重要的绩效激发与创造者，然而领导人才的短缺却是全球普见的现象。由世界大型企业联合会（The Conference Board）进行的一项调查，询问 CEO 们在欧美以及日本最关心的议题，其中关键人才的竞争列为前五名，73% 的 CEO 将"领导力与高绩效发展"（leadership/high potential development）列为八项关键人才管理策略的首项。

而根据一份麦肯锡的研究，在 177 家受访的公司中，有 3/4 的资深领导表示，他们的公司有领导人才的短缺问题。再者，美国企业领导力协会（Corporate Leadership Council, CLC）于 2000 年调查全球 252 个组织，76% 的受访者认为在未来的五年内，他们恐怕无法完全设置好组织发展需要的领导人才。

由《经济学人智库》（Economist Intelligence Unit）与德尔塔行政学习中心（Delta Executive Learning Center）于 2005 年共同的调查显示，在过去十年中，CEO 的离职率增加了 59%，而因为绩效相关因素离开的比率增加 318%。即使一些警示数据彰显接班人计划的重要性，许多组织仍然缺乏对高层职位坚强有力的接班管理计划。另一项的研究更指出，只有 1% 的企业自评其接班人计划为良好，2/3 的受调查企业，自评为普通或不好。

什么是接班人计划？

简而言之，接班人计划意指是组织有计划性地培养和发展领导人才，来提升组织在领导力的"板凳"实力。所谓板凳实力，原指球场上任何球员发生状况，坐在板凳上的储备球员随时可以填补球场上有状况的球员，球队不会因此失去比赛的实力。为了提升板凳实力，接班计划是组织长期与系统性的投入，以确保组织领导人才的持续性，不会因为任何内外在的突发状况，使得组织领导与经营产生中断，发生危机。

接班人计划的板凳实力代表组织对于要替代离开人才的准备度，亦即组织有能力在对的时间对的地方，立即将对的人选放在对的位置，避免因为不适当的人才交接对组织产生的伤害。所以，接班人计划必须对下列问题要准备好答案：

1. 如果组织的高层领导，例如执行长或总经理，临时发生重大状况，无法履行日常职务，组织该怎么办？

2. 组织有人可以马上继任他吗？

3. 如果无法马上填补继任者，组织一天的损失多少，机会成本又是多少？

4. 继任者具有哪些资格与能力，可以执行被继任者的职责？

5. 其他的人是否会因为临时继任者的出现，而发生职责无法衔接的状况？

实施接班人计划的好处

接班人计划主要是以降低组织风险与维持永续经营的观点为出发点，运用系统性的方法盘点及评估组织内部的领导人才，通过各式的培训与发展手段建立板凳实力所需的人才库，为组织培养未来可以随时上阵的将才。除了防患于未然外，接班人计划更是主动为组织储备未来人才，通过系统化流程来评估、培育和发展高潜力的员工，不仅高潜力员工可以获得未来担任领导职位所需的能力，亦确保这些高潜力员工看到他们在组织的未来发展，也愿意长期留在组织为组织的未来效命。实施接班人计划因此具有下列的好处：

1. 提升组织因储备及留用人才而产生的竞争优势。

2. 确保组织领导经营的连续性，避免无法立即填补领导职缺所产生的伤害。

3. 建立组织的人才蓝图，确定组织发展所需的关键职务，以及关键人才进阶的资格与能力。

4.为高潜力员工搭建职业生涯发展的阶梯，使得他们愿意留在组织长期发展。

5.激励高绩效员工对组织的忠诚度与承诺，促使他们持续在组织的高绩效表现。

6.为组织对人才的选、考、育、用、留，形成积极正面的循环与文化。

什么不是接班人计划？

接班人计划是长期性、系统性地建立组织发展所需的领导人才库，但是大部分的组织特别是中小企业或新创企业，由于有限的资源，无法真切地实施，甚至将接班人计划误认为替换领导者的遴选计划。

通常组织领导者需要被替换的时机有二：一是领导者的身心发生问题或主动求去，造成领导者必须马上离开岗位，无法履行职责，例如一家企业的CEO临时发生意外而往生，或者组织高层领导另有人生规划，必须马上离开组织；二是领导者的绩效表现不符目标，甚至造成组织存续危机，组织必须马上寻求可以扭转颓势的替换者，例如上市公司的业绩及获利逐季下滑，股价也跟着滑落不止，董事会为了止血，可能就会对外寻找新的CEO。

一般而言，如果组织领导者因绩效表现不佳，被要求卸下职位而产生职缺，组织为了因应职缺必须组成遴选委员会，向内外征寻替换人选，并经过遴选程序，才能决定最终的替换者，但是无论最后替换者是来自内部或外部，这通常是"领导替换计划"而非"接班人计划"，属于一次性的事件，而且是因为有职缺才被动反应，寻找最符合遴选委员会开出遴选资格及条件的人，而遴选委员只能根据自己的经验与主观意识决定替换者。

表一列出领导替换计与接班人计划的差异比较。相较于接班人计划的优点，领导替换计划容易产生下列缺点：

• 倾向对外征求人选，外来人选因为没有在组织工作的经验与记录，容易忽略候选人的组织文化与人才养成的因素，比较不容易判断候选人与组织的适应性和融合度。

- 人选的资格与条件往往是由遴选委员的主观判定，缺乏长期性的客观测评与观察记录，可能偏重遴选委员的个人喜好厌恶，亦容易引起个人判断不一的争议。

- 若是最后决定人选是外来者，容易动摇内部人选或其他高绩效员工对组织的忠诚度，看不到为组织长期效力的激励动因，尤有甚者，内部人选因为落选而不愿"屈就"于外来的替换者。

- 容易因为向内外征求替换者而暴露组织的领导危机及弱点，也可能因此影响组织的氛围与士气。

- 容易造成组织将经营问题过度放在个人身上，而不是经营团队。若是替换者的个人色彩过重，容易损及团队力量。

- 若是组织经常以此方式替换领导者，可能也会因此而放弃或忽略为组织培养与储备未来领导人才，而这正是组织最重要的责任之一。

表一：替换计划与接班计划的差别比较

	替换	接班
时机	现任者发生状况	有计划性的接任
发生	一次性事件	连续性过程
需求	因应领导状况的问题	配合组织永续发展
采取	被动	主动
着重于	减少领导中断的经营风险	培养未来领导人才
主要形式	寻求替代者	不断发展继任者
主要手段	临时成立遴选委员会	建立接班管理系统
继任人选	及时遴选	长期培养
继任者	遴选资格与条件的最适者	接班人才库的最佳者

完整接班人计划的组成

由以上的论述可知，一个完整的接班人计划不是一次性发生，而是组织成长发展的连续过程。首先接班人计划必须获得组织最高领导者的强力支持与承诺，因为接班人计划是长期性的投入，需要足够的资源才得以实施。再者，因为接班人计划是为组织的未来准备人才，必须与组织的经营与发展策略紧密地连接在一起。计划的规划与实施必须根据组织独特的需求，一个完整的接班人计划绝对不是"一个尺寸通用"（One size fits all.），应该针对每一个组织特性与目标特别打造，而且应该保持弹性，与组织经营及发展策略相符。最后，接班人计划最重要的基础为组织人力资源的测评，所有领导人才的确定都必须有客观的依据，因此接班人计划必须善用人才测评工具、方法与机制，而且每一层级的领导都必须亲自参与人才测评。就一个完整的接班人计划而言，其组成可以包含下列四个层次：

1. 运营计划：组织的经营及发展目标与组织的领导人才发展目标必须一致，组织的运营计划必须有强力的组织治理，领导力规划与劳动力规划支持，才能成功。

2. 接班人计划：详细规划达成运营目标的人才需求、供应与资格，并且通过人才的测评、培训与发展，确实提升组织领导人才的板凳实力。

3. 基础能力：培养人资发展部门及所有的领导在实施接班人计划的能力，包含人才测评、培训、布局，以及运用的工具、方法与流程。

4. 人才文化：建构组织重视人才与培养人才的氛围与文化，包含与接班人计划相关的理念、架构、系统与行为。

实际案例：IBM 的接班人计划

IBM 被公认为实施接班人计划最成功的国际企业之一，其接班人计划，又称作"板凳计划"，意指培养 IBM 领导人才的板凳实力。为了落实"板凳计划"，IBM 首先界定谁可以坐在板凳的资格，所以早在 1995 年，IBM 就在开始设置专属于 IBM 的领导力职能模式。IBM 在公司内进行了一次全面的调查研究，确认了 11 项领导人才应该具备的领导能力与特质，这个领导力模式成为"接班人计划"的根基，发展测评工具，作为领导人才选、考、育、用、留的核心标准，每年 IBM 便依据领导力模式对所有的领导进行测评。

IBM 借由其接班人计划来彰显 IBM 重视人才的文化，其主要目的并不是要求每个领导职位都要由接班人接任，而是在实施这个计划的过程中，培育与发展高潜力、高绩效员工成为 IBM 的储备领导人才。对 IBM 而言，如此的接班人计划的效益至少有二：第一，IBM 可以借此凝聚优秀人才的注意力与向心力，优秀员工可因此看到在 IBM 的未来，吸引他们愿意为 IBM 长期效力，使他们认为努力贡献就可以成为 IBM 的领导，并持续在领导的职业生涯上前进；第二，IBM 借由接班人计划累积板凳实力，充实 IBM 的领导人才库，如果公司需要接班人时，便有足够的人选可供测评与选择，如此实力最强的人选才能脱颖而出。

为了落实接班人计划，IBM 要求所有领导，不论部门或层级，都必须将培养员工的才能作为自己业绩的一部分。每位领导在上任后，都要设定接班目标，设定自己的位置在一两年内可以由谁接任，三四年内由谁接任，甚至你要突然离开，可以由谁接替你的位置。如此"迫使"领导发掘与培养后起之秀，亦让员工知道公司重视他们的价值，愿意投资在他们的未来，提供各式的培训课程及发展管道，使他们有能力承担更高的职责。对 IBM 而言，IBM 希望建立"水涨船高"的机制，如果领导培养不出接班人，就只能待在相同的位置上，甚至"不进则退"。如果领导培养出接班人接位，领导才有机会"更上一层楼"。

在很多状况下，也有接班人不是接任原定计划的位置，而是通过 IBM 丰富的学习资源与管道，促使接班人的能力更强，素质更高，得以看到更多的机会，接任更适合的领导职位，成为 IBM 的"明日之星"。IBM 接班人计划的最后一道关卡是通过由公司高层领导组成的评审委员会之评审，这些"明日之星"只有在完成评审、成绩通过后才能成为 IBM 的高级专业人员或高级经理人。

IBM 的"板凳计划"是一个完整的接班人计划，但是大部分的组织不知 IBM 的规模与资源，IBM 的模式无法直接复制到其他的组织，每个组织还是应该检视自己的运营需求与可用资源，打造一个自己可以实施的接班人计划。

一般而言，企业领导代表为企业创造价值的高绩效人才，而领导最重要的任务之一为培养领导的接班人，但是台湾太多的企业，无论规模大小，最大的罩门就是找不到接班人，特别是台湾家族企业盛行，普遍存有"传子不传贤"的思想，因此没有或做不好接班人计划，这对企业延揽及留用高绩效人才形成非常大的障碍，间接对企业永续发展造成非常大的伤害。我在下一章将会阐述台湾特有的接班问题，以及如何实施接班人计划。

第二十一章
接班人计划：
实施步骤与常见问题

谢老板是老王顾问的一家汽车制造商董事长，年事已高，又无子嗣，想在公司内部寻找一位能突破现状、协助公司转型的接班人，于是请老王帮忙。谢老板其实已根据公司过往的人事绩效甄选出两位候选人：小张与小杨，但希望由老王进行最后的评鉴。

因为小张与小杨都是非常懂车又擅于开车的能手，老王便邀请他们到一个小型赛车场，告诉他们："我知道两位都很会开快车，前面有两辆跑车，左边是小张的，右边是小杨的，我要你们比赛开车，等我一下指令，你们就要开车绕赛车道一圈，比较'慢'绕一圈回来的跑车就是优胜者。"

小张与小杨听到"慢"才算赢，似乎都愣了一下，正在思索该如何"慢"时，老王已经下指令："预备，一、二、三，go！"小杨还没回神时，只见小张迅速跳进小杨的车，然后猛催油门，"啾"的一声，小张驾着小杨的跑车便驰骋而去，把自己的跑车留在原地。小杨看着小张的举动，随即大声叫喊："小张，你开错车了！"又转身准备向老王抗议时，指定给小杨的车已绕了一圈回到起点，小张下车后随即钻进指派给自己的跑车，发动引擎。当小杨望着微笑的老王，才想通是怎么一回事，但已经太慢了，胜负已决。

接着，老王带着小张与小杨来到海边，背海面对一峻陡的大沙丘下，那真是一面令人望之生畏的沙丘，主要由落山风经年累月吹袭而形成的沙丘，而且越往上越陡峭。在老王身边停放两辆三轮越野车，老王便开始讲解这次比赛的任务："这次你们两个要各骑一辆越野车，等我一下指令后，比较'快'到达沙丘顶即为优胜者。"

原本就有在沙丘骑越野车经验的小杨，这次显得信心十足，一听完老王的指令，就毫不犹豫地跳上一辆越野车，发动后就使劲地加足马力往上冲，一路顺风地就冲到沙丘的 2/3 高处，但是山丘陡度突然加剧，小杨一不留神，越野车竟然翻滚了下来。

小杨爬起来重新开始，这二次要往上冲时，他显得小心翼翼，先往上检视了一番，似乎找到一处没有像第一次那么陡峭的路径，之后依然加足马力向上冲，结果又是在 2/3 高处折腰，还是从上面滚落到原地。小杨如此又试了几次后，尽管已经摔得鼻青脸肿，他还是不放弃……

由于小张并没有骑乘三轮越野车的经验，并没有小杨般的"冲劲"，反而在看到小杨连续几次向上冲而翻落下来的状况，便知道直接冲上去不可行，他先试了二次"之字形"的迂行策略，还是发现沙丘太陡了，也不可行。最后一次他骑到半途，便决定停下来，由上而下四处观察，然后整理一下衣衫，将身上的沙子拍掉，扭头往山丘下方骑去。

小杨与旁边的观众都十分不解，以为小张要放弃了，就在大家议论纷纷之时，只有老王默然无语地看着小张的去向。小张骑到沙丘下，便沿着海岸骑到沙丘一端尽头，转进一条小路，便消失踪影。此时大家更是议论不停，而小杨也停下来，跟着搔首讨论，过了一会儿在沙丘的顶端，站立着的小张挥手喊叫："我已经到达沙丘顶了！"

后来老王递了一张评估表给谢老板，上面的结语写着："通常企业在转型的过程中，需要的是'WorkSmart'的领导者，而非'WorkHard'，小张'WorkSmart'而小杨'WorkHard'，但是最终的决定还在于你"。

接班人计划的由来

在瞬息万变的激烈竞争环境中，影响组织绩效最重要的关键因素为领导团队，市场变迁越是厉害，组织越是需要领导者的引领。领导人才短缺已是全世界的普遍现象，杰出的领导能力已经成为稀少且珍贵的资源，全世界所有优秀的组织莫不绞尽脑汁争取与培养领导人才，但是领导人才不仅很容易可以找到新的机会，而且不再终身服务于单一组织。

与其抢破头似的在外面争取领导人才，还要冒着水土不服的风险，优秀的组织便寻求自己培养领导人才的途径，通过系统化的制度与方法，不断地发掘与发展组织所需的未来领导人才，这就是接班人计划的由来。

接班人系统

接班人计划的目的就是要设置与实施适合组织属性的接班人系统，一般而言，一个完整的接班人系统包含图一所示的四个模块。

图一：完整的接班人系统

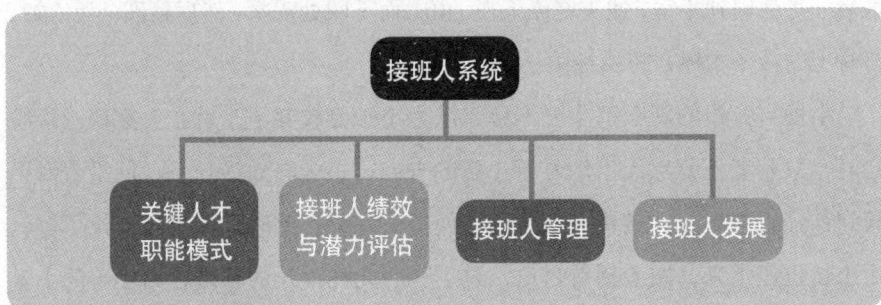

1. 关键人才职能模式

为了设置接班人系统，首先组织必须根据组织经营与发展的目标，清楚地定义出组织的关键职位。关键职位代表组织若要达成绩效目标的少数最重要的职位，这些职位攸关公司长期体质是否健全或是公司未来的发展，因此这些职位与组织的关键能力应该紧密相连，且对组织的未来发展具有关键性的作用。就接班人计划而言，通常指的是领导或管理职务。而关键人才即是担任关键职务的人才，执行关键职务所需要的职能包含知识、技能与态度，统称为职能模式。

2. 接班人绩效与潜力评估

此模块的目的是根据关键人才的职能模式，评估职务现任者与可能接班人的潜力与绩效，再决定是否更换现任者或安排接班者。通常组织的绩效管理系统可以对被评估者的绩效表现直接给予准确的评估，组织也会设计类似如图二及图三的评估工具，协助接班评估，做出更有效的接班决定。

图二：接班人选的评估表

绩效	低	中	高
高	持续观察	接班人选	立即人选
中	疑问人选	持续观察	接班人选
低	排除人选	疑问人选	持续观察

潜力

图三：关键能力／潜力评估表

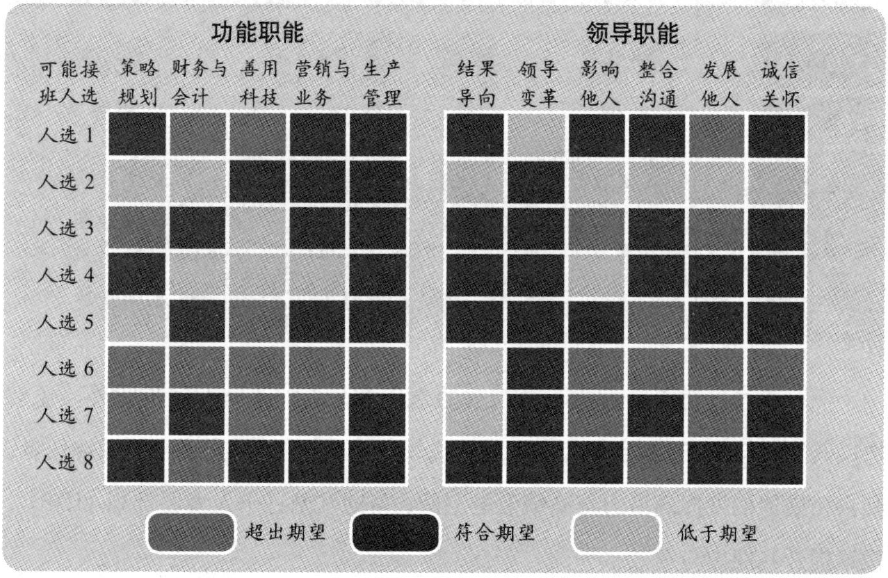

可能接班人选	功能职能					领导职能					
	策略规划	财务与会计	善用科技	营销与业务	生产管理	结果导向	领导变革	影响他人	整合沟通	发展他人	诚信关怀
人选 1											
人选 2											
人选 3											
人选 4											
人选 5											
人选 6											
人选 7											
人选 8											

超出期望　　符合期望　　低于期望

3. 接班人管理

此模块的目的在于运用有效的工具进行组织所发掘与确认的关键人才管理，包含建立组织的关键人才库，以及考核、记录、追踪关键人才在组织的绩效表现与职业生涯发展。每当组织有关键职位空缺，就可以从人才库挑选与审核最适合的人选。

再者，组织应借由接班人管理的信息化与透明化，让员工了解组织的升迁阶梯，亦即员工知道该如何做才有机会向上升迁。员工如果知道自己怎么做有机会升迁，才会按组织的规划付诸行动。

4. 接班人发展

一个完整的接班人系统会持续地为关键职位培养现在与未来的领导人才，因此，组织会不断地评估与发展关键职位的现任者及可能继任者，表一列出关键人才的可能发展模式。组织若发现不适任的状况发生，便会开始进行接班计划，评估可能的继任者，并针对确认的继任者制订接班人发展计划。

表一：关键人才的发展模式

组成	学识	见识	胆识
主要方式	获得	累积	启发
发展方法	·问题式课程 ·重复记忆与练习 ·课堂教授 ·自我阅读	·轮岗 ·行动学习 ·特别任务 ·经验式学习	·教练引导 ·社群分享 ·导师指导 ·测评反馈

一般而言，对于高潜力与高绩效的继任者，除加速其发展步骤外，还会协助其立即接班，通常会马上指派导师或教练辅助继任者。至于其他的继任者，则会拓展他们发挥高潜力与高绩效的空间，帮助其制订个人发展计划（IDP），快速提升其能力与绩效水平。

接班人计划的实施步骤

接班人计划是长期性的持续投入，若没有组织高层的支持、重视及参与，是无法成功实施的，而接班人系统的四个模块是实施接班人计划最重要的四个支柱，我综合自己的实务经验与学术的理论基础，将接班人计划的实施归纳为下列七个步骤：

步骤1：依据组织中长期的策略规划与目标，确认组织的关键职位，设置组织的关键人才职能模式，开发组织的关键人才评估工具，建立接班候选人的筛选程序、方法和标准。

步骤2：运用关键人才的评估工具，发掘与确认组织的关键人才，完成关键人才的绩效评估与潜力评估，并建立组织的关键人才库。

步骤3：根据组织的年度目标及策略规划，确定关键职位需求而执行年度的接班人计划，并借由组织绩效管理及组织发展规划，完成其他因素评估。

步骤4：关键职位需求还要依据目前的组织发展、组织架构的职位变化情况，确定需要新建接班人计划，或者需要临时补充继任者的职位。

步骤5：依据年度或临时的关键职位需求，从关键人才库遴选可能的继任者，完成继任者人选的可晋升性评估，寻找并确认最适合人才。

步骤6：完成继任者的个人发展计划，交予组织区域或总部的接班人计划管理者，对继任者提供必要的能力发展资源，推动继任者的发展活动。

步骤7：继任者接班后，必须为他们建立相应的个人档案，记录并追踪其绩效与能力的发展轨迹，以及继任者的发展活动状况与结果。如果组织突然面临巨大的挑战，或者关键职位的现任者临时发生意外，需要马上更换现任者，回到步骤4~7。

接班人计划的注意事项

上述的接班人系统与实施接班人计划的步骤都是原则性的描述，但是世界上没有"一个尺寸通用"的接班人计划，每个组织应该根据组织独特的属性与需求，打造一个专属且可行的接班人计划，所以需要投入专业与专注的资源。再者，由于接班人计划绝对不是一次性发生，而是对组织成长与发展的持续性投入，所以一开始组织高层就要有长期投入的承诺与决心。

这也就是大部分企业不能或不愿实施接班人计划的两个主因，而且即使组织愿意投入资源实施接班人计划，也必须注意下列的许多事项，否则容易半途折腰。

第一，接班人系统与计划包含了高度敏感的人事信息，这些机密信息若外泄，不仅会严重影响关键人才对组织的向心力，还会对组织的整体士气产生负面效应，所以组织接班人信息需要妥善地加以保密管理，以确保机密与隐私不外泄，才不会让接班人计划功亏一篑。

第二，实施接班人计划会大量运用接班人发掘、评估、筛选的表格与工具，特别是市面上已有接班人管理的信息系统，许多原先接班人计划的手工作业都可以自动化。但是无论继任者的人选与确认信息是如何产生的，接班人计划的主事者仍需亲自征询多方的意见，包括继任者的新领导、原领导或重要客户，而非单以工具产生的信息做决定，通常继任者的遴选是以委员会的模式，结合多方的智慧与判断做最后的决定。

第三，有许多实施接班人计划的组织，一路培养接班人继任后，却发现他们并没完全准备好。这些接班人虽然在以前一个或多个领域成就斐然，但是却缺乏继任职位所需要的全方位能力。最典型的例子就是原先在某特定专业领域有非常杰出的表现，接任一个需要领导力强的职位，却发现继任者的领导表现不如预期，而且难以发展领导力最重要的胆识，结果接班计划失败。

第四，上述第二与第三的注意事项同时说明只依赖填表格或问卷式的信息来评估接班人潜力与能力的不可靠性，逐项按照评估表上的内容来思考和填写评分并不是最重要的内涵，而实际表现出来的潜力与能力才是。

有学者主张接班人计划的核心为关键人才发展，应该利用人才发展的实际表现与结果，来评估关键人才接任某个职位的潜力与能力。举例而言，接班人计划可以遴选一群高潜力人才进行行动学习，针对每个人的领导力进行需求分析，要求他们自己制订行动计划，并实施他们的领导力发展计划。实施一段时间，再来评估每一个人的领导力发展结果，并作为评估潜力与能力的主要依据。

第五，如果组织的关键人才库的人才有限，很容易发生"罗杰·琼斯现象"（Roger Jones phenomenon）。这个现象意指一位名叫罗杰·琼斯的员工，被列为大部分关键职位的接班人选，这同时代表组织存在许多没有做好接班人计划的部门领导，所以组织在汇整每个部门的接班人选时，却发现大部分的领导直接指定一位表现最佳的员工（此例中的罗杰·琼斯）当作接班人选。

最后，接班人计划是组织长期的人才发展计划，所以组织应该秉着"持续改善"的观念与精神，管理接班人计划的内容与流程，而接班人计划的各项指标可以协助组织从更广泛的角度，去发现实际情况与理想情况的落差。特别是在设置接班人系统的初期，常会发现计划内容与流程的缺失，因此接班人计划的领导与成员必须持续地发现与改善问题，让系统更容易上手与使用，并根据需要修改接班人计划与接班人系统的功能。

在激烈竞争的全球市场，关键人才成为企业赢得竞争的关键，而企业领导人才则是培养关键人才的关键，企业领导者的绩效表现更是组织绩效表现的关键。但是许多企业由于观念与资源的限制，经常是在发生接班危机时，才发现组织并没有实施接班人计划用以解危，而匆忙及随意地替换企业领导者反而可能扩大企业的危机，甚至引导企业走上衰亡之途，所以规划与实施接班人计划成为企业永续经营的核心能耐之一，所有的企业都应该审慎行之。

第二十二章

教练型领导：

以人为镜，可以明得失

老王的客户公司正在实施接班人计划，公司老板老张将一名优秀的员工小李列为欲培养的接班人之一，没想到才刚通知小李，小李却呈上离职函给老张，老张惊讶之余，连忙找小李来问明原因。

老张问："你对你的工作不满意吗？"小李说："满意。""你对你的待遇不满意？""满意。""那是工作环境吗？""也满意。""难道是一起工作的同事？""也都满意！"

老张有点不悦地接着问："既然你什么都满意，我又对你这么好，为什么还要离职呢？"小李心想："我不满意的是老板。"可是又不能说出口，只好隐瞒真相，笑说："老板，我想去一个我不满意的公司接受更高的挑战。"

领导者需要教练

上述的案例隐喻许多组织的领导力发生问题，症结其实是领导者本身，领导者却不自觉。一般而言，组织可以借由 3B 策略（buy、build、borrow）来设置组织所需要的关键人才及领导力。buy 代表向外挖角，build 主要是内部培养，borrow 是暂时借调外部的领导者或顾问。前一章所论述的接班人计划则是属于 build 策略，主要目的是找出和培养组织现在与未来的高绩效领导者，而领导者最重要的任务之一是培养接班的领导者。在欧美许多成功的企业，领导绩效的考核除了领导者自己的经营绩效外，还包含其接班者的领导绩效。

以通用电气公司前董事长兼执行官杰克·韦尔奇为例，他是培养顶尖领导者的高手，他曾说："我最主要的工作是人才发展，我就如同园丁般把水分与养分提供给公司最高的 750 名领导，当然，我也得拔除一些杂草。"

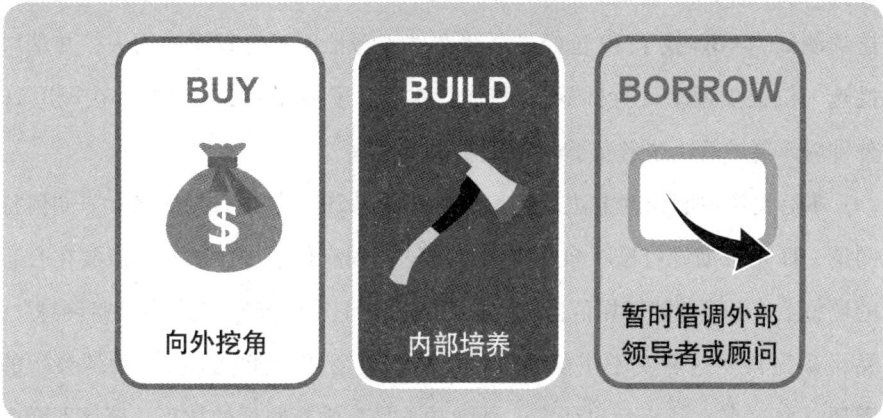

图一：3B 策略

BUY
向外挖角

BUILD
内部培养

BORROW
暂时借调外部
领导者或顾问

　　他认为在专业上，他既不会制作 NBC（美国国家广播公司，GE 下面的一个事业群）所播放的节目，也不懂如何制造引擎（属于 GE 引擎事业群的业务）。而身为 GE 的最高领导者，他不需要会做这些事情，所以他的工作都着重于人才发展，他把 60% 以上的时间用在人才发展，而且他认为担任领导就是要这样。

　　对韦尔奇而言，给予员工足够的自信心是他最擅长而且做得最好的事情，因为如此，他相信员工才会自觉自发地采取行动。他又说："如果你选了对的人，而且给予他们展翅飞翔的机会，并以报酬作为支撑它的载具，你几乎不需要去管他们。"就此，他认为身为领导者的基本标准是会当教练，不会教练就无法晋升。韦尔奇的名言是："伟大的领导者就是伟大的教练！"在他的直接教练下，GE 不仅发展出世界最优秀的经营团队，还培养了 170 多位《财富》500 强的执行官。

教练的起源

教练一词源自于 20 世纪 70 年代的美国网球教练提摩西·葛维（Timothy

Gallwey）。葛维向外宣称他能够让一个完全不会打网球的人在 20 分钟内学会打网球，此宣称引起了美国广播公司（ABC）的兴趣，于是想公开地进行这项测试。ABC 找了 20 位经过法律文件签署证明不会打网球的人，并从中挑选一位很少运动且身材不甚理想的 55 岁女子参加测试。果然，在短短 20 分钟内，葛维就让这名女子学会打网球。

事后葛维说明他的方法，其实他并未在这 20 分钟内传授这名女子如何打网球，而是帮助她打破了自己不会打网球的固有信念，方法的重点放在心态的调整上，引导她能够相信自己，从"我不会打网球"转变为"我会打网球"。葛维认为只要这名女子相信她会打网球，技巧或技能就不会成为"会"的阻碍。而这名女子事后也证实，葛维并不是教她打网球的技巧，而是不断引导她将注意力放在球上，忘记她原先不会打网球的信念，全身专注于球飞行的路线，将眼睛闭上聆听球飞行的声音，葛维让她相信只要掌握球的飞行，就能如预期般地将球回击。

ABC 公开播放这段测试影片后，葛维的教练模式引起许多大公司的兴趣，AT&T 率先邀请葛维到公司为领导讲授网球教练的技巧。葛维原本的专长在于教运动员如何打网球，但是运用在企业管理的情境上，葛维的教练模式开启了领导力发展的新方法。于是葛维从 AT&T 的授课中得到灵感，连续撰写《网球的内心游戏》（*The Inner Game of Tennis*）、《高尔夫的内心游戏》（*The Inner Game of Golf*）与《取胜的内心游戏》（*The Inner Game of Winning*）等书，并创立了第一家名为"内心游戏"（The Inner Game）的企业教练服务公司，并为可口可乐、Apple 与 IBM 等公司进行教练培训。

领导者为何需要教练？

领导者或接班候选人通常都具有高绩效的表现，因此成功的经验容易形成如习惯、"以为"、信念、"宁可"、偏好等固性，而造成思维与行为的坚固框架，自我觉察力反而变得薄弱。对固性很强的人而言，若要求其在分析与解决问题的时候，能够放下自我执着与跳脱框架是一件比较困难的事，特别是那些成长过程无往不利、一路顺风的组织领导者。

自觉心不足，一方面源于思想与行为的框架而产生的盲点；另一方面，领导者由于学识、见识与胆识通常必须高于追随者，才有办法带领追随者，所以领导者常具有必须"无所不知""无所不能""过度乐观""狂妄自大"与"刀枪不入"等刻板特质的错误认知，因而强化了框架的固性。也因为如此，领导者常有下列落差所引起的决策盲点，通常领导者的位阶越高，固性越强，盲点也越大。

自知与人知的落差

一般而言，自己对自己的认知与别人对自己的认知原本就会有落差，这是因为人们多多少少都有"自以为是"的特质，而领导者因为以往成功的经验，特别容易有这种"自信力"，因而自知与人知的落差更明显。只要简单地做个实验，就可以知道这种落差有多大。请自认为最了解自己的一位亲友写下自己的十个优点，并依重要性排序，自己也同样写下排序的十个优点，然后比较两个优点清单，就能知道落差有多大。

知道与做到的落差

领导者的主要任务是做决策，着重于决策的"know-why"，而非决策执行的"know-how"，因此不会考量执行的细节。例如，营销领导知道为什么新产品在哪一个市场区隔最具优势，然后交由营销专业人员规划与执行攻占市场区隔的营销方案。也就是说，领导者所知道的大都是理想状态而做出决定，但是执行的却是现实状态而需要克服的许多挑战，所以理想的"知道"总是与现实的"做到"有段差距，而且职务越高的领导者所知道的理想与要做到的现实落差越大。

表象与真相的落差

俗语说："高处不胜寒！"越是高位的领导者，越是孤独；越是在云端上层的领导者，越是无法看清基层所发生的一切，因而越是无法体会或感受基层所遭遇的问题，因此常易被讥为"不食人间烟火，不知民间疾苦"。再者，一旦成为领导者，越是高阶，就越容易与现实脱节，所看到或知道的越是可能经过掩饰的表象，因为总有人担心事情真相被领导者发现后，就必须承担真相的后果，因此才常会有"报喜不报忧"的问题，以免发生被追究或怪罪的情况。

当领导者在决策上有盲点，就容易犯错，所以必须借由他人的力量，才能突破领导者的思维及行为框架，消除决策的盲点。唐太宗有云："以铜为镜，可以正衣冠；以古为镜，可以知兴替；以人为镜，可以明得失。"所谓"当局者迷，旁观者清"，局外人往往因为没有或不同于局内人的框架，更能看到局内人框架的存在，也比局内人更能从不同角度突破问题的框架，看到不同的局面。教练最主要的功能就是成为员工的镜子，而好的领导者不仅需要好的教练，也需要成为接班人的好教练。

命令型领导与教练型领导

固性强的领导者容易成为命令型领导（command-based leadership），强调"听命行事、严守纪律"，领导者主要以专家、上司的姿态对追随者发号施令，凡事要求追随者按照指令、按部就班、遵守规定，以管控与监督的方式掌握追随者的工作形式与内容。然而，现在以"Me 世代"为主的年轻员工往往追求"只要我喜欢，有什么不可以"，与命令型领导风格显得有所冲突、格格不入。

所谓"Me 世代"，代表那些自我意识强烈、凡事以"我"为先的年轻一代，而习惯发号施令的命令型领导对"Me 世代"容易"发号失灵"，所以近来兴起教练型领导，相较于命令式领导，教练型领导者与追随者是平等、伙伴的关系，领导者扮演引导与支持的角色，展现支持追随者的承诺，辅导与协助追随者的工作实现。

表一：命令型领导与教练型领导

	命令型领导	教练型领导
焦点	事	人
寻求	管控	承诺
行为	话很多	听很多
立场	预设	开放
风格	发号施令	引导支持
角色	给答案	问问题
身份	专家、上司	平等、伙伴

何谓"教练型领导"？

教练型领导是一种能通过目标设定、鼓励及提问来协助员工达成其工作目标的领导模式，教练型领导不以管理上所赋予的职权作为领导的基础，而是以领导风格所产生的影响力作为追随者的追随动力，更不会将追随者当成没有生命般的计划资源来驱使，而是全力支持追随者实现创新。

教练的主要目的是提升觉察力，建立责任感并解决问题。教练协助追随者面对挑战，跳脱既有的思维及行为框架，认清自己的盲点，勇于自我突破，找到解决问题的方案，采取负责及有效的行动，达成自己所承诺的目标。

有人将教练比喻为一面镜子，"以人为镜，可以明得失"；教练又像是一盏灯，照亮追随者的心；又像一块布，通过问与答的对话，擦亮镜子，让追随者看得到自己的盲点；又像指南针，陪着追随者走一段路，引导他找到自己的方向与目标。

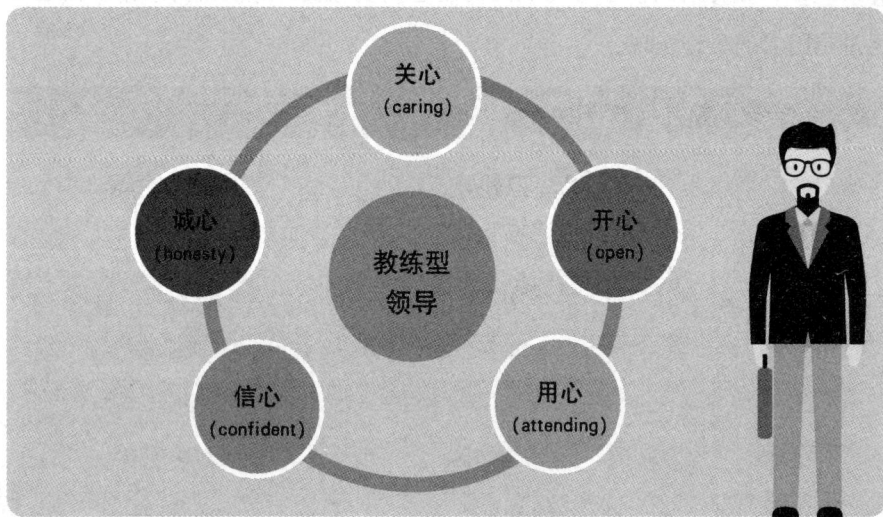

图二：教练型领导的 COACH 特质

教练型领导不仅要当好领导，必须也是个好教练，要懂得教练自己与追随者。好领导的基本是"带人要带心"，而带心的根本条件是互信，唯有互信，团队才能齐心协力向领导者所设定的愿景与目标前进。所以，领导团队运作最重要的元素就是信任，如同牛津字典所定义的："信任是相信某人是善良的、真心实意的、诚实的，他不会伤害或欺骗你。"带心的教练型领导要具备下列"五心"的 COACH 特质：

• 关心（caring）：俗语说："人们不关心你知道多少，直到他们知道你关心多少。"领导者吸引追随者的第一个特质就是让追随者知道领导关心他们，一个对追随者漠不关心的领导者，无论地位、职务多高，都是无法受到别人的青睐的。领导者的关心通常表现在对追随者过去与现状的了解上。

• 开心（open）：开心意指"开放的心"，领导者应该敞开心胸，才能听得见追随者不同的声音。再者，领导者千万不要碍于颜面而封锁与追随者的沟通，放下无谓的猜疑或担心，如此才能巩固互信的基础，领导者也才能欢

262

心地带领追随者，同心一致，向前迈进。

• 用心（attending）："天下无难事，只怕有心人"，有心人就是用心把事做好的人，也就是要能够全神贯注、全心全力，才能够看清事情的本质，理清问题的症结，真正解决问题，达成工作的目标。相对地，很多人做事是"三心二意""有口无心"或"有手无心"，抱着敷衍了事的心态，或者"碰运气"的想法，不用心的结果当然不会成功，更会失去别人对你的信任。

• 信心（confident）：领导者不仅对自己要有信心，也要对追随者有信心，所谓"疑人不用，用人不疑"，如果领导者对追随者信心不足，经常担心追随者的所作所为，不断地在背后下指导棋，追随者有可能失去工作的信心，也对领导者产生信任的危机。

• 诚心（honesty）：只要是人就有盲点，无论领导者或追随者，都会有决策及行动的盲点，盲点往往源自人类思维及行为的框架，而框架又来自人性的偏执、习惯与经验。而教练的目的之一是观照内心，打破我执，提升自觉心。所以，领导者与追随者都要对彼此诚实，能够诚心地说出及接受彼此的盲点，并协助彼此突破思维及行为的框架。

教练的三个基本能力

教练是对追随者"发问→聆听→回应"三部曲的循环对话，而且教练在对话的过程中必须懂得"WAIT"（"Why am I talking？"），想要讲话时要克制自己，提醒自己"为什么又是我在讲话？""WAIT"说得容易，但是对习惯"发号施令"及"下指导棋"的命令型领导而言，"WAIT"是说的比做的容易，要不断地培训自我克制的能力，因为好教练不应"只会说"或"只想说"，而是应该：

• 引导重于指导

• 行动重于口动

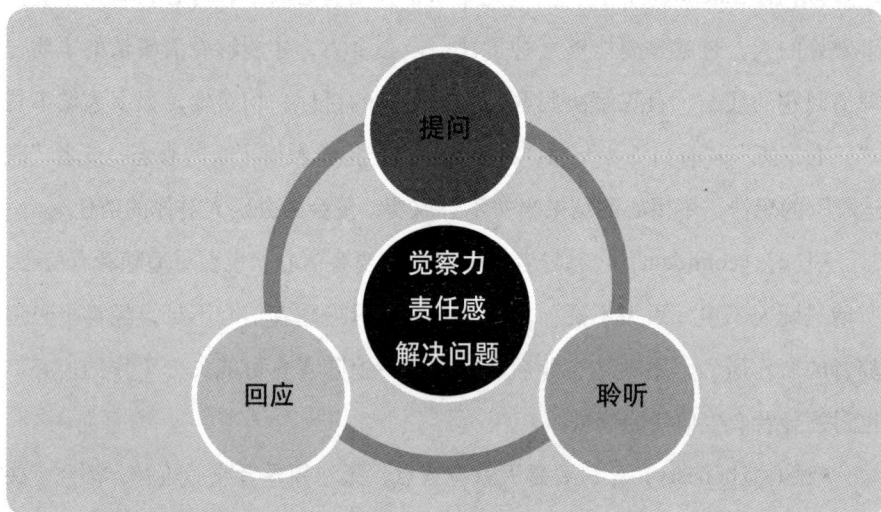

- 身教重于言教
- 听筒重于话筒

如图三所示，教练对话的目的是协助追随者提升自觉力、建立责任感，以及解决问题，借由教练的提问，引导追随者深层反思，认清自己，自己找问题的根源，自己定方案，并为自己的方案承诺负责，采取行动，承担结果。所以教练型领导除了具备COACH的领导特质外，也应该培养教练最重要的三个基本能力，即提问、聆听及回应。

教练的基本能力一：提问

教练就是一门学"问"的学问，学习当教练就是要学"问"："什么时候问？""如何问？""问什么？"切记，教练的提问就是在引导与激发追随者进行深层反思，提问能力是教练的根本，以下将有效提问归纳出"FOCUS"原则给有志于教练型领导的读者参考：

· 聚焦的（focused）：每次提问都有焦点，尽量一次只有一个问题或一个主题，如此追随者容易聚焦回应的提问。例如："你认为现在最急迫的问题是什么？"

· 开放的（open）：提问不是只有少数及明确的选项的问题，例如是或不是，而是可以让追随者进一步解释或描述的问题。例如："你目前遇到的阻碍有哪些？"

· 简洁的（concise）：提问的问题不要冗长、复杂或太多弦外之音，可以让追随者立即明了如何思考及反应。例如："如果你只有一次机会，你会如何掌握？"

· 有用的（useful）：问题和回应要与教练对话的主题有相关性及建设性，尽量不要离题而模糊对话的焦点。例如："你会如何面对这项挑战？"

· 寻求的（seeking）：提问的问题会令追随者想进一步寻求答案，而不是骤下结论，没有进一步的内容可以提问。例如："为什么你会认为没有其他的选择？"

符合上述"FOCUS"原则的问题又称为探索性问题，探索性问题除了深化教练对话的内容，也可以激发追随者的自觉心、责任感与解决问题的能力。简洁的探索性问题包含：

· 然后发生什么事？

· 你可以说得明确些吗？

· 你可以举例吗？

· 例如呢？

· 这如何影响你？

· 你觉得是什么原因导致这样呢？

· 你可以再告诉我更多细节吗？

教练的基本能力二：聆听

好教练的根本是问得好，但是问得好的前提是听得好，而且听得好才能回得好。听得好包括："什么时候听？""如何听？""听什么？"同样地，我将有效聆听归纳出"EARS"的原则，提供给有志于教练型领导的读者参考：

• 探索（explore）：提出探索性的问题，才能聆听追随者的回应。

• 确认（affirm）：以确认态度表示你正在注意聆听，确认包含保持冷静的、泰然自若的和情绪合宜的表情；维持对话题感兴趣的态度；注视说话者并观察他的肢体语言。

• 反思（reflect）：反思你所理解的内容，并以同理心思考你该如何回应。在反思时，以重复问句的方式确定你不理解的内容，并用点头或"嗯"声音回应理解的内容。

• 沉住气（suspend）：在聆听时，要懂得"WAIT"，除非万不得已，尽量不要插话，同时保持沉默，才能更多聆听，而且要有耐心等追随者将话说完之后再给对方意见。

教练的基本能力三：回应

教练在聆听被追随者的回应后，要有适当的回应，回应最忌讳引发对话双方的负面情绪及防卫心态，因为它们一旦在教练对话出现，真相及真实感受就会被借口与辩解所蒙蔽，甚至引起双方的争执，造成双方失去互信。除了积极正面肯定追随者的回应外，回应也是在准备下一回合的教练对话。最糟的回应是切身又批判性的，最有效的则是引发追随者更深层描述的反思。教练的回应可分为下列五个层次：

1. 人身攻击：例如"你真没用"。这不仅否定别人的努力，而且是切身的人身攻击，会引发对方的负面情绪。

2. 负面批判：例如"你做的这件事是浪费公司的资源"。纵使负面批判是确实发生的事，也容易引起被批判者的负面情绪。

3. 客观陈述：例如"虽然你花了很多心力在这件事上，但这件事对公司还是成本大于效益"。客观描述虽然是陈述事实，但无法引发当事人进一步的反思。

4. 引发反思：例如"你做完这件事的感想是什么？"，引发反思是借由提问引发对方进一步陈述自己的想法。

5. 教练对话：例如："为什么这件事会有如此结果？"教练对话就是将探索性提问作为回应，每一次的回应都引发下一回合的对话。

时代在变，领导的领导风格也要变，现代领导者的第一要务已经不是下指令，而是要根据领导愿景，能够识人为用及因材施教。在现今快速变动的年代，传统命令型领导已不适用于新时代的追随者，特别是许多自我意识强烈的"Me世代"年轻人，取而代之的是教练型领导，以教练方式带领员工达成组织绩效目标。本章叙述教练型领导的特质与基本能力，下一章将会阐述教练型领导的技巧与方法。

第二十三章
建立互信：
激发员工创造力

老王在大学教授领导学，有一天上课讲到许多领导者因为压力过大而有"躁郁症"的倾向，并举例说明什么是"躁郁症"："如果一个领导一会儿站起来急躁地来回走动，一会儿又对属下大声嚷嚷，一会儿又坐回座位，双手抓着头发，痛苦万分，一会儿又咬着手指甲，紧张不安，这就是躁郁的表现。"突然学生小张举手应道："教授，那我们学校的篮球教练也有躁郁症。"

原来小张是篮球高手，这学期刚加入篮球校队，却为教练带领球队的方式所苦，所以下课后就请教老王该怎么办。小张开始叙述教练的问题，无论是练球或比赛，教练总是对所有的球员嫌东嫌西，要求一切都要按照教练的指示，但是若结果不符合教练期望，千错万错也都是球员的错。举例而言，有一次小张投篮练习，连续三次没投进，教练便破口大骂："怎么那么笨，都投不进，看我的。"然后教练投了三次，结果也是都不进，教练仍然发怒道："看见了吗？你刚才就是这样投才没投进的。"

所有的球员对教练都是敢怒不敢言，已经有主力球员受不了教练而离开校队，而且校队的战绩每况愈下，教练的"躁郁症"变得更明显。有一次比赛输球后，教练召集所有的球员训话："我已经受够了你们拙劣的球技及表现，如果你们再不能赢球，我会把你们全部撤换掉。"小张思索着是否该离开校队，因此来请教老王，老王语重心长地回道："实际上，组织的绩效一直表现不好，第一个该撤换的是领导者。如果整个校队的表现都有麻烦的话，我会建议学校换个新教练。"

由于老王在美国住过一段时间，深知球队运动是美国人生活最重要的一环，而教练更是球队战绩的关键。不仅球队里所有球员的选、考、育、用、留都操之于教练之手，球员的生理与心理素质也是由教练负责养成，而且每场球赛更是考验教练的领导力，包含策略的拟定、球员的调度与激励，以及球员的临场表现。

球队教练的主要任务就是培养球员团队运动的精神，培训球员卓越的球技并激发球员在球场的潜能，以期在每场球赛都能发挥最大的团队能量，赢得球赛。教练的这些任务与任何组织的成功领导者有异曲同工之妙，组织领导者扮演的角色就是运动球队的教练，这也正是通用电气公司前执行长韦尔奇所说："伟大的领导者同时也是伟大的教练。"

韦尔奇是教练型领导者

被《财富》杂志誉为 20 世纪最佳经理人及 20 世纪最成功 CEO 的前 GE 执行长杰克·韦尔奇曾说："停止管理，学会领导。"他深信有能力的人是不愿意被人管理，更不愿意接受命令式的领导，而他本身则是教练型领导的忠实奉行者，他不仅身体力行，也要求他所带领的高层领导成为教练型领导者。

对韦尔奇而言，身为企业领导者最重要的任务有二，第一是达成企业所设定的目标，第二是培养接班人。再者，他非常清楚，能力再强的领导者亦绝非万能，能够延揽与培养对的人，放在对的位置，做对的事，是比领导者本身能力更重要的事，而韦尔奇本身就是以教练方式培养顶尖领导者的高手。

在担任 GE 执行官的 20 年任内（1981~2001），为了有效领导一个业务遍及世界 100 多个国家，拥有员工 20 多万人的庞大企业集团，韦尔奇只能专注于"拥有"GE 上层 600~700 位的高层领导，将其相当的心力花在这些高层领导的选、考、育、用、留：

• 直接参与这群高层领导的管理。

• 核准这群高层领导的职位候选者。

• 亲自考核这群高层领导的绩效表现。

- 发展及培养这群高层领导的能力。
- 每年花三～四个星期用于这群高层领导的年度发展测评。
- 每年约花两个月的时间参与这群高层领导的培训与发展活动。
- 亲自参与最上层约 125 位高阶领导的遴选，并决定他们的薪资报酬。
- 直接督导 GE 的克劳顿领导力发展中心。
- 平均每两个星期到克劳顿授课一次。

创新型员工需要教练型领导

简而言之，领导力就是通过众人之力，将团队的共同目标一一达成。从上述韦尔奇的案例可以说明，卓越的领导力绝非偶然，亦非与生俱来，而是经过对卓越的追求，有计划并全力以赴所得到的结果。卓越的领导力不仅是在特定情境下领导追随者完成任务的方式，也是一种对待追随者的方式，更是一种培养追随者成为领导者的方式。

传统的命令型领导总不放心追随者的所思所为，因为对追随者创新的信心不足，所以领导者总是要下指令，告诉追随者该如何想、如何做。因为不相信追随者有创新的潜能，命令型领导者冀望借由控制的手段，并以胡萝卜及棒子作为工作动力的激励因子，驱使追随者完成创新任务，达成创新目标。但是如果领导者像对待驴子一般对待追随者，他们也会表现得像驴子一般，只会亦步亦趋，既无法发挥潜能，也不会成长，更不会有创新的作为。

对具有潜能及企图心的追随者而言，胡萝卜及棒子将不会产生作用，这些追求卓越的追随者之所以努力创造绩效，并非不得不如此，而是因为他们愿意成为卓越的工作者，甚至领导者。他们需要的不是胡萝卜及棒子，而是成为卓越创新者的能力与机会，他们需要教练型领导，协助及培养他们成为卓越的工作者。

教练型领导是一种结合教练力与领导力的领导风格，适用在特定的对象与特定情境下。根据国际教练联合会（International Coach Federation）对教练的定义："教练是教练协助客户，亦即追随者，激发深思与创意的伙伴过程，用以启发他们将个人及专业潜能极大化。"就领导力的观点而言，教练型领导协助追随者提升自觉心，洞察追随者的心智模式，突破追随者思维与行为的框架，并建立追随者承担创新改变的责任感，鼓励追随者向内挖掘潜能、向外发现机会，勇于达成工作目标。

如前一章所述，为了成为教练型领导者，领导者必须具备教练特质，特别是与追随者建立互信关系的"五心（COACH）"特质：关心、开心、用心、信心、诚心。若要成为教练型领导者，第一要务是建立与追随者的信任关系，领导者要有"五心"，才能达成"带人要带心"的目标。

而就教练的过程而言，教练型领导是一种领导者和追随者之间有效的对话，这种对话是一种反思性、启发性与探索性的对话，领导者必须具备有效对话的三项基本技能：提问、聆听及回应，领导者通过令追随者反思的提问，可以协助追随者发现新的问题与机会，探索可能的解决问题途径，启发追随者因为解决问题而需要的自我创新，并不断挑战自己，追求卓越，为自己及团队创造非凡的价值。

建立互信关系

就领导力的定义而言，有效团队的第一要素就是领导者与追随者之间的相互信任。唯有互信，团队才能齐心协力为领导者所设定的愿景与目标前进。教练是一种对话沟通的过程，诚实沟通往往是建立信任最好的方式，若领导者与追随者互信不足，不能对彼此说真话，自然就无法协助追随者提升自觉心、建立责任感，追随者也无法承诺创新目标的达成。所以，领导团队运作最重要的元素就是信任。

领导者的最大谬思，就是认为身居领导职位，追随者就会信任自己。无论职位多高，权力多大，人与人之间的信任关系不会自动产生，需要有心且持续地经营才会发生。领导者若要得到追随者的支持，必须先得到他们的信任；若要取得追随者的信任，领导者必须要有令人信得过的特质及品行；信任来自领导者做了什么，而不是说了什么；特别对新的团队成员，领导者要主动通过互动或活动，证明自己是值得信任的。

追随者对领导者的信任往往反映在领导者的愿景、付出、言行与同理心，要证明自己值得信任的最有效方式是懂得"舍得"，先有舍才有得，先要施才会受，无私的牺牲奉献、以身作则才能获得追随者真诚的信任。若要懂得"舍得"，领导力大师约翰·麦斯威尔（John Maxwell）提醒领导者尽量做到以下的事情：

1. 对所拥有的事物抱持感恩。

2. 不要让领导权力或物欲控制你。

3. 将功劳归于追随者，过错归于自己。

4. 不要害怕追随者超越你的职务或成就。

5. 不要把追随者当成是没有生命的资源来使唤。

6. 要专注看待你服务的人数，而不是服务你的人数。

7. 不要让利益支配你，金钱是很好的仆人，却是非常糟糕的主人。

辨识教练时机

在快速变动的年代，一成不变、一体适用的领导风格不再管用。领导者必须具备创新求变的领导风格，领导者应该懂得因地制宜、因材施教及识人为用。若要成为教练型领导，需要辨识在什么情境之下，最适合运用教练的技能，协助合适的追随者发挥潜能，看清思维及行为的盲点，以及培养追随者卓越的心智模式。

通常在下列的情况下，领导者要审慎衡量是否为适合教练的时机：

- 与追随者的信任关系明显不足，双方无法诚实对话。

- 追随者成见已深，不愿意改变心智模式。

- 追随者的能力明显不足，无法成事。

- 情况紧急，马上需要领导者介入。

相对地，下列情况是适合教练的时机：

- 与追随者有足够的信任关系，双方可以诚实对话。

- 追随者的能力高，但动力低，需要领导者协助提升工作动力。

- 追随者的能力高且动力高，需要领导者协助改变心智模式。

- 事情重要，但是情况不紧急。

- 领导者要培育追随者成为接班人。

成为领导者的心智模式

　　人类的处事风格与行为表现源自其心智模式，亦即信念，通常心智模式是如图一所示"成为"（be）、"行动"（do）与"拥有"（have）的循环过程。"成为"代表一个人根据"拥有"所反思要成为什么样的人，也是一个人的行为目标，目标则象征个人存在的目的与意义。"行动"则是根据"成

图一："成为""行动"与"拥有"的循环过程

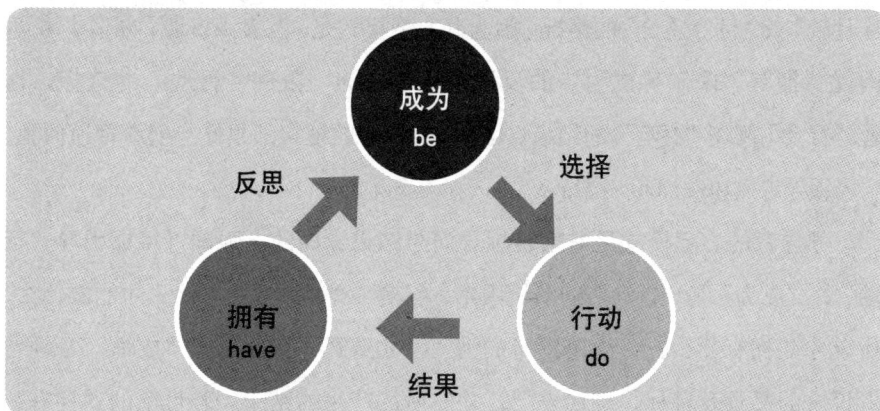

为"所选择要做的事情，没有"行动"，"成为"就只是一种空想，当选择越清楚，"行动"就越明确。"拥有"代表行动产生的结果，结果决定一个人的"拥有"，"拥有"则包含思维、态度、能力与资源。

不同的心智模式差别在于循环的起点不一样，我将不同的心智模式区分为执行者、管理者与领导者。在教练的过程中，教练最大的功能是将追随练者的心智模式转化为领导者的心智模式，而教练型领导就是协助与培养追随者成为领导者。

• 执行者（Do → Have → Be）：

在组织环境中，执行者的心智模式是从"行动"开始，每天似乎都有一长串的"待完成"的行动事项，"成为"则由其上司设定，"拥有"亦由上司决定。执行者的角色就是听命行事，尽量把事情做好做对，"行动"的结果代表绩效，而绩效则决定"拥有"。在指令式的组织文化中，"拥有"代表的不是胡萝卜，就是棒子，而且反思的不是执行者本身，而是其上司，为执行者决定"成为"什么样的人。

• 管理者（Have → Be → Do）：

组织管理者的角色，通常是对组织资源做最有效率的管控与运用，所以其心智模式的起始点为"拥有"，根据拥有的资源包含能力与能量来思考组织能够达成的目标。所以管理者在与上司讨论目标设定时，往往会发生"斤斤计较"或"讨价还价"的情况，因为其心智模式是"有多少资源，办多少事"，因此"拥有"限制"成为"的反思，而"成为"限制"行动"的选择，再者"行动"限制"拥有"的结果。这种"限制"的框架却正好与创新背道而驰。

• 领导者（Be → Do → Have）：

领导者的心智模式是非常目标导向与结果导向的，强调以目标引导"行动"，"成为"是"行动"的动机因素，相信"我必须成为什么，才能做什么，所以才能拥有什么"，先决定"成为"，才选择"行动"，"成为"是领导者设定的愿景及目标，也代表"行动"所欲产生的结果。若目前的"拥有"

的资源不足以"行动"，领导者就必须创造新的资源或采取创新的"行动"，以达成目标，创造新的"拥有"，再反思"拥有"，测评与"成为"是否一致，进入新一轮的"Be → Do → Have"。

正向转念

教练型领导是协助与培养有潜能的追随者成为领导者，将追随者的心智模式转为领导者的心智模式 (Be → Do → Have)，这是将"行动"导向或"拥有"导向的心智模式转成"成为"的心智模式，也是正向转念的过程。

通过"提问、聆听、回应"的对话循环，教练必须具有理解追随者处境的同理心，以协助追随者找出负念的症结，才能协助追随者正向转念。而负念存在往往是因为追随者无法决定"成为"或认为不够"拥有"，而显得自信不足及盲点过多，所以，正向转念就是要协助追随者建立自信及突破框架。

强调"可能"而不是"无法"

当追随者自信不足或盲点过多就有"无法"的负念，教练可以通过对话将"无法"转化为"可能"，例如

追随者："我觉得我无法跟领导沟通。"

教练：

1."你认为如何与领导沟通才能产生效果？"

2."有哪些可以与领导沟通的渠道或方式？"

追随者："我觉得我没有办法把这个工作做好。"

教练：

1."你认为把这个工作做好的条件有哪些？"

2."你本身有哪些条件可以把这个工作做好？"

3."有哪些同事具备这些条件能协助你把这个工作做好？"

强调"未来"而不是"现状"

领导者的心智模式是"成为"导向，若追随者只专注于现在的状况或既有的资源，便容易被"拥有"的框架限制未来的发生，所以教练要协助追随者突破现在的框架，专注于未来的"成为"。例如：

追随者："我觉得我的领导很难沟通。"

教练：

1."你希望与领导沟通达成的结果是什么？"

2."你认为有哪些方法可与领导有良好的沟通？"

追随者："我觉得我现在的职务没有发展。"

教练：

1."你希望的未来发展是什么？"

2."在未来的一年，你想突破的现状有哪些？"

强调"成为"而不是"拥有"

追随者若过于看重既有的资源或能力，往往不容易发现未来的可能性，或者显得"行动"的自信不足，所以教练要以未来的"成为"引导追随者选择"行动"。例如：

追随者："我觉得我的工作能力不足。"

教练：

1."你的工作目标需要哪些能力？"

2."为什么你的工作目标需要这些能力？"

3."你要采取哪些行动才会具备这些工作能力？"

追随者："我们的人手根本不够。"

教练：

1."为什么你的工作目标需要这些人手？"

2."你的工作目标有哪些其他的方法可达成？"

3."有哪些不同的方法不需要这些人手？"

运用教练模式

教练是一个不断循环的"提问、聆听、回应"之对话过程，每一次教练的提问都会引发一次教练与追随者的对话，主要的目的包含：

1. 提升追随者的觉察力。

2. 建立追随者的责任感。

3. 改变追随者的心智模式。

为了协助教练有效通过对话，达成教练目的，许多教练实务者发展出教练模式。一个教练模式代表教练过程的架构，也代表教练提问的内容与顺序。在众多的教练模式中，比较知名的教练模式包含：

- DISCS：发现（discover）、识别（identify）、策划（strategize）、图表研究（charting），（Karen Atwell）

- OSCAR：结果（outcomes）、情境（situation）、选择和后果（choices and consequences）、行动（action）、评论（review），（Jenny Rogers）

- 4D Appreciative Inquiry：发现（discover）、梦想（dream）、设计（design）、命运（destiny），（David Cooperider）

- GROW：目标（goal）、现实（reality）、选择/障碍（options/obstacles）、意志（will），（John Whitmore）

当然，现有的教练模式不只上列的四种，每个教练模式都不是完美无缺的，各有其优缺点，而且无法适用教练所有的教练对象、情境与挑战。每个教练应该有其偏好的教练模式，而且能够变通，进而发展出自己独特的教练模式与风格。但是所有的教练模式都具有以下的共同特征：

1. 建立互相信任、诚实沟通与遵守诚信的伙伴关系。

2. 设定及同意追随者达成教练的目的。

3. 引导追随者达成目标及创造未来的对话过程。

GROW 在众多的教练模式中是最流行的模式，陆续也衍生出类似的模式，例如 GROWTH 或 GROWS，GROWTH 是在 GROW 后面加上战术（tactics）与持续（habits），而我个人偏好使用 GROWS 的模式，在 GROW 后面加上支援（support），GROWS 的架构如下：

- 确认目标（goal）：你要达成的目标是什么？
- 反映真相（reality）：现在的状况为何？与目标的差距为何？
- 找出选项（options）：有哪些障碍？有哪些方案可移除障碍，达成目标？
- 制定行动（will）：你要采取什么行动？什么时候？谁做？如何做？
- 提供支援（support）：我需要提供什么支援，协助你达成目标？

值得注意的是，任何教练模型的价值会因为领导者的教练技能而不确定，任何教练模式都可以是一种有效的教练工具。如果追随者的自觉力和责任感没有被启发及提升，教练与教练模式就变得无效。

教练型领导是将教练信念与技能运用于领导力上，如同领导力并不是与生俱来，教练信念与技能亦非天生拥有，更不是一蹴可成，特别对新手领导而言，成为教练型领导需要有计划性地培养与学习。教练型领导本身即是一种心智模式的转变，许多领导者本身除了聘请教练协助转变外，也会通过教练课程学习教练技能，但是最有效的方式还是对教练信念身体力行，不断地将教练技能应用在自己所带领的团队成员身上。

若要成为教练型领导，请谨记下列的要点：

1. 培养"五心"（COACH）的教练特质：关心、开心、用心、信心、诚心。
2. 学习教练对话的基本技能：提问、聆听与回应。
3. 建立与追随者的互信关系。
4. 辨识何者在何种情境下适合教练。
5. 协助追随者正向转念，改变为领导者的心智模式。
6. 运用教练模式，协助追随者提升自觉心与责任感。

第二十四章
"绩效支援":
及时高效地解决工作问题

小魏奉尊师老王之命到一家台商企业进行创新转型教育培训，可是教育培训都做了快半年，员工好像都无动静似的，急得台商老板不断地追问小魏成效在哪里？！所有的员工都学过老王那套创新心法，而且上课满意度非常高，但员工依然无动于衷，讲义束诸书架，没有人真正应用创新心法于产品研发与企划上。于是小魏又向老王求救，老王就分享了一个他早期到内地辅导台商中央厨房的故事。

　　这家台商在大陆经营餐饮连锁店，所以要设立中央厨房，以控制餐饮材料的质量，而且也制定了完整的制作材料标准流程（SOP）。现场并有领班经常抽检员工是否遵守 SOP，若被抓到没遵守 SOP 要扣绩效奖金，加上中央厨房到处装有监视器，厨房员工因此能够遵守 SOP 规范，唯独男厕所没有通过清洁卫生检查，因为男性员工经常便后不冲水，厕所臭气冲天，而且员工上厕所后经常不清洁洗手。

　　老王受邀前去台商的中央厨房进行绩效问题诊断，现场经理解释，厨房员工多来自贫困的乡村，许多乡村住家连厕所都没有，原本卫生习惯就不好。因此，所有招聘进来的员工都会先进行卫生教育培训，教导他们"如何上厕所"，包含如何使用厕所设备及如何如厕后洗手，现场到处贴着"养成文明习惯"的口号与标语。又因为员工流动性高，为节省成本，他们甚至将卫生教育的课程拍成影片，要求每位新进员工要观看影片，还要进行测试。测试没过者，不仅罚钱还得重测。

　　老王在现场访谈了几位员工后，便走到厨房外的男厕所参观，果然每个小便池上方都贴着"使用时请靠近小便池，便后请冲水，以维持卫生"等提醒标语。老王亲自"体验"一番，便后想顺手冲水，却发现机械式的冲水拉杆需要很出力才拉得下。之后想洗手又发现洗手台并不在厕所内，而是要走到厕所外面的另一边，与女厕所共享洗手台。

老王在做完绩效诊断后，便根据问题的症结提出下列解决方案：

1. 男厕所的小便池都改为自动冲水。

2. 小便池的中央都画一只昆虫的立体图画。

3. 将洗手台改设在中央厨房的门口，并在洗手台上方架设摄影机。

台商老板收到老王的解决方案，就问老王："这花费不菲吧！"老王很有信心地回应："你要与厂商讨论确切经费，但这是一劳永逸的方案，花费绝对比你目前卫生检查没通过的累积损失要少很多！"台商老板只好吩咐现场经理照办。果真在男厕所及洗手台改装后，中央厨房就通过了卫生清洁检查，而且没有再被裁处的记录。

小魏听完这故事后，仍然不解地问："我可以理解小便池改为自动冲水的功用，但其他两点我就不懂为什么。请老师开示。"老王开始解说教育培训与绩效支援的差别。

什么是绩效支援？

想象你的同事邮寄给你一份 PPT 简报档案，当你按下邮件的附件图样，此简报档案自己打开，你按着上下键浏览简报内容，发现其中有张以 Excel 制作的人力分配图有错，需要修改，荧幕上除了简报工作区，布满各式各样的按键小图样与选单，你突然不知道该按哪个功能图样。你虽然上过 PowerPoint 与 Excel 的培训课程，但你已经忘记如何修改简报内的 Excel 图表。这时已近半夜，你没有人可以问，而明天一大早就要做简报，你该怎么办？

此时你若知道按 F1 的功能键，PowerPoint 就会将内建的辅助选单（help menu）找出来，或者你可以在谷歌搜寻"如何在 PowerPoint 内编辑 Excel 图表"

的信息，甚至 Youtube 也可以找到"一步一步带领初学者如何使用"的视频。类似以及时求救或辅助的方式解决工作问题或提升工作绩效的手段，便是所谓的"绩效支援"。

著名的绩效技术专家马赛（Masie）定义绩效支援为"内嵌于工作程序内的学习，如此在工作情境下学习可立即应用于解决工作问题"，而电子绩效支持系统（electronic performance support system，EPSS）教母盖瑞把绩效支援系统定义为："一套经过精心整合的科技促成服务，而需要别人极少的支援，以实时获取整合信息、导引、指导、协助、培训及工具来促成高层次的工作绩效表现。"

简而言之，绩效支援就是工作上实时需要的支援，支援的目的不外乎是增进工作效率或提升工作成效，促使工作者在最短时间内立即学习并应用。所以，绩效支援常与教育培训放在一起讨论。但是绩效支援是立即"学以致用"，而教育培训是学用分离，有时间差的"先学再用"，甚至最高层次的绩效支援是工作流程改善，达到"无学即用"，将工作所需要的学习，以自动化或无障碍流程的方式消除。所以任何绩效支援要发挥作用，必须先改善工作程序，让工作程序符合人性因素，增加工作动力。

举上述男厕所卫生问题为例，即使中央厨房员工受过培训，即使小便池上有贴"小便后要冲水"的绩效支援标语，洗手台有如何洗手的绩效支援指示，为何男性员工依然不依照规定，没有在小便后冲水及洗手？最主要的原因是原本的冲水及洗手流程没有考量人性因素。所以将冲水装置自动化，节省了使用者需要使力开启冲水装置的麻烦；在小便池里加了一个昆虫的图画，让人们在小便时，有一种用尿攻击昆虫的欲望，这样能够将尿集中在昆虫那一点上，小便就不会四处溅溢；因为员工进出中央厨房必经门口，而将洗手台移至厨房门口，员工看到就会被自然提醒要洗手才能进入。

从教育培训到绩效支援

如下图一所示，工作能力（本文又称职能）的养成有所谓的学习曲线（learning curve），而克服学习曲线最直接的方式是通过培训课程。一般而言，培训到一定程度就可以获得工作需要的职能，包含知识、技能与态度；而培训结束后，员工应该将所学的职能应用在工作上。由于课堂所学的内容无法立即套用在工作上，便进入能力移转。在移转的过程中，员工会将培训所学情境化，用以解决工作问题，所以职能会持续成长。如果培训所获得的职能没有立即应用到工作上，便进入所谓的"忘记曲线"，特别是记忆性的职能，忘记的速度特别快。

图一：能力与绩效支援曲线

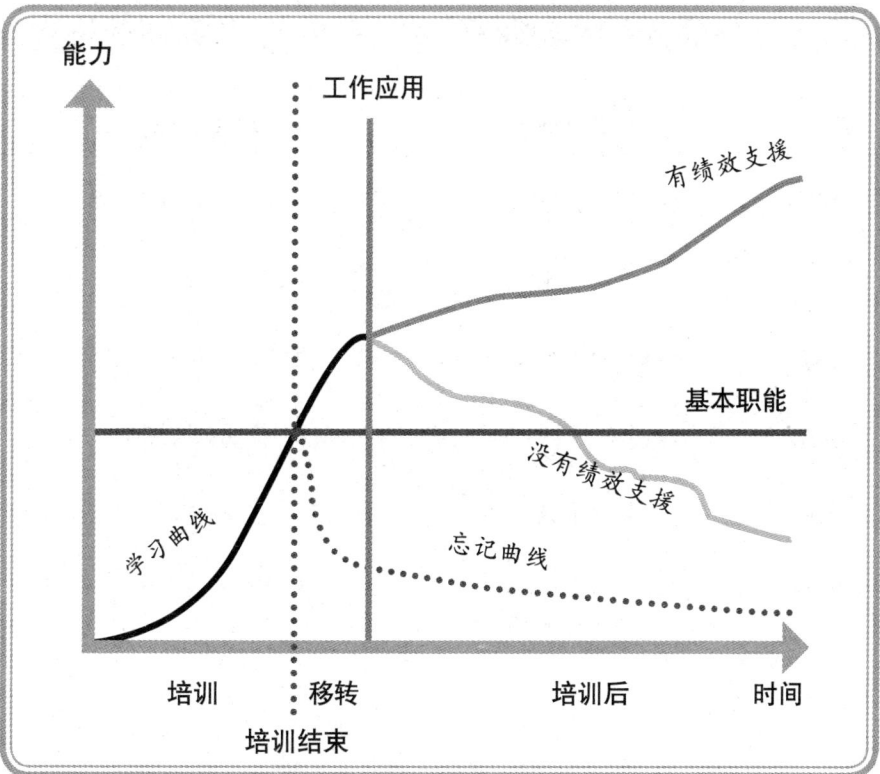

285

一旦员工应用培训后所得的职能解决工作问题，此时关注的焦点便进入培训后需要的绩效支援，以便弥补或强化培训不足的职能。员工在工作时若有绩效支援，代表员工持续在工作上有所学习，称为"在职学习"或"持续学习"，工作职能因此可以持续成长，直到专业职能的顶峰为止。相对地，培训后若没有绩效支援，随着工作的职能需求改变或工作的内外因素改变，原有的职能不足以应对这些改变，工作职能无法满足工作需求，学习曲线便向下掉落。

就员工的能力发展而言，教育培训与绩效支援是一个连续的过程，一个可以发挥工作能力及展现工作绩效的职场必须结合员工的教育培训与绩效支援，下表列出教育培训与绩效支援的比较：

表一：教育培训与绩效支援的比较

	教育培训	绩效支援
学与用	有时间差的先学再用	立即学以致用
学习是	安排发生	自然发生
需求	根据学习需求	根据工作绩效需求
注重	培训事件与活动	工作流程与环境
测评	学习成效	工作表现
方案	教学设计方案	绩效改善方案

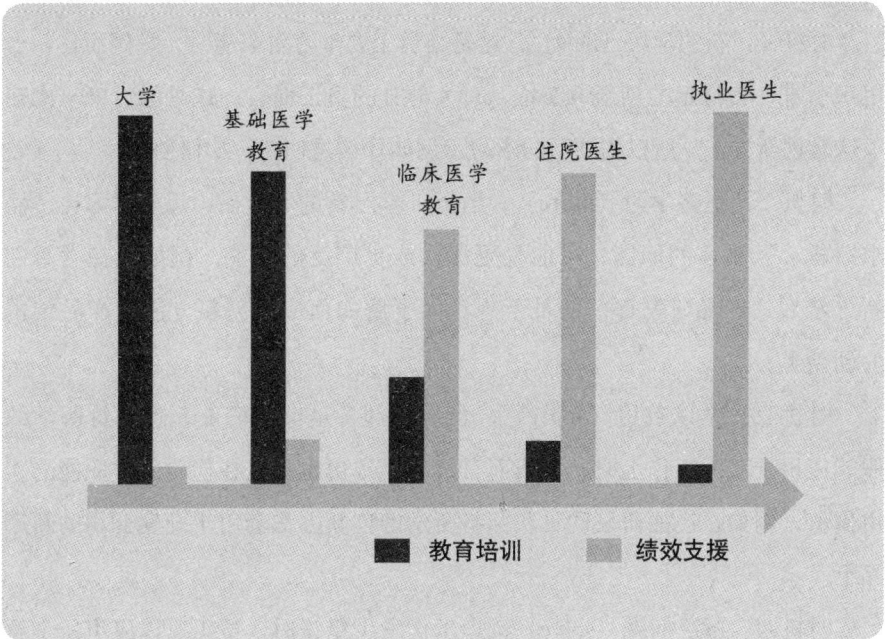

图二：教育培训与绩效支援的比例变化

★改自：Gottfredson & Mosher（2013）

若以将学习所得应用在工作上所需要的绩效支援的时间点来区分学习阶段，大致可分为：1.开始培训；2.培训中；3.开始应用；4.应用中；5.应用改变。在这个过程中，教育培训的比例由多变少，绩效支援由少变多。上图二举美国如何培养医生职能为例，说明教育培训与绩效支援的比例变化：第一阶段为在大学的预备教育（pre-med program），例如在生物系及化学系研修基础科学的课程；第二阶段进入医学院，研修基础医学课程；第三阶段在医学院研修临床医学课程，在临床课程中需要大量的练习或模拟；第四阶段就进入到教学医院担任铺习医生，也开始医生的专业工作；第五阶段就是正式担任执业医生。

美国知名的人力绩效专家莫舍（Mosher）与戈特弗雷德森（Gottfredson）将上述图二所描述的职能比例变化归纳为如下工作学习需求的五个时机点：

时机一：新的学习（new），这是当员工要学习新职能时。举例而言，当组织引进一套特定的创新方法论，对大部分的员工而言，这是他们第一次知道这套创新方法，所以需要新的学习，例如什么是创新？如何创新？

时机二：更多学习（more），当员工学习新的职能后，想要学习比"需求时机一"更多的职能，可能是更深入或更广泛的职能。例如，在学习创新方法后，产品研发部门的员工想深入了解如何应用创新方法于产品技术的创新上。

时机三：学以致用（apply），当员工具备足够的职能，想要将所学的职能应用于实际工作上时。一般而言，学以致用也正是在检验所学职能的实用价值，例如，产品研发同仁实际将所学的创新方法套用于开发公司的新产品上。

时机四：解决问题（solve），当工作发生错误时，员工可以应用所学解决工作问题，前提是员工可以侦错，发现问题。例如，在产品研发的过程中，员工发现既有的研发流程有误，导致产品功能不彰，因此员工可以修改研发流程，更正错误。

时机五：适应改变（change），当所学的职能已经过时，或是不再适用于新的工作问题，所需职能本身已然改变，而员工可以调整改变既有职能，以解决新的问题。例如，所学的产品创新方法不适用于服务创新，员工可以改变既有的创新方法，进而适用于打造创新的服务模式。

人力绩效专家莫舍根据五个学习需求时机，归纳出如图三的能力发展组合，而且在组织培训与发展实务中存在"70–20–10"法则，也就是个人工作能力的发展组合往往是：70%靠"在职学习"（on the-job learning）、20%靠"社交学习"（social learning，又称社会学习）、10%靠"正式学习"，请见下图四。

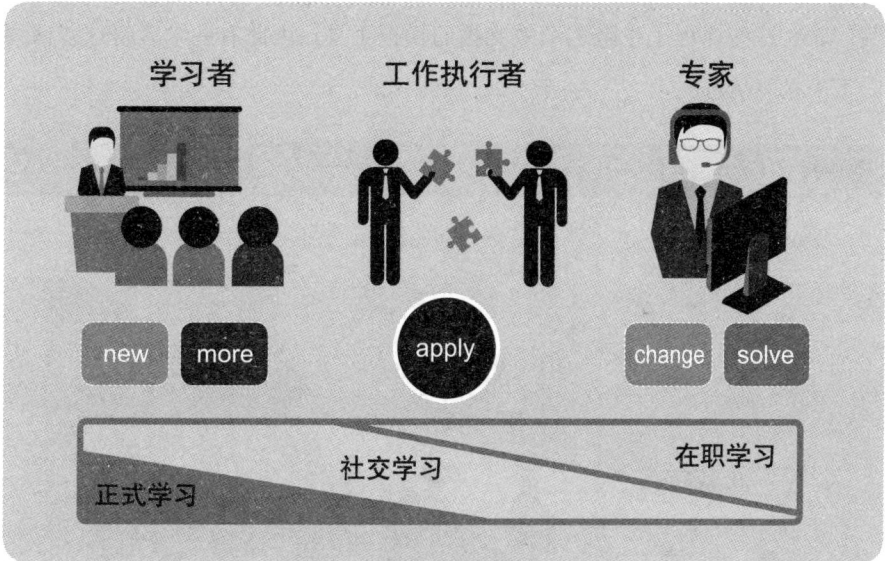

图三：学习需求时机点与能力发展组合

★改自：Gottfredson & Mosher（2013）

"70–20–10"并非代表最有效的能力发展组合，而是说明发展员工工作能力的方式只有少部分是来自组织所提供的正式课程，换言之，工作能力不是在教室里学会的，大部分工作能力的养成来自非课程式的渠道，包含在职学习的"边做边学"及社交学习的"启发反馈"。

•正式学习：职场的正式学习是组织正式安排，事先有规划、有目标、有结构，事后有测评、有检讨的学习，目前最主要的正式学习是培训部门安排及举办的培训课程，然而一项 Atos KPMG Consulting 的调查指出，这种课程式的正式学习只占职场员工所有学习的18%而已。以发展员工的创新力而言，正式学习的方式以获取创新学识为主，通常是通过记忆与练习的方式，学习创新理论、模式及方法。由于正式学习通常不是在工作场所实施且与工作时间区隔，经常发生"去情境化"与"移转不佳"的学习问题，所以在有效的员工能力发展上占比较少的部分。再者，因为学习与工作分开，能发挥绩效支援的功用比较少。因为"学用落差"的问题，近来正式学习流行"情境式""模拟式"及"体验式"学习课程，用以累积模拟解决工作问题的"经验"，在这些课程中也融入绩效支援的模拟工具，因此有些学者将这些课程归类于在职学习。

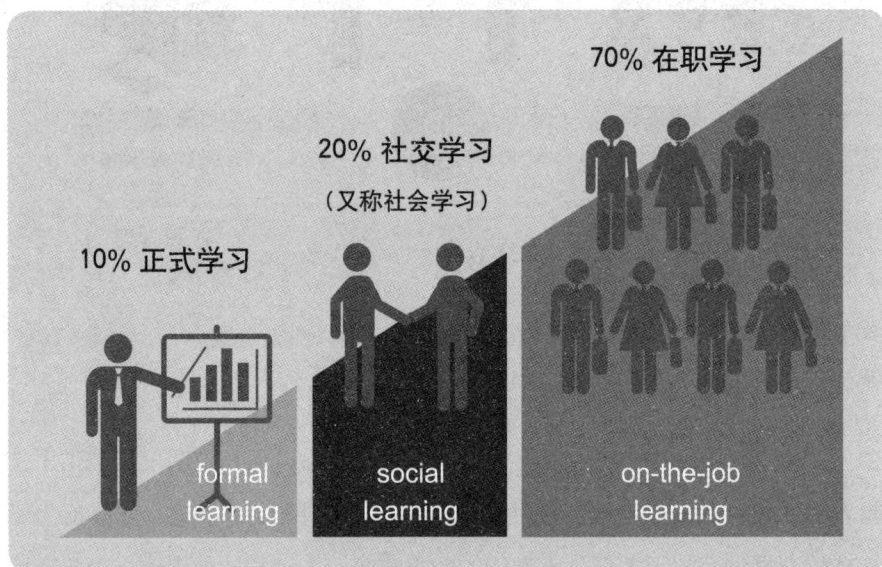

图四：70-20-10 法则

70% 在职学习

20% 社交学习
（又称社会学习）

10% 正式学习

formal
learning

social
learning

on-the-job
learning

• 在职学习：望文思义，"在职学习"就是员工在工作时所进行的学习，有别于"非在职"（off the job）学习。在此，"在职"指学习发生在工作时间与工作现场，而且是由组织为员工安排的；若不是组织安排或提供的学习，却是发生在工作时间及现场，则称之为"非正式学习"。因为在职学习的时机是员工在工作时遇到问题，员工的学习动机来自解决工作问题，而工作现场就是最真实的学习情境，所以在职学习的真正含义为结合工作与学习，达到"学用合一""学以致用"的目标，而且可以减少或消除其他"去情境化"学习常发生"学习移转不佳"的问题，意即"学非所用"或"知易行难"的问题。就员工创新力发展而言，在职学习的方式主要是累积创新见识，是在工作进行中遇到创新问题的当下，就提供实时的经验学习，学习者可以马上应用所学，解决当下正遇到的创新问题。从学习理论的观点来说，这种"即学即用"的发展方式是比较有效的，所以在工作能力发展的学习组合中占大部分，而且是发挥绩效支援最重要的学习模式。

表二：工作能力发展方式

学习模式	正式学习	在职学习	社交学习
组成 %	10%	70%	20%
能力获得	记忆与练习	累积与变通	分享与启发
来源	事实、理论与案例	工作经验	知识及人脉网络
主要知识	know-what know-how know-why	know-how	know-why
主要呈现	内容	情境	网络
绩效支援	极少	最多	恰好
发展方法	•课堂讲授 •问题式课程 •重复记忆与练习 •指定阅读	•轮岗 •行动学习 •特别任务 •经验式学习	•教练引导 •社群分享 •工作指导 •测评反馈

•社交学习（社会学习）：社交学习理论最早由心理学者班杜拉（Bandura）提出，强调学习是经由观察及模仿他人的行为而改变自己的行为，这种观察及模仿可以是肢体或认知的，例如外国人学习使用筷子吃中国菜。社交学习理论很快就被应用在职场，从早期的师徒制到现代的导师制，员工通过对专家的近距离观察与模仿，学习工作技能，而且观察和模仿的学习方式也衍生出分享与反馈的学习模式。就员工创新力发展而言，社交学习的模式主要是通过与同侪或专家间创新力的分享和反馈，去激发工作者所需要的创新胆识。例如，员工参加某创新论坛，在 Q&A 时段询问台上与谈的专家对

某特定领域的创新经验与观点，因而获得启发，而社交学习模式的绩效支援是在适当的时机获得适当的知识或反馈，因而获得解决工作问题的启发。

人力资源发展专家詹宁斯（2011）认为"70–20–10"法则的重点不在于这几个数字，而是数字背后代表组织形态投入学习资源分配的意义，如表三所示。专家归纳出员工能力发展有70%来自在职学习，组织应该重视在职学习，以及发挥"学以致用"所需要的绩效支援。

但是，一般而言，中小型组织因为资源有限，经常忽略在职学习及社交学习的重要性，不仅如此，往往将有限的学习资源投入在正式学习的发展方式，而传统结构且低创新性组织会分配多一点学习资源在社交学习及在职学习上，但是灵活度高且高创新性组织会将大部分的学习资源分配在社交学习及在职学习上，也就是创新性组织会运用资源建构组织所需的绩效支援系统，促成学用合一的学习型组织。

表三：学习模式与不同组织形态的学习资源投入			
一般员工能力发展	正式学习（%）	社交学习（%）	在职学习（%）
学习模式的比例	10	20	70
组织学习资源投入	正式学习（%）	社交学习（%）	在职学习（%）
典型中小型态的组织	80	15	5
科层结构及低创新性组织	50	30	20
高灵活及高创新性组织	5	40	55

★资料来源：改自 Jennings (2014)

绩效支援工具

绩效支援强调工作的当下提供适时适所的工作支援以提升工作表现与结果，工作支援包含许多方式，例如辅助、侦错、提示、培训与导引等，但是这些支援必须是：

- 在对的情境（right place）

- 在对的时间（right time）

- 是对的内容（right content）

- 是对的分量（right amount）

如此绩效支援才不会适得其反，对工作者形成负担。例如，过多或过于复杂的提示反而会造成工作者即学即用的困扰，又如需要花很多时间与心思才能搜寻到的信息也无法满足实时知识的需求，而失去绩效支援的作用。因此在设计绩效支援工具应该遵守下列几个原则：

- 嵌入式（embedded）：绩效支援应该嵌入在工作的流程中，如此才可以在需要时就马上"跳"出来支援。例如在产品研发的商品化阶段，可以设计嵌入式的"如何商品化"的程序提示及表格。

- 情境式（contextual）：绩效支援应该是根据工作情境而出现，因此绩效支援设计应该考量工作任务的目的与工作者的角色。例如在设计"智权申请"的绩效支援时，应该考量在研发过程中是"谁会提出专利申请？"与"目的是什么？"等情境因素。

- 适当（just enough）：绩效支援的内容与形式应该是适当的，不多也不少，不会增加工作者的"信息负载"。例如在研发过程中，绩效支援会适时以提示的方式提醒研发工程师记录关键的技术信息。

- 可信的（trustworthy）：绩效支援所提供的信息必须是最新的，而且信息来源必须是可信任的。例如产品研发必须根据市场信息进行，因此组织提供给研发部的市场信息必须来自可靠的出处，而且是目前最正确的信息。

一般而言，绩效支援工具可依呈现的形式归类为两大类：

1. 工作辅助（job aids）：工作辅助是储存协助执行工作的信息媒体，所以工作执行者不须记忆这些信息。传统的工作辅助以纸本为主，例如说明书、清单、标语、图表等，而现代的工作辅助可以用多媒体形式储存与播放，例如播音装置、霓虹装置或液晶电视，而这些工作辅助的形式通常鲜明、简单且易懂，令使用者看到就容易理解，可以立即解决执行工作所遇到的问题。举例而言，工厂会清楚标明灭火设施的所在位置，灭火器上也有步骤式的使用说明，一旦发生状况，任何员工可以立即使用灭火器处理。

2. 电子绩效支持系统（EPSS）：相较于工作辅助，EPSS 不仅依赖通讯科技整合绩效支援的信息与软硬件，而且内容、形式与功能远比工作辅助来的复杂，但是绩效支援的使用必须与工作辅助一样，还是要简单容易，使用者可以立即上手，解决工作问题，提升工作绩效。因此发展有效的 EPSS 比工作辅助相对复杂，投入的开发资源也比较高。EPSS 可以小至行动装置上的应用程序（Apps），例如手机内的行程管理；大至组织的信息管理系统（MIS），例如针对高层领导的决策支援系统（decision support system）。

而工作辅助又依性质与目的区分为下列五大类：

1. 说明／提示（explanations/prompts）：这类工具的内容及形式是最简单的。基本上，工作者若对工作流程中的某个观念或专有名词不了解，说明／提示就可以在旁或实时"叫出来"解释。例如，在研发实验室的各式器具上经常会贴上使用说明或提示。

2. 检查清单（check lists）：这类工具主要是提醒工作者工作准备或执行事项是否完整，借由勾选清单上的项目，确认没有遗漏准备或执行事项。例如，在执行某项实验前，借由检查清单，确定实验器材与分量符合实验要求。

3. 快速参阅（quick references）：这类工具就是所谓的参考书，具有快速搜寻与索引的功能，使用者很快可以查阅工作需要的参考信息。例如研发机器设备的完整手册或常用问题集（frequently asked questions，FAQ）。

4. 诊断工具（diagnostic tools）：这类工具可以提醒工作者容易出错的地方，有些可以协助工作者侦错，有些甚至可以帮助更正错误。例如，实验诊断工具会列出所有实验症状及可能的原因，实验者可以根据症状，找到问题发生的原因。

5.如何指引（how to guides）：这类工具提供给工作者"如何操作"或"如何执行"的步骤式指导，最常见的就是使用手册或程序书。例如在产品研发过程中，这类工具提供如何进行产品功能测试的程序指导。

企业领导必须了解在快速变动的企业内外环境下，员工所需要的工作职能也跟着快速变动，"即学即用"或"非学即用"的绩效支援方案往往比正式学习方案来得快速有效。本章介绍的绩效支援工具还有其他的分类方式，下一章将阐述其他分类方式的绩效支援工具，并将重点放在比工作辅助复杂的电子绩效支持系统（EPSS）上。

第二十五章
应用 EPSS：
实现工作效率最大化

小魏帮其新婚的妻子小美买了一台功能强大的个人计算机，并搭配 24 寸的显示屏，让原本是计算机白痴的小美迫不及待要使用这台新计算机，想以MSWord 制作下星期要交的报告。小魏贴心地帮小美安装及设定好 Word，才出门上班。没想到小美开始使用 Word 没多久，社区竟然停电，等电力恢复后，小美一看计算机荧幕竟是漆黑一片，开始乱敲键盘一阵，依然毫无动静，于是小美急忙打电话给小魏。

　　小美：小魏，我是小美呀，我的计算机发生问题了！

　　小魏：什么问题呢？

　　小美：我刚刚在 Word 打字的时候，突然间所有的字都不见了。

　　小魏：字都不见了？

　　小美：是啊，字都不见了。

　　小魏：那你在荧幕看到什么东西了吗？

　　小美：没有任何东西，而且我打任何字，荧幕都没反应。

　　小魏：那你是否还在 Word 里面，还是离开了？

　　小美：我不知道。

　　小魏：那你可以在荧幕上看到 Word 的选单及功能键吗？

　　小美：什么是 Word 选单及功能键？

　　小魏：不管它了，那你可以在荧幕上看到任何东西吗？

　　小美：我告诉过你，荧幕是全黑的，而且我打字都没反应。

　　小魏：荧幕是全黑的，那你看显示器上的电源指示灯有没有亮？

　　小美：什么是电源指示灯？

小魏：就是那个看起像电视的显示器，有没有一个小光点，是否亮着告诉你显示器是开着的？

小美：没有啊！

小魏：那你是否看见在显示器右下方有个按键？

小美：有！而且我按下去，旁边的小绿点就亮了，但是荧幕还是黑的！

小魏：很好！那你在书桌的左下角是否看到一个直立的铁盒子，盒子的前上方也有个类似的按键！

小美：真的！我按下去，结果旁边的小绿灯也亮了，我听到盒子开始咕噜咕噜地叫！

小魏：很好！你等计算机跑一下，再告诉我发生什么事。

小美：计算机会跑吗？

小魏：不是啦！你就是等一会儿就好！

（等了一会儿……）

小美：我看到荧幕要我输入密码，不管我打什么字，它都显示为星号，键盘是否坏了？而且那个要密码的框框一直在那儿！

小魏：输入你的生日 19860101 看看！

小美：真的！我现在开始看到荧幕上好多小图样，可是我原来打的字还是不见了，接下来我该怎么办？

此时小魏与小美已经花了近一小时的时间及手机费，小魏一想如此下去还得了，决定请半天假回家亲自帮小美把计算机及遗失的 Word 文档搞定。

许多读者应该都听闻过上述类似的计算机白痴故事，或许有人会质疑为何如此简单的计算机常识对小美会如此困难？原因在于如果没有能力或没有经验执行某项工作，自然无法建立执行这项工作所需的心智模式，再简单的工作都是困难的，而这种状况可以通过绩效支援获得解决。

绩效支援的重要性

由于全球竞争越来越激烈，工作环境越来越复杂，组织必须不断优化组织、人员、工作及科技的生产力，才得以生存成长，因而许多组织无时无刻地在调适组织的结构、政策、环境及文化；培训与发展员工新的工作技能；重新设计工作流程及方式；更新及汰换过时的通信系统及科技。

特别是通讯科技的快速变迁及进步，对上述组织优化的任务起了推波助澜的作用，一方面具有通讯智能的机器设备取代了人类从事简单的工作；另一方面通讯科技提供更多更复杂的可增加工作效率的功能，因而工作者在执行这些嵌入新科技或科技辅助的工作时，挑战越来越多，甚至越来越难，因此需要的绩效支援就越迫切！

本章开始的故事中，小魏就是扮演绩效支援的角色，通常有构建科技系统的组织也会成立使用者支援中心，当员工遇到使用科技的困难时，就可以求助于支援中心。但试想一个全球拥有5万员工，事业据点横跨五大洲、50个国家的跨国企业，当他们为了提升企业经营的效率，决定引进企业资源规划系统（enterprise resources planning，ERP）时，需要在组织调适、员工培训与发展、工作流程设计与通讯系统的更新换代上耗费多少成本。以老王曾经担任知识管理顾问的美国一家大药厂为例，为了设置全球ERP系统，公司预计花费20亿美元分5年完成，一旦ERP设置完成后，公司若没有提供绩效支援，可能还要耗费几倍的成本！人力绩效顾问莫舍曾提出，没有提供绩效支援的新系统导入可能导致的结果与商业损失：

提示	绩效支援代表组织适时适所提供适当的工作支援，可以提升员工的绩效表现。特别对高能力、高动力的员工而言，整合科技于绩效支援的EPSS就等同如鱼得水，员工可以即学即用，甚至不学即用，不仅在工作上游刃有余，更能创造高绩效的工作价值。

表一：没有提供绩效支援的新系统导入可能导致的结果与商业损失	
结果	**商业损失**
浪费时间	时间等于金钱
员工延迟能力的发展	需要提供更多的能力培训与发展
违背工作程序要求及流程	工作没效率或产生错误
产生原先可以避免的严重错误	低落的工作质量与顾客满意度
昂贵的使用者支援费用	不想要或不需要的花费
低落的员工士气	低落的工作效率
低落的顾客满意度	低落的顾客忠诚度
计划失败	大量的金钱与时间损失

什么是电子绩效支持系统 (EPSS)？

简而言之，绩效支援就是在工作上为员工提供实时的支援，以提升员工的生产力，包含工作效率或工作成效。而绩效支援基本上区分为工作辅助与电子绩效支持系统，由于上一章已说明工作辅助，本章将聚焦在 EPSS。就字义而言，EPSS 就是 Electronic Performance Suport System，将绩效支援"电子化"与"系统化"，EPSS 是 20 世纪 90 年代由格洛丽亚·盖瑞（Gloria Gery）首先在其同名著书提出的名词与概念，因此盖瑞亦被尊称为 EPSS 的始祖，其将 EPSS 定义为：

"一个可以为每位员工提供实时、个人化与在线存取内容的整合性电子环境，内容包含各式各样的信息、软件、指导、意见、协助、资料、图片、影像、工具、系统测评与监督，而且促使工作绩效表现只要最少的支援与协助。"

表二：EPSS 与工作辅助的比较

	EPSS	工作辅助
启动	可主动由系统启动	被动由使用者启动
简单／复杂	支援简单或复杂的工作	只支援简单的工作
工作程序	多途径、视情况决定及整合性的工作程序	具顺序性的程序任务
人工智能	可具人工智能功能，例如专家系统	不具人工智能功能
使用者的输入	可接受使用者的输入或资料	不接受使用者的输入或资料
支援样式	能提供多样性的支援	支援是先设定好的样式
情境敏感	可根据发生的状况或情境提供选择、指导与信息呈现	只能支援事先设定的情况
定制化	可以提供经定制化的内容给个别使用者	无法定制化
信息呈现	动态的计算机多媒体	静态的（电子）印刷媒体
内容形式	文字、语音、图像、影片与动画的结合	文字与图像为主
信息存取方式	可以提供不同选择信息存取的方式，例如选单、依字母排序的清单、依情境发生的选择或状况、科层式存取、超媒体式关联式存取	通常提供事先决定好的结构式存取，因为不是整合式，存取路径通常是线性的。

就盖瑞的定义而言，EPSS 是仰赖大量科技融入的信息软件，范围可以从小型应用程序到大型的信息管理系统。一般而言，EPSS 可以通过通讯科技主动支援复杂且多样的工作，本身是可以独立存在的系统，例如顾客关系管理

系统的 EPSS；或者内建于某领域系统的模块，例如顾客管理系统内建的顾客抱怨处理模块。而工作辅助一般则是单纯的印刷媒体（包含电子形式），可以从工作区张贴的一张工作流程示意图到工作计算机内的使用者操作手册，因此工作辅助基本上是支援简单且程序性的工作，制作成本也远低于 EPSS。盖瑞特别将两者做了以上的区分，见表二。

盖瑞对 EPSS 的概念比较严谨，她不仅认为 EPSS 与工作辅助是不同类别的绩效支援，而且认为其与信息系统或软件的求救功能（help）也不一样，的确在 20 世纪 90 年代初期，当盖瑞提出 EPSS 的概念时，那时计算机软件的求救功能一般只能提供静态的叙述性说明，缺乏与使用者的互动，但现代的计算机软件的求救功能几乎已经"无所不能"，有些甚至可以自动侦测并排除"麻烦"（automatic trouble shooting），所以我个人认为这些区分是不必要的，只要是电子化与系统化的实时求救都可以归类为 EPSS。依照我的观察，反倒是许多人无法区分 EPSS 与数字化学习或知识管理的差异！

EPSS 与数字化学习系统及知识管理系统的区别

以工作的过程而言，工作要产生绩效如下表三可区分为四个阶段：1. 工作前（学习）；2. 工作初（准备）；3. 工作中（应用）；4. 工作后（增强）。工作前要学习工作能力，工作初通常会进行工作规划与准备，工作中代表工作能力的应用，工作后则可借由检讨改进去增强工作绩效。

由于工作规划与准备可以算是工作能力的一部分，与绩效表现有关，所以绩效支援的需求是从工作初开始，工作前的能力学习与取得并不包含在 EPSS 的范畴内，数字化学习系统自然也不是 EPSS。虽然现今的数字化学习系统已变得复杂许多，而且也可能达成同时学习与应用的目的，但是最关键的区别在于学与用的时间差，绩效支援强调实时的"学用合一"，若时间差越大，越代表使用者是工作前的能力学习。

表三：绩效支援的四个阶段			
获得工作能力	**使用工作能力（绩效支援阶段）**		
工作前	**工作初**	**工作中**	**工作后**
能力学习	工作准备	能力应用	绩效增强
数字化学习	工作规划、所需能力提醒、工作步骤展示、提供工作所需输入	求救功能、工作流程导引、展示与说明、侦错与除错、决策支援	工作后检讨、反思、改正、强化
获取工作知识	应用工作知识		
知识管理			

因此数字化学习系统可以内建绩效支援，但是提供的功能必须清楚、实时地呈现使用者需要的工作信息，甚至达到"无学即用"。举例而言，一些情境或商业模拟系统除了作为决策能力学习的数字化学习系统外，也可以提供实时的决策信息，立即支援使用者做出更有效的决定。

同样的困惑也可能发生在知识管理上，一般而言，知识管理系统为"有组织地捕捉、保存、分享与散布个人及组织的知识资产之信息系统"，由于员工使用知识管理系统的主要目的是获得及应用适当的知识，如果知识管理系统要具备 EPSS 的功能，应该具备下列特质：

1. 以应用知识库的工作相关知识为原则。

2. 员工可以通过知识管理系统获得及时所需的工作知识。

3. 可以根据工作情境或状况，提供有用的知识。

4. 员工不需要从其他人获得支援，或只需要最少的支援。

5. 存取知识以提升员工个人工作绩效为主。

6. 在最短的时间，员工就可以达成特定的绩效目标。

有效的 EPSS 应该知道什么时候、什么场合、什么状况，如何提供给工作者需要完成工作目标的有用信息，甚至可以主动或自动为使用者解决工作上遇到的问题。举例而言，有一位网购新手想到某购物网站购买液晶电视，由于是第一次网购，他可能必须先学习如何网购，所以他决定先阅读网络购物须知及指导手册，再进行网购，这便属于"数字化学习"的部分。

但是具有绩效支援的购物网站则不需要网购者从头学习网购，网站可以提供按部就班式的导引，就能协助网购者购买到最符合其需求的液晶电视。例如，网购者只要键入关键字与勾选清单选择，网站就可以不同方式排序列出符合网购者需求的液晶电视，当决定好购买商品要付款买单，网站就会一步一步地协助网购者建立账号及网络付费。

EPSS 的应用

EPSS 虽然是早在 1991 年就被提出来的概念，但在现今大量通讯科技运用在工作上，特别是当组织要导入大型功能复杂的信息管理系统时，以 EPSS 提升工作生产力与绩效的观念益显重要，而下列企业设置的系统及软件特别适合以 EPSS 来降低使用者的使用成本，提升使用者的生产力及绩效表现：

• 电话传呼中心（call center）：电话传呼中心的概念在 20 世纪 30 年代的手接线电话时代就存在，演变至今成为大型电话客服或营销中心，以打电话的形式提供客服或销售，这种电话传呼中心通常有强大的顾客和产品数据库作为客服与销售支援。

• 求救台（help desk）：这是另一种形式的客服中心，主要是当产品使用者遇到问题时，可以用各种电子沟通的方式向求救台寻求协助，解决产品或使用的问题，最常见的求救台是个人计算机软硬件的技术支援。

• 商业处理（business processes）：商业处理是指将分散在不同地点的商业资料传送到一集中地点，经过处理后，产生的结果再传送到指定的地点。

• 员工入职（employee onboarding）：当员工担任新的职位，开始新的工作，除了职前培训外，组织可以用绩效支援的方式让员工一边工作一边学习，适应、熟悉新工作。

• 人才管理（talent management）：人才是指组织绩效表现与潜力最上层5%~20%的员工，人才管理与人力管理最大的区别在于提供给这群组织精英最好的发展途径，支援他们绩效潜能的开发。

• 企业资源规划（ERP）：ERP是能够快速顺应企业的需求，及时整合与规划企业所有的资源，做最优化配置的信息系统，现代化的企业都会借由ERP将组织资源的运作与工作流程的再造进行价值极大化。由于ERP的整合性与复杂化，通常绩效支援是内建在ERP系统内。

• 顾客关系管理（CRM）：CRM是将顾客与公司交易互动的所有信息收集在数据库，经过分析后的信息作为更能满足顾客需求、建立顾客关系的依据，整合销售、营销及服务等流程，进而提升企业经营绩效。

• 电子商务（E-commerce）：电子商务泛指任何个人或事业体，通过计算机与网络进行产品、服务与信息沟通，以达成商业交易及其他作业的目的。电子商务已成为最受欢迎的商业交易模式，因为在网络上交易必须考量安全性与预防诈骗，现在的电子商务需要安全验证的支援日趋重要。

• 知识管理（knowledge management）：知识管理为有组织地捕捉、保存、分享与散布个人及组织的知识资产，目的是将知识资产的应用最佳化，价值极大化。当然就知识的应用而言，知识管理系统本身就是EPSS。

• 个人计算机应用软件（PC applications）：PC应用软件主要是借由使用这些软件提升个人作业的生产力，例如MS Office就是典型的办公室作业的套装软件，由于大部分的PC应用软件功能越来越多样化及复杂化，这些软件通常也会内建绩效支援的功能，减少这些软件使用上的困难度。

• 关键任务应用软件（mission critical applications）：关键任务是指在一个系统运作中，只要其中一个任务或程序失败就会导致整个系统失灵，而关键任务应用软件是掌控或监督系统运作正常的软件，绩效支援主要为减少人为错误的发生，例如在电力输送系统中的电源管理。

• 商业决策支援（business decision support）：如字义显示，商业决策支援是针对商业活动或问题，提供给中高层领导根据状况的发生协助制定决策或策略，通常这些商业问题是不可测或不存在于已知的解答中的。例如在变化快速的目标市场，如何准确预测销售量？

• 智慧软件系统（intelligent software/system）：所谓智慧代表软件／系统具有模仿人类智慧的能力，可以根据侦测的情境或状况提供意见、指示或导引。例如现代的智能汽车能够侦测前方是否有移动的物件，而发出警示，或者一些具有人工智能的系统能够自动侦错及除错，并依据结果自动修正工作程序。

• 专有系统流程（proprietary systems and processes）：有时候组织因为有其特有的需求，市面的套装软件／既有系统无法满足这些特有需求，因而组织会要求供应商特别为特有需求制定系统／流程。也因为这是专有的系统／流程，使用者／执行者无法或不容易找到既有的支援，所以供应商通常会针对专有的系统／流程制作专有的绩效支援。

EPSS 对组织的效益

科技的快速发展将人们的生活与工作复杂化，就像上述各种目的的通讯科技与系统，人们因而需要更多更复杂的技能来驾驭科技，同时科技的发明者为减轻人们科技能力培训的负担，不断地思考如何以绩效支援的方式促成人们对科技能力"即学即用"，甚至"不学即用"，于是 EPSS 不仅应运而生，而且也快速发展，因为 EPSS 可以对组织及个人产生很大的效益。

表四：使用软件报税完成报税所花时间的实验结果

实验组	完成报税平均花的时间
只有接受培训	1 小时 29 分 58 秒
同时接受 EPSS 及培训	31 分 32 秒
只有接受 EPSS	26 分 39 秒

举例而言，美国圣地亚哥州立大学的两位人力绩效学者曾经以使用报税软件的绩效表现为例进行实验，实验结果显示，"只有接受 EPSS"与"同时接受 EPSS 及培训"的实验参与者在使用报税软件的报税表现远超过那些"只有接受培训"的实验参与者，而在报税态度上，前两组的实验参与者也比后一组的参与者要好很多，上表四显示使用软件完成报税所花时间的实验结果。

由于 EPSS 可以为工作者在需要协助的当下提供实时有用的信息，这些信息可以通过各种媒体形式提醒及指导工作者如何工作，有效免除工作者需要放下工作，再花时间精力学习工作能力，因此 EPSS 对组织可创造的效益如下：

1. 增加员工的工作效率。实验验证，"只有接受 EPSS"的报税者使用报税软件完成报税的时间与"只有接受培训"的报税者相较只有 1/3 不到，这显然是很大的工作效率改进。传统的"学用分离""先学再用"模式经常要工作者花很多的时间在工作前的能力学习上，而且与工作情境分开的学习经常发生"学习移转""学用落差"的问题，EPSS"学用合一""即学即用"的模式不仅大幅减少学与用的时间差，而且马上可以发挥"即学即用"的工作效率。

2.提升员工的工作满意度。实验同时显示，"只有接受 EPSS"的报税者所展现的报税态度比"只有接受培训"的报税者好很多，这代表以 EPSS 的方式支援员工的工作表现，会增加员工的工作满意度，原因是当员工在执行工作时遇到问题或困难，EPSS 就会立即支援，排除工作困难或解决工作问题，自然员工就会对工作产生正面态度。

3.减少员工培训的成本。如果组织将员工需要的工作能力培训内建在 EPSS，不仅可以大幅减少员工在工作时间外的培训成本，也可以减省包含员工的培训时间与开办培训课程的资源投入。再者，"学用合一""即学即用"的 EPSS 模式可以立即验证"所学是否可用"的学习效益与商业效益。

4.减少支援中心的成本。若是组织设置的通讯科技或系统没有 EPSS，或是提供的绩效支援不足，员工不仅需要接受工作前的能力培训，而且当员工遇到工作困难或问题时，还要求救于支援中心的专家。相反地，因为 EPSS 可以提供"即学即用"的工作支援，员工就不需要依赖支援中心的协助，如此就可以大幅减少支援中心的设置规模与成本。杜邦曾估算过，公司因为提供 EPSS，每个星期可以减少 500 个求救电话，一年可以节省至少 75 万美元的支援费用。

在上一章介绍绩效支援的概念以及以印刷媒体为主的工作辅助后，本章则进一步阐述电子绩效支持系统（EPSS）的缘起与概念。由于通讯科技的演变一日千里，EPSS 不再是单纯地将工作辅助电子化与系统化，EPSS 代表一种崭新的绩效支援观念与实践，特别是行动网络科技与人工智能科技的急速发展，现代的 EPSS 融入更多的行动化与智能化元素在内，例如现在的智能型手机与穿戴装置。我们预见未来的 EPSS 会是具有人工智能的行动载具或 AR/VR（增进实境／虚拟实境）科技，通过网络科技及云端计算，EPSS 会变得真正无时无刻无所不在，所谓的学与用根本不会有时差或距离，绩效支援的概念甚至会变得模糊而消失。

附录

进一步阅读的参考文献

- 何荣桂（2000）《中小企业推动企业大学可行性研究》。

- Allen, M. (2002). *The Corporate University Handbook*.

- Cross, J. (2006). *Informal Learning*.

- Dean, P. (1999). *Performance Engineering at Work*.

- Freisna, A. (1997). *The Three Prototypes of Corporate Universities*.

- Fuller J. & Farrington J. (1999). *From Training to Performance Improvement*.

- Gery, G. J. (1991). *Electronic Performance Support Systems : How and Why to Remake the Workplace Through the Strategic Application of technology*.

- Gilbert, T. (2005). *Human Competence*.

- Gottfredson, C. & Mosher, B. (2010). *Innovative Performance Support: Strategies and Practices for Learning in the Workflow*.

- Grenzer, J. W. (2006). *Developing and Implementing a Corporate University*.

- Hale, J.(1998). *The Performance Consultant's Fieldbook*.

- Hersey, P. & Blanchard, K. H. (1988). *Management of Organization Behavior: Utilizing Human Resources*.

- Jennings, C. (2011). *Social & Workplace Learning through the 70:20:10 Lens*.

- Lincoln, Y. S. &Egon G. Guba, E. G. (1985). *Naturalistic Inquiry*.

- Mager, R. F. & Pipe, P. (1997). *Analyzing Performance Problems*.

- Mahmood, M. & Minhas, G. (2011). *Corporate Universities and Learning Centers:A Primer*.

- Meister, J. (1998). *Corporate Universities: Lessons in Building a World-Class Work Force*.

- Nonaka, I. & Takeuchi, H. (1995). *The Knowledge-Creating Company.*

- Paton, B., Peters, G., Storey, J. & Taylor, S. (2005). *Handbook of corporate university development: Managing strategic learning initiatives in public and private domains.*

- Plaskoff, J & Wang, F (2001). *An integrated development model for KM. In R. Bellaver and J. Lusa (Eds), Knowledge Management Strategy and Technology (pp. 113-134).*

- Prien, E. P., Goodstein, L. D., Goodstein,J. & Gamble, L. G. (2009). *A Practical Guide to Job Analysis.*

- Prince, C. & Beaver, G. (2001). *The Rise and Rise of the Corporate University: the emerging corporate learning agenda. The International Journal of Management Education, 1(3), 17-26.*

- Robinson, D. G. & Robinson, J. C. (1996). *Performance Consulting : Moving Beyond Training.*

- Robinson, D. G. & Robinson, J. C. (1998). *Moving from Training to Performance.*

- Rossett, A. (2009). *First Things Fast : A Handbook for Performance Analysis.*

- Rothwell. W., Hohne, C., & King, S. (2000). *Human Performance Improvement.*

- Rummler, G. & Brache, A. (1995). *Improving Performance.*

- Simsek, A. (2005). *Knowledge economy and corporate universities.*

- Stolovitch, H. D. & Keeps, E. J. (1999). *Handbook of Human Performance Technology.*

- Vam Tiem, D., Moseley, J., & Dessinger, J. (2001). *Fundamentals of Performance Technology.*

- Wang, F. & Schwen, T. (2003). *Organizational factors that influence e-learning development and implementation in the corporate context. Performance Improvement Quarterly, 16(3), 64-86.*

- Wheeler, K. (2010). *Establishing a Corporate University Seven Steps to Success.*

- Woods, D. R. (1994). *Problem-based Learning : How to gain the most from PBL.*

- Yin, R. K. (2003). *Case Study Research: Design and Methods.*